国家社科基金项目"创业孵化内外部网络协同及跨层次治理研究"（17BGL025）

教育部首批新文科研究与改革实践项目"工科优势高校文工交叉的新文科创新创业教育生态体系建设"（2021120009）

天津市哲学社会科学规划重点项目"京津冀协同发展下的天津创业孵化网络发展研究"（TJGL20-026）

创业孵化内外部网络协同及跨层次治理研究

吴文清　姜欣　等◎著

中国社会科学出版社

图书在版编目（CIP）数据

创业孵化内外部网络协同及跨层次治理研究／吴文清等著 . —北京：
中国社会科学出版社，2023.1
ISBN 978 - 7 - 5227 - 1259 - 8

Ⅰ. ①创⋯ Ⅱ. ①吴⋯ Ⅲ. ①企业孵化器—研究 Ⅳ. ①F276.44

中国国家版本馆 CIP 数据核字（2023）第 021249 号

出 版 人 赵剑英
责任编辑 张 林
特约编辑 宋英杰
责任校对 郝阳洋
责任印制 戴 宽

出 版 中国社会科学出版社
社 址 北京鼓楼西大街甲 158 号
邮 编 100720
网 址 http://www.csspw.cn
发 行 部 010 - 84083685
门 市 部 010 - 84029450
经 销 新华书店及其他书店

印 刷 北京明恒达印务有限公司
装 订 廊坊市广阳区广增装订厂
版 次 2023 年 1 月第 1 版
印 次 2023 年 1 月第 1 次印刷

开 本 710×1000 1/16
印 张 17.75
插 页 2
字 数 275 千字
定 价 99.00 元

前　　言

习近平总书记在党的十九大报告中指出："激发和保护企业家精神，鼓励更多社会主体投身创新创业。"面临经济发展"新常态"，在"大众创业，万众创新"背景下，作为创业创新重要服务平台和网络载体的孵化器肩负着更大的使命和责任。如何更好地促进创业企业成长，提升孵化绩效是孵化器理论和实务界关心的核心问题。

本书是国家社科基金"创业孵化内外部网络协同及跨层次治理研究"（项目编号：17BGL025）、教育部首批新文科研究与改革实践项目"工科优势高校文工交叉的新文科创新创业教育生态体系建设（项目编号：2021120009）、天津市哲学社会科学规划重点项目"京津冀协同发展下的天津创业孵化网络发展研究"（项目编号：TJGL20 - 026）的主要成果。从孵化器实践发展和学术发展脉络来看，创业孵化内外部网络协同及跨层次治理研究从理论上弥补了孵化器内部与外部网络各自分开研究的缺口，分析了孵化器内外部网络的协同发展和治理机制创新等议题，在一定意义上拓展了孵化器领域的研究对象和研究视野。本书集中研究在孵企业的知识惯性、标杆管理与知识绩效问题，孵化器领导风格、网络结构和学习绩效问题，孵化器孵化服务决策问题，企业孵化器和风险投资的知识合作机制问题，动态环境中的内外部网络和在孵企业绩效问题等，都是孵化器理论和实务界关心的重要问题。本书主要内容及创新如下。

1. 本书研究了科技企业孵化器内创业企业的标杆管理与孵化器知识绩效之间的非线性关系，深入分析了两种典型的孵化器网络结构对孵化器知识绩效的作用。本书将孵化器内创业企业标杆管理与知识惯性相结合，补充了标杆管理与孵化器知识绩效关系的理论，为今后孵化器内创业企业标杆管理、知识惯性和科技企业孵化器知识绩效的研究提供了重要的理论参考。

2. 本书在经典的探索—利用模型基础上，充分考虑孵化器领导风格和孵化器网络结构特征，采用基于 Agent 的计算机仿真方法建立仿真模型，分别研究了在小世界网络和无标度网络两种不同的网络结构中，不同的孵化器领导风格对孵化器知识绩效的影响。本书结合孵化器学习理论和领导—成员交换理论，将孵化器学习和领导风格联系起来，为孵化器领导风格选择提供理论指导。

3. 本书建立了企业孵化器的知识超网络模型，将企业孵化器的孵化服务划分为知识转移服务和网络链接服务，使用仿真模拟方法分析了孵化器的孵化服务策略，更准确地展现了企业孵化器的孵化服务过程以及创业企业之间的知识传播过程。本书结论为企业孵化器的管理实践提供了理论指导，企业孵化器可以根据自身特点选择适合的孵化服务模式，从而获得最高的孵化服务绩效水平。

4. 本书建立了企业孵化器与风险投资的三种合作机制模型：收益共享机制、成本分担机制和知识共享机制，得到了不同机制的均衡解。同时，将孵化器的利他主义加入机制中，评估了孵化器利他主义的效果。进一步建立了孵化器与创投协同知识创造资源共享的多阶段重复主从博弈模型，研究了学习因素、税收强度、财政返还、创投股权对维系孵化器与创投协同知识（信息）创造的作用，以及孵化器的最佳参与度和总的投入。

5. 本书整合了孵化器内部网络和外部网络，从创业学习及其中介作用的角度探讨了孵化器网络对企业成长绩效影响的路径，分析了环境动态性对于企业孵化器内外部网络对在孵企业成长绩效的作用机制。进一步，本书研究了创业导向与在孵企业成长绩效的关系，探讨了孵化器网络对创业导向和在孵企业成长绩效的影响，分析了创业导向的中介作用。形成了创业孵化内部网络和外部网络，创业学习、创业导向与创业绩效的较为完整的跨层次网络研究框架。

本书由吴文清、姜欣、谢菲、王红锌、刘辰羽、张海红、黄宣、马赛翔、韩晴等同志完成，最后由吴文清统稿、审定。

感谢全国哲学社会科学工作办公室，天津市哲学社会科学工作领导小组办公室始终关心我们的研究工作，给予了很大的支持与指导，保证了研究工作的顺利完成。值此本书出版之际深表感谢。

感谢在这一领域辛勤耕耘的各位学者、企业家，您们的著作、文章及您们在问卷调查中所回答的问题，给了我们重要启示。

感谢中国社会科学出版社为本书出版所付出的辛勤劳动。能够由中国社会科学出版社出版这本专著，我们深感荣幸。

吴文清

2022 年 5 月

目　　录

第 一 章

孵化器内创业团队知识共享
演化博弈与仿真研究

当今世界经济高速发展，企业之间并不是孤立发展的，这些企业都会和与自身利益相关的企业建立各种联系。同样地，在科技企业孵化器中，各个创业团队也不是孤立发展的个体，各个创业团队也会和孵化器中其他的创业团队建立起关系网络，特别是在初创阶段，有的创业团队存在一定的知识缺口，此时和其他创业团队进行知识合作和共享来及时弥补自身的知识缺口就显得非常重要。目前的研究主要聚焦于孵化器和在孵企业之间的知识交流与互动过程，没有考虑孵化器中在孵企业之间的知识交流和互动过程。与此同时，关于复杂网络上的演化博弈的研究多集中于静态网络中的演化博弈，关于动态网络中的演化博弈少有研究。因此，本章将孵化器中创业团队的进入与退出机制和复杂网络上的演化博弈理论相结合，通过建立创业团队之间知识共享演化博弈模型，从动态网络角度，深入研究和讨论在引入创业团队退出和进入机制时孵化器中创业团队之间知识共享演化博弈行为。

第一节　创业团队之间知识共享
演化博弈模型的建立

在现实世界中，个体之间的相互作用是通过其所构成的关系网络进行的。演化博弈中的个体也是如此，也就是说，每一个个体是同与之有网络连接的个体进行博弈。因此，个体之间的网络特征会对演化博弈产生重要的影响。近年来，关于复杂网络上演化博弈的研究成为国内外研究的热点。复杂网络上的演化博弈内容主要包括以下三个方面：（1）网络结构模型；（2）博弈模型；（3）策略更新规则（Nowak 和 May，1992）。本章将充分考虑科技企业孵化器中创业团队的进入和退出行为，将复杂网络上的演化博弈理论与科技企业孵化器中创业团队的进入与退出机制相结合，对科技企业孵化器中创业团队之间的网络结构模型、知识共享演化博弈模型以及创业团队策略更新规则进行详细介绍。

一　理论基础

（一）演化博弈理论

演化博弈论产生于解释生物进化现象的过程中，它是生物进化理论和博弈论二者相结合的产物。与传统的静态博弈不同，演化博弈是一种动态博弈，能够更好地反映和解释经济社会生活中的现象以及分析和解决实际问题。演化博弈理论主要研究的是群体中的博弈，具体来讲，在一个群体中，个体之间通过相应的网络联系进行互动并进行博弈，根据个体之间的网络联系的不同，可以将博弈分为以下两种：一种博弈是群体中的所有个体都存在网络联系，此时，所有个体之间都要进行博弈；另一种博弈是群体中的所有个体并不都是存在网络联系，此时，每个个体和与其自身存在网络联系的个体进行博弈。需要强调的是，演化博弈中个体之间的博弈不是单次博弈，而是重复博弈。在重复的博弈过程中，所有个体会根据博弈进程不断地更新自己的博弈策略，适应度高的博弈策略会逐渐留存下来，同时，适应度低的博弈策略会逐渐被舍弃淘汰，最终群体中个体之间的博弈会逐渐趋于稳定状态。这一点充分反映了生物演化过程中"适者生存，优胜劣汰"的基本生存原理。20 世纪 70 年代，Smith 和 Price 阐述了在演化博弈理论中具有重要意义的演化稳定策略的概念。① 演化稳定策略概念的提出帮助学者们开始从有限理性的角度研究演化博弈，从而促使演化博弈理论的研究进入了新的发展阶段。

---

① 演化稳定策略（evolutIonarily stable strategy，ESS）指种群的大部分成员所采取某种策略，这种策略的好处为其他策略所不及。动物个体之间常为各种资源（包括食物、栖息地、配偶等）竞争或合作，但竞争或合作不是杂乱无章的，而是按一定行为方式（即策略）进行的。

（二）复杂网络上的演化博弈

在现实世界中，个体之间的相互作用是通过其所构成的关系网络进行的。演化博弈中的个体也是如此，也就是说，每一个个体是同与之有网络连接的个体进行博弈。因此，个体之间的网络特征会对演化博弈产生重要的影响。近年来，关于复杂网络上演化博弈的研究成为国内外研究的热点。Nowak 和 May 首次提出了复杂网络上的演化博弈。Nowak 和 May 将博弈个体置于二维的正方形格子上，格子就代表个体之间的网络关系，然后个体进行重复囚徒困境博弈。结果发现，选择合作策略的个体能够形成团体来防止选择背叛策略的个体进入。Santos 和 Pacheco 研究了无标度网络上的演化博弈模型，研究结果表明，无论是基于囚徒困境博弈还是雪堆博弈，无标度网络结构都能够在很大程度上促进合作行为。Wu 等人通过建立仿真模型研究了小世界网络中的演化囚徒博弈，研究发现，当选择背叛策略的利益较小而网络加边的可能性较大时，整个系统的策略选择结果会出现比较明显的波动。Chen 与 Wang 也研究了小世界网络结构下的囚徒博弈演化过程。研究结果显示，当期望收益处于中等大小时，网络中个体之间的合作频率能够达到最大，同时合作频率达到的最大值会随着策略收益的增加呈现出减小的趋势。

国内学者也对复杂网络上的演化博弈进行了深入的研究和探索。涂静对不同网络结构下的种群知识共享演化进行了仿真研究，研究发现共享策略在小世界网络中不能存活，而在科研合作网络和无标度网络中均能演化为占优策略。刘文奇通过复杂网络理论建模分析，认为无标度复杂网络上的公共数据博弈的合作者是可以生存的，甚至可以通过强力惩罚或罚款所得归惩罚者拥有的措施使合作行为成为公共数据演化博弈的演化稳定策略。徐莹莹和綦良群利用复杂网络演化博弈方法，将无标度网络视为扩散载体，研究了低碳经济情境下潜在技术创新采纳企业的微观决策互动机制涌现的企业集群宏观扩散现象。宁连举等采用复杂网络演化博弈的方法，并在小世界网络和无标度网络的基础上分别构建企业网络社群中顾客契合的演化博弈模型，对网络社群中顾客契合演化均衡及机制进行模拟仿真。研究发现，社会偏好对小世界和无标度网络社群中的顾客契合演化都存在规律性驱动作用。

二 创业团队之间的网络结构

在科技企业孵化器中，创业团队会不断地进行更新，新创业团队进入孵化器时，原有的创业团队也会离开孵化器。因此，创业团队之间的关系网络是一种动态的网络结构。进一步，本章充分考虑孵化器中创业团队的进入与退出行为，将复杂网络理论与孵化器中创业团队的进入与退出机制相结合，构建孵化器中创业团队之间动态网络结构模型。

本章借鉴 Lambiotte 等提出的网络结构模型来构建孵化器中创业团队之间动态网络结构模型（Lambiotte 等，2016）。假设初始阶段孵化器中有 N_0 个创业团队，经过 T 个博弈周期之后最终孵化器中有 N 个创业团队。网络结构模型具体定义如下。

（1）初始创业团队网络：初始孵化器中有 N_0 个创业团队，这些创业团队之间的网络连接也根据 Lambiotte 等提出的网络模型进行构建，具体如下：从第 2 个节点开始，当节点进入网络时，首先随机选择一个目标节点与之建立连接，与此同时，该节点也以概率 p 与目标节点相连接的其他节点建立连接（Lambiotte 将其称为朋友和朋友相连接），然后依次类推，直到第 N_0 个节点完成连接之后结束，形成初始网络。创业团队之间的网络连接形成过程具体如图 1 - 1 所示。

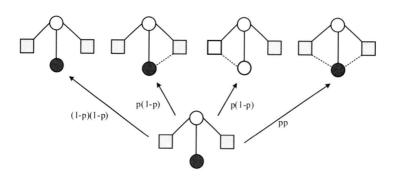

图 1 - 1 创业团队之间的网络连接形成示意

（2）新创业团队的进入：本章假设每一个博弈周期进入一个新的创业团队。新进入的创业团队随机地选择一个孵化器中原有的创业团队（目标团队）与之建立联系，与此同时，新进入的创业团队也以概率 p 与目标创业团队相连接的其他创业团队建立联系。

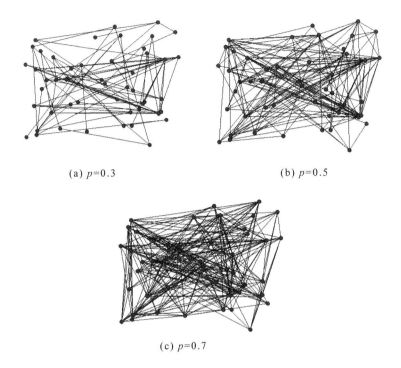

(a) $p=0.3$　　　　　　　　　　　(b) $p=0.5$

(c) $p=0.7$

图 1-2　不同连接概率下孵化器中创业团队之间的网络结构

（3）原有创业团队的退出：在新创业团队进入孵化器的同时，孵化器中原有的创业团队也会离开孵化器。一般而言，原有创业团队退出孵化器主要有以下三种情况：（1）创业团队达到要求正常退出孵化器；（2）创业团队没有达到要求离开孵化器；（3）创业团队在孵化期间创业失败（Li 等，2007）。为提升孵化器中的资源利用率，孵化器应当设定合理的创业团队进入和退出机制。本章假设孵化器按照创业团队在博弈中获得的知识收益为评价指标，对孵化器中原有的创业团队进行评估。具体来讲，本章假设孵化周期为 α，每一轮孵化周期之后（即每隔 α 个周期），我们计算孵化器中创业团队在博弈中获得的知识收益，并且假设知识收益高代表创业团队达到毕业标准，知识收益低则代表创业团队未达到毕业标准而失败，然后我们根据知识收益对创业团队进行排序，令知识收益最高的前 d 个创业团队和知识收益最低的后 d 个创业团队退出孵化器，退出的创业团队在网络中与其他创业团队的连接也随之断开。图1-2显示了不同连接概率情况下孵化器中创业团队之间的网络结构。

三 孵化器创业团队知识共享演化博弈模型

本章借助"雪堆"博弈模型来研究科技企业孵化器中创业团队之间的知识共享博弈过程。"雪堆"博弈又称为"鹰鸽"博弈或者"小鸡"博弈（Chicken Game），是一类两人对称博弈模型，描述了两个人相遇时是彼此合作共同受益，还是彼此欺骗来相互报复。"雪堆"博弈模型的得益矩阵如表1-1所示，其中，$M > R > S > P$。从该得益矩阵可以知道，己方的最优策略完全取决于对方的策略，具体来讲，当对方采取共享策略时，己方的最优策略为不共享，当对方采取不共享策略时，己方的最优策略为共享。而在囚徒困境博弈中，无论对方采取哪种策略，己方的最优策略都是不共享。由此可知，雪堆博弈中采取共享策略既利于自身也利于他方，因此在该模型中更加有利于采取共享策略个体的生存。

表1-1 雪堆博弈模型得益矩阵

博弈方1 ＼ 博弈方2	共享	不共享
共享	(R, R)	(S, M)
不共享	(M, S)	(P, P)

这里，本章根据已有的研究对该得益矩阵进行了量化，设定 $R = 1$，$S = e$，$M = b$，$P = -1$，其中，$0 < e < 1$，$1 < b < 2$。

在仿真过程中，本章设定博弈一共经过 T 次，在孵创业团队 i 采取的策略用 W_i 来表示，当在孵创业团队 i 选择共享策略时，我们令 $W_i = 1$，选择不共享策略时，令 $W_i = 0$。本章确定了在孵创业团队之间的博弈类型为雪堆博弈后，则在孵创业团队之间的博弈结果也就确定了博弈双方从此博弈关系中获得的收益。假定在第 t 次博弈结束后，创业团队 i 和相连创业团队 j 在博弈中的创业团队 i 的得益为 $Q_{i,j}^t$，则：

$$Q_{i,j}^t = \begin{cases} 1 & (W_i = 1, W_j = 1) \\ e & (W_i = 1, W_j = 0) \\ b & (W_i = 0, W_j = 1) \\ -1 & (W_i = 0, W_j = 0) \end{cases} \qquad (1-1-1)$$

创业团队 i 的总得益定义为该创业团队与所有相连接的创业团队博弈中所获得的收益的总和，记为：

$$C_i^t = \sum_{j=1}^{n} Q_{i,j}^t \qquad (1-1-2)$$

其中，n 是与创业团队 i 相连接的创业团队的数量。

孵化器中创业团队的平均知识收益可以反映创业团队在孵化过程中知识水平的变化以及孵化器整体的孵化水平，在第 t 次博弈结束后，孵化器中所有创业团队的知识收益总量记为：

$$\prod_i^t = \sum_{i=1}^{N_t} C_i^t \qquad (1-1-3)$$

孵化器中创业团队的平均知识收益记为：

$$C_t = \sum_{i=1}^{N_t} C_i^t / N_t \qquad (1-1-4)$$

其中，N_t 是第 t 次博弈结束后孵化器中创业团队的数量。

四　策略更新规则

前文已经指出，在复杂网络上的演化博弈过程中，个体之间的网络结构是个体之间进行博弈的基础。参与博弈的个体都有自相对应的网络关系，每个个体在每一轮博弈过程中通过相应网络和与其存在连接的个体进行博弈，并且每和相连接的个体博弈一次就获得相应收益，每一轮每个个体所获得的总收益是这些收益的加和。然后，每个个体将自己获得的总收益和与其存在连接的个体的总收益进行比较，并根据相应的规则更新自身下一轮博弈要采取的策略。本章选取在复杂网络演化博弈中通常采用的最优者替代规则（张海红和吴文清，2017）：在每一轮博弈结束后，根据此时在孵创业团队之间的网络结构，每个在孵创业团队将自己的总收益与其相连接的各个在孵创业团队的总收益进行比较，如果该创业团队的总收益低于与之相连接的所有创业团队中收益最高的创业团队，则以收益最高创业团队的策略作为自己在下轮博弈的策略；如果该创业团队的总收益高于与之相连接的所有创业团队中收益最高的创业团队，则该创业团队的博弈策略不变。

综上所述，本章引入孵化器中创业团队的进入与退出机制，结合复杂网络上的演化博弈理论，对孵化器中创业团队之间网络结构模型、知识共享博弈模型以及创业团队策略更新规则进行了描述，其知识共享演化关系如图 1-3 所示。

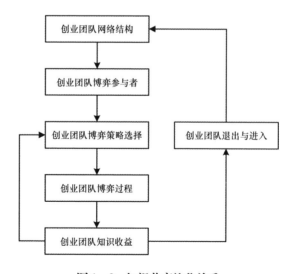

图 1-3 知识共享演化关系

第二节　仿真结果与分析

根据已有的关于科技企业孵化器中创业团队知识学习的研究，一般来讲，科技企业孵化器中的创业企业一般需达到30家以上，相关文件规定了孵化器中创业企业的孵化时间一般不得超过3—4年，而每一年达到毕业要求的创业企业一般需占到总数的10%以上（Li等，2007）。基于以上数据，本章设定初始阶段孵化器中共有30个创业团队，孵化器的孵化周期为1年，在每个孵化周期内创业团队进行20次博弈，每轮博弈结束后均有一个新创业团队进入孵化器，每个孵化周期结束后创业团队按照一定比例数量退出孵化器。根据前文博弈模型的设定，博弈初始阶段，本章假设创业团队以相同的概率从共享和不共享中随机选择自身的博弈策略。新的创业团队刚进入孵化器时，由于还没有同孵化器中原有创业团队建立连接，无法判断选择哪种策略更有利于自身知识学习，因此，本章假设新进入的创业团队同样以相同的概率从共享和不共享中随机选择博弈策略。

本章利用 Matlab 软件平台对创业团队网络上的知识共享演化博弈模型进行仿真。本章中涉及的仿真参数以及参数取值如表 1 - 2 所示。

表 1 - 2　　　　　　　　　仿真参数设定

参数	参数含义	取值
N_0	孵化器中初始创业团队数量	30
N	孵化器中最终创业团队数量	150
p	创业团队之间连接概率	0.3，0.5，0.7
T	博弈次数	200
α	孵化周期	20
d	达到毕业标准退出数/未达到毕业标准退出数	5
R	（共享，共享）策略中双方的收益	1
S	（共享，不共享）策略中共享方的收益	0.5
M	（共享，不共享）策略中不共享方的收益	1.5
P	（不共享，不共享）策略中双方的收益	-1

一 创业团队之间网络结构特征

在孵创业团队之间的网络结构是创业团队进行博弈的基础。Lambiotte 等在他们提出的网络结构的研究中指出，当 $p < 0.5$ 时，个体之间的联系就会变得非常稀松，形成稀疏网络。当 $p > 0.5$，个体之间的关系网络就会变得越来越稠密（Lambiotte 等，2016）。因此，根据 Lambiotte 等的研究结论和本章所构建的创业团队之间的网络结构模型可知，创业团队之间连接概率 p 是影响创业团队网络结构的关键因素。因此，本章的研究从创业团队之间网络平均路径长度、平均聚集系数、平均度和中心势四个方面对不同连接概率下（$p = 0.3$，$p = 0.5$ 和 $p = 0.7$）的创业团队之间网络结构特征进行分析。具体仿真结果如图 1-4、图 1-5、图 1-6 和图 1-7 所示。

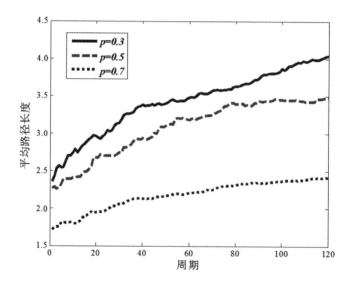

图 1-4 在孵创业团队网络平均路径长度

图 1-4 显示的是演化博弈过程中在孵创业团队之间网络平均路径长度的变化。从图 1-4 中可以看出，在不同的创业团队之间网络连接概率下，创业团队之间网络平均路径长度均呈现波动性增加。这是因为引入在孵创业团队退出和进入机制，孵化器中原有的一部分创业团队退出孵

化器，原来的网络连接需要断开，同时新的创业团队进入孵化器，需要与孵化器中其他创业团队建立连接，因此，创业团队之间的连接是动态变化的。并且随着新创业团队不断进入孵化器，创业团队之间的网络结构是动态增长网络，创业团队的增加使得网络结构相对分散，导致创业团队之间网络平均路径长度呈现出增加的趋势。

此外，从图 1－4 中还可以看出，在孵创业团队之间网络连接的概率越高（比如 $p = 0.7$），创业团队之间网络平均路径长度整体上也较短。这是因为网络连接概率越高，创业团队之间建立的连接相对就越多，在这些建立的连接中会出现捷径，从而能够缩短创业团队之间网络平均路径长度。

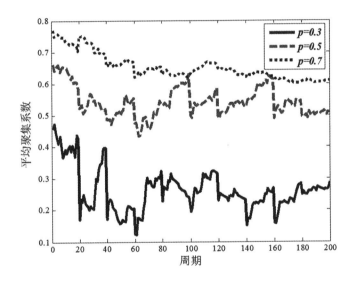

图 1－5　在孵创业团队网络平均聚集系数

图 1－5 显示的是演化博弈过程中在孵创业团队之间网络平均聚集系数的变化。网络平均聚集系数是衡量孵化器中创业团队之间聚集程度的指标。从图 1－5 中可以看出，在不同的在孵创业团队之间网络连接概率下，创业团队之间网络平均聚集系数也都呈现波动性变化。孵化器中创业团队的退出与进入会使平均聚类系数降低，但是，随着创业团队之间不断地建立连接，创业团队之间建立的连接数不断增加，平均聚类系数也会随之升高。

与此同时，图1-5中的结果也表明，随着在孵创业团队之间网络连接概率的增加，创业团队之间网络平均聚集系数整体上也随之升高。$p = 0.3$时，网络平均聚集系数在0.1—0.47之间；$p = 0.5$时，网络平均聚集系数在0.45—0.65之间；$p = 0.7$时，网络平均聚集系数在0.6—0.8之间。创业团队之间网络连接概率越高，创业团队之间建立的连接相对而言就会越多，从而使创业团队之间更容易聚集成团，网络平均聚集系数升高。此外，综合图1-4和图1-5中的结果可以发现，当创业团队之间网络连接概率较高的时候（$p = 0.7$），创业团队之间的网络结构呈现出较高平均聚集系数和较短平均路径长度的结构特征，这说明创业团队之间连接概率较高的网络结构具有小世界网络结构性质。

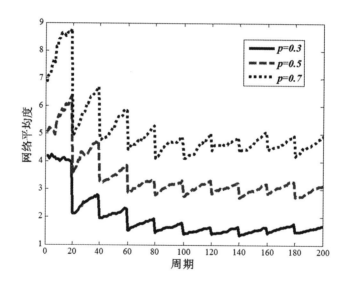

图1-6　在孵创业团队网络平均度

图1-6显示的是演化博弈过程中在孵创业团队之间网络平均度的变化。网络平均度反映了孵化器内创业团队之间相互连接的程度。从图1-6中可以看出，在不同的创业团队之间网络连接概率下，创业团队之间网络平均度也都呈现波动性变化，并且逐渐趋于平稳。初始阶段，随着新创业团队不断进入孵化器，创业团队之间建立的连接逐渐增加，创业团队之间网络平均度随之增加。当孵化周期结束时，孵化器中的一部

分创业团队离开孵化器，原有的网络连接也随之断开，导致创业团队之间网络平均度突然降低，之后又随着新创业团队的进入并和孵化器中原有创业团队建立连接，创业团队之间的连接又逐渐增加，从而创业团队之间网络平均度也随之增加。

从图 1–6 中还可以看出，在演化博弈过程中，在孵创业团队之间网络连接概率较高时的网络平均度整体上高于网络连接概率较低时的。演化博弈后期，$p=0.3$ 时，网络平均度在 1—2 之间；$p=0.5$ 时，网络平均度在 3 左右；$p=0.7$ 时，网络平均度在 4—5 之间。这是因为创业团队之间网络连接概率越高，创业团队之间建立的连接数就会越多，因此，网络平均度整体上也会随之增加。

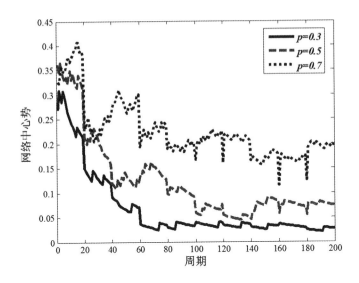

图 1–7　在孵创业团队网络中心势

图 1–7 显示的是演化博弈过程中在孵创业团队之间网络中心势的变化。网络中心势是描述创业团队之间网络的中心集中趋势的指标。从图 1–7中可以看出，在不同的创业团队之间网络连接概率下，创业团队之间网络中心势也都呈现波动性变化，并且整体上呈下降趋势。创业团队退出和进入孵化器会使创业团队之间的网络关系发生变化，从而使得网络中心势也随之呈现波动性变化。随着新创业团队不断地进入孵化器，

创业团队数量增加导致创业团队网络结构相对分散，中心势降低。

同时，从图1-7中还可以看出，随着在孵创业团队之间网络连接概率的增加，创业团队之间网络平均聚集系数整体上也随之升高。换句话说，当连接概率比较高时（比如$p=0.7$），创业团队之间的点度中心度差异较大，中心趋势更加明显。创业团队之间网络连接概率越高，创业团队之间建立的连接数就会越多，创业团队网络结构相较于连接概率低的来说更加集中，中心势会整体升高。

二 创业团队之间知识共享演化博弈

在上文构建的在孵创业团队网络上的知识共享演化博弈模型中，本章的研究假设在孵创业团队网络中的每一个创业团队都与其相连接的其他创业团队进行博弈，并且在演化博弈初始阶段，孵化器中的创业团队以相同的概率从共享和不共享中随机选择自身的博弈策略。新的创业团队刚进入孵化器时，由于还没有同孵化器中原有创业团队建立连接，无法判断选择哪种策略更有利于自身知识学习，同样以相同的概率从共享和不共享中随机选择博弈策略。基于此，本章的研究通过仿真方法来研究创业团队之间知识共享演化稳定策略，并且也同样考虑连接概率p对创业团队之间网络结构的影响，对不同连接概率下的演化博弈过程进行比较。仿真结果如图1-8所示。

图1-8的结果表明，当在孵创业团队之间连接概率一定时，随着演化进行，孵化器中选择知识共享策略的创业团队比例逐渐增加，逐渐增加到1；选择知识不共享策略的创业团队比例逐渐减少，最终减少为0。与此同时，针对不同的创业团队之间连接概率，这一结果并没有改变，并且随着创业团队之间连接概率的增大，创业团队之间连接程度增加，使得创业团队之间博弈演化达到稳定策略的时间就越短。因此，知识共享是创业团队之间进行演化博弈的稳定策略，并且创业团队之间的连接越多，达到演化稳定策略的时间就越短。

在演化博弈过程中，孵化器中创业团队的知识收益是不断变化的。在孵创业团队的平均知识收益不仅反映创业团队在孵化过程中知识水平的变化，还可以反映孵化器整体的孵化水平。图1-9显示了演化博弈过程中孵化器内知识收益总量的变化过程，图1-10显示了演化博弈过程中

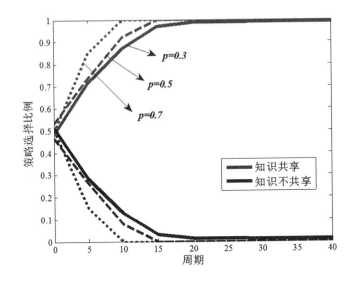

图1-8　在孵创业团队之间知识共享演化博弈

孵化器中创业团队的平均知识收益量的变化过程。从图1-9和图1-10中可以看出，当创业团队之间连接概率一定时，孵化器内知识收益总量和创业团队的平均知识收益量都呈现出波动增长的状态。这说明创业团队之间进行知识共享能够有效地提高创业团队自身的知识水平。与此同时，创业团队之间连接概率较大时的孵化器内知识收益总量和创业团队的平均知识收益量整体上均高于连接概率较小时的，并且网络连接的概率越大，知识收益量增长越快。

在演化博弈过程中，在孵创业团队每经过一次博弈就会获得相应的知识收益，在没有达到演化稳定策略前期，创业团队中有选择知识共享策略也有选择不共享策略的，部分创业团队取得负的知识收益，导致孵化器内知识收益总量和创业团队的平均知识收益量前期增长较慢。当达到演化稳定策略以后，孵化器中的创业团队均选择知识共享策略，创业团队能够不断地获取知识，这样使得孵化器内知识收益总量和创业团队的平均知识收益量快速上升。同时，在孵化周期结束时，部分创业团队会退出孵化器，而新进入的创业团队所拥有的知识收益比较小，这导致孵化器内知识收益总量和创业团队的平均知识收益量会突然降低，但是随着演化博弈的进行，新进入的创业团队通过和孵化器中其他创业团队相互共享知识，其自身的知识收益会不断增加，从而使得孵化器内知识收益总量和创业团队的平均知识收益量逐渐回升。

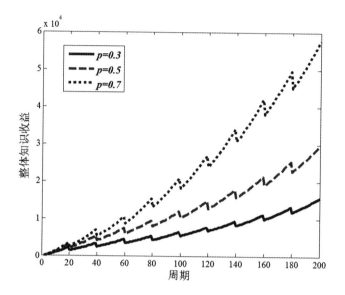

图1－9　孵化器中知识收益总量

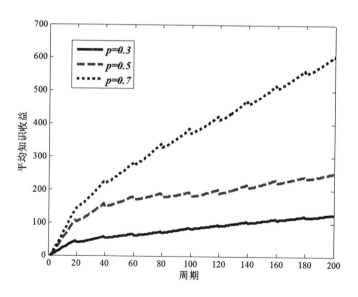

图1－10　在孵创业团队平均知识收益量

图1-9和图1-10也表明，网络连接的概率越大，孵化器内知识收益总量和在孵创业团队的平均知识收益量整体上也越高。这是因为随着创业团队之间连接概率的增大，创业团队和孵化器中其他创业团队建立的连接也增加，这使创业团队能够和孵化器中更多的创业团队进行知识共享，自身的知识收益不断提高，孵化器内知识收益总量和创业团队的平均知识收益量也会随之提高。

第三节　本章小结

本章将孵化器中创业团队的进入与退出机制和复杂网络上的演化博弈理论相结合，通过建立在孵创业团队网络上的知识共享演化博弈模型，利用仿真方法，深入研究和讨论了在引入创业团队退出和进入机制时孵化器中创业团队之间的知识共享演化博弈行为。本章主要探究孵化器中创业团队之间的知识交流与互动行为，一方面，弥补了目前缺乏对孵化器中不同创业团队之间的知识共享研究的这一不足；另一方面，引入创业团队进入和退出机制，弥补了以往复杂网络的演化博弈中缺少动态网络研究的不足。研究结果表明：第一，在不同连接概率下，孵化器中创业团队在知识共享演化博弈中的演化稳定策略是选择知识共享，并且创业团队之间连接概率越大，创业团队之间博弈演化达到稳定策略的时间就越短。第二，创业团队之间进行知识共享能够有效地提高创业团队自身的知识水平，并且在较高的连接概率下创业团队的知识水平整体上也较高。第三，随着创业团队进入和退出孵化器，创业团队之间网络平均路径长度、平均聚集系数、平均度以及中心势在演化博弈过程中呈现周期性的波动态势，并且在不同连接概率下，这些网络结构指标变化表现出比较大的差异。

根据上述的研究结论，本章向孵化器管理者以及创业团队提出以下建议。

（1）孵化器管理者要建立良好的交流互动平台，为创业团队之间进行有效知识交流和共享提供条件。

目前，孵化器管理者侧重于通过孵化器向创业团队提供各种知识资源，对于创业团队之间知识交流和互动过程的关注较少。孵化器中创业团队之间的相互交流能够有效地促进创业团队之间的知识共享，这对于弥补创业团队自身的知识缺口和提高创业团队的知识水平有着重要作用。因此，孵化器管理者在向创业团队提供各种知识和管理支持的同时，更需要重视创业团队之间的知识互动，为创业团队之间进行有效知识共享提供条件，提高创业成功率。

（2）孵化器管理者要重视孵化过程中创业团队之间关系网络的动态变化，建立合理的创业团队进入和退出机制。

在孵化过程中，创业团队之间的关系网络随着创业团队的退出和进入而变动，而创业团队之间关系网络的变化会对创业团队的知识收益产生影响。因此，孵化器管理者应该建立合理的创业团队进入和退出机制，提高孵化器中各种资源的使用效率。同时鼓励新进入孵化器的创业团队与孵化器中其他创业团队建立联系，特别是在刚进入孵化器时，新创业团队的关系网络比较脆弱，此时孵化器应该予以重点关注，使新进创业团队快速获得知识收益。

（3）创业团队应当积极地和其他创业团队建立联系，进行知识交流，提高自身的知识水平。

对于创业团队而言，特别是在创业初期，其在知识方面存在一定的缺口，仅仅依靠孵化器提供的知识资源不足以维持团队的长期发展。而创业团队之间的知识共享能够有效地弥补创业团队自身知识的不足，并且可以通过整合自身知识和其他创业团队的知识进行知识创新，不断地提高创业团队的知识水平，有利于创业团队的长期发展。

第二章

在孵企业的知识惯性、标杆管理
与知识绩效研究

在知识经济中，知识资产是可持续竞争优势的主要来源（Pertusa-Ortega，Zaragoza-Sáez 和 Claver-Cortés，2010；Saadaoui 和 Mekkaoui，2015）。组织学习是创造和传递知识的重要渠道，是影响组织绩效的关键因素（Berends 和 Antonacopoulou，2014；Sanz-Valle，Naranjo-Valencia，Jiménez-Jiménez 和 Perez-Caballero，2011）。因此，在当今的市场环境中，组织学习通常被视为组织应对环境变化并保持竞争优势的一种基本能力（Argote 和 Mironspektor，2011；Salvato，2009）。

标杆管理被视为促进组织学习的重要工具，对组织知识绩效（OKP）有重大影响（Auluck，2002；Carpenter 和 Rudge，2003；Goncharuk，Lazareva 和 Alsharf，2015）。以往对标杆管理的研究表明，标杆管理对 OKP 的改善既有积极的影响，也有消极的影响。一方面，一些研究者认为标杆管理对 OKP 有积极的影响。例如，Goncharuk 等（2015）发现借鉴其他成功组织的先进技术和实施最佳做法的方法是有效的。Kleiner（2010）认为，人们可以确定已经达到目标的合作伙伴，并从这些合作伙伴那里学习适当的做法，以提高自己。另一方面，一些学者认为标杆管理可能导致组织或个人盲目依赖标杆管理，从而对 OKP 的改进产生负面影响。例如，Lapide（2005）提出，如果一家公司复制了另一家公司的最佳实践，而没有仔细评估其是否适合标杆公司，标杆管理就没有意义。Szulanski 和 Winter（2002）认为，如果一个组织仅仅复制创新，标杆管理将不会成功，也不会帮助组织超越竞争。标杆管理和 OKP 之间的关系仍然没有定论。本章试图通过提出创业企业的标杆管理和 OKP 之间的非线性关系来解决这个难题。

同时，知识惯性也是组织学习的关键因素。知识惯性对知识的有效利用起着重要的作用（例如，Liao，Fei 和 Liu，2008；Xie，Fang，Zeng 和 Huo，2016）。作为促进组织学习的一个极好的工具，标杆管理应该与知识惯性结合起来考虑。然而，以往对标杆管理的研究一般忽略了知识惯性。因此，本章旨在填补这一空白，并在组织学习中架起科技企业孵化器内创业企业的标杆管理和知识惯性的桥梁。

此外，组织网络结构会影响人与人之间的互动和信息流动的性质，进而导致知识经济中的竞争优势（Koohborfardhaghighi，Lee 和 Kim，2016）。组织成员之间的网络模式是组织中所有协调活动的基础（Kleinbaum 和 Stuart，2014）。换言之，知识获取受组织网络结构的影响，组织网络结构对 OKP 有显著影响（Bunderson 和 Boumgarden，2010；Sáenz-Royo，Gracia-Lázaro 和 Moreno，2015；Schilling 和 Fang，2014）。因此，本章的研究也会考虑组织网络结构，并检视不同孵化器网络结构中，科技企业孵化器内创业企业的标杆管理中的知识惯性如何影响 OKP。

本章在借鉴前人对标杆管理和知识惯性研究的基础上，重点研究了科技企业孵化器内创业企业的标杆管理与 OKP 的关系，以及创业企业的标杆管理与知识惯性在组织中的桥梁作用。同时比较了两种典型的孵化器网络结构（小世界网络和无标度网络）对 OKP 的影响。

第一节　理论背景

一　标杆管理

标杆管理是对组织学习的一种帮助，为组织学习提供了一个系统的过程（Askim，Johnsen 和 Christophersen，2008；Auluck，2002；Goh 和 Richards，1997）。现有研究已经从不同的角度讨论了标杆管理。一方面，一些研究者认为标杆管理对 OKP 有积极的影响。Kleiner（2010）提出，标杆管理是确定绩效改进目标、实现预期目标以及采用转型计划实践的极好工具。Joshi，Banwet 和 Shankar（2011）认为标杆管理是一种有用的工具，可以帮助企业将其弱点最小化。他们建议，企业可以评估当前职位与最佳可比模型之间的差距，然后在组织层面上学习，制订战略计划以提高绩效。Goncharuk 等（2015）发现从其他成功组织借鉴先进技术和方法实施最佳做法是有效的。另一方面，一些学者认为标杆管理可能导致组织或个人盲目依赖，从而对 OKP 的改进产生负面影响。Lapide（2005）提出，如果一家公司复制另一家公司的最佳实践，而不仔细评估其是否适合作为标杆的公司，那么标杆管理就没有意义。Szulanski 和 Winter（2002）认为，如果一个组织仅仅复制创新，标杆管理将不会成功，也不会帮助组织超越竞争。

此外，以往的研究表明，标杆管理是一个持续的学习过程。Auluck（2002）认为，标杆管理包括三个部分：（1）自我评估；（2）比较测量；（3）学习和持续改进。Arnaboldi 和 Azzone（2004）总结了标杆管理的主要步骤：（1）计划：选择和记录标杆管理过程，并制定绩效评估过程；（2）搜索：搜索和确认标杆管理合作伙伴；（3）观察：调查和研究所选择的模型，以了解其运作过程和成功指标；（4）分析：分析和探索绩效差距，以帮助评审和改进过程；（5）适应：选择适合组织改革的最佳实践。Chung，Chao，Lou 和 Vinh（2015）强调，这一循环（计划、搜索、观察、分析和适应）的含义提醒了实行标杆管理的创业团队，他们应该始终如一地追求成功。

根据以往对标杆管理的研究，标杆管理对 OKP 的正面或负面影响都是可能的。以前没有研究探讨过创业企业的标杆管理和 OKP 之间的非线性关系。这项研究试图解决这个难题。同时，标杆管理是一个持续的学习过程，可以分为两种类型：不同组织之间的标杆管理和组织内个人之间的标杆管理。本章主要探讨科技企业孵化器内创业企业之间的标杆管理，并检视科技企业孵化器内创业企业标杆管理与组织中 OKP 的关系。在一个组织中，一些拥有独特技能的员工能够比其他员工表现更好，为组织带来新知识（Chen 和 Garg，2017）。在科技企业孵化器中，孵化器管理者可以定期号召在孵创业企业向表现更好的创业企业学习。因此，为了简洁明了而且不失一般性，本章中的标杆管理被定义为从科技企业孵化器内表现最佳的在孵企业。特别是，在孵企业之间的标杆管理也是一个持续的过程。在本章的模拟模型中，首先对科技企业孵化器内所有在孵企业的知识水平（KL）进行测量和比较，在每个给定的时间段内，将

KL 最高的在孵企业确定为标杆个体，然后所有其他在孵企业向标杆在孵企业学习。下一节将详细介绍科技企业孵化器内在孵企业标杆管理过程。

二 知识惯性

在物理学中，惯性原理是物体保持静止或匀速运动的状态，除非受到外力的作用。除非被打断，物体的运动会受到物理约束，并会在预测的轨迹中移动（Liao，2002）。Huff，Huff 和 Thomas（1992）将惯性描述为在当前战略框架之外，保持现状和抵制战略更新的趋势。将惯性概念应用于人类行为，Liao 等（2008）将知识惯性定义为使用常规问题解决程序、先前知识或先前经验来解决问题和寻求新知识。特别是他们的实证结果表明，知识惯性既包括学习惯性，也包括经验惯性。学习惰性是指个体从同一来源获取知识。经验惯性是指个体在已有经验和知识的基础上解决问题的能力。Shalikar，Lahoutpour，Bt 和 Rahman（2011）提出，知识惰性是解决问题的常规或通用方法的结果，并遵循过去的知识和经验，这可能会加强或削弱组织的解决问题能力。Shalikar 和 Nikou（2011）也将知识惯性描述为知识停滞，这意味着当人们面临问题时，通常会利用他们先前的知识和经验来解决问题。他们研究知识惯性对组织学习和组织行为的影响。在先前研究的基础上，Xie 等（2016）将知识惯性分为三类：程序惯性、学习惯性和经验惯性。他们对中国高科技企业进行了一项调查，结果表明，知识惯性对产品创新具有积极的影响。Fang，Chang 和 Chen（2011）通过实证分析，研究了组织学习能力、组织创新和知识惯性之间的关系。研究发现，知识惯性调节了组织学习能力与组织创新的关系。Koc，Aksoy 和 Ozturk（2014）研究了知识惯性（包括学习惯性和经验惯性）对大学生创业行为的影响。研究结果表明，知识惯性与创业行为之间存在显著的相关关系。Chen 和 Zhou（2011）探讨了企业知识刚性（知识惯性）的形成机制。他们提出的模型和机制有助于理解企业知识刚性及其形成机制。

根据以往的研究，知识惯性是组织学习的一个重要因素。标杆管理作为促进组织学习的一个极好的工具，应该考虑到知识惯性。然而，以往对标杆管理的研究一般忽略了知识惯性。因此，本章的研究有助于填补这一空白，并在组织学习中架起标杆管理和知识惯性的桥梁。特别是，在本章的研究中，孵化器内创业企业的知识学习包括两个过程：（1）在孵创业企业间的标杆管理；（2）在孵创业企业间的相互学习。本章的研究主要探讨知识惯性在创业企业标杆管理中对 OKP 的影响。因此，结合 Liao 等（2008）的研究和在上一节关于标杆管理的定义，本章以 Liao 等（2008）对学习惯性的定义为参考，将科技企业孵化器内在孵创业企业从同一来源学习知识定义为参考，将知识惯性称为学习惯性。

三　组织网络结构

知识获取受组织网络结构的影响，组织网络结构对知识获取有显著影响。可以从网络结构中获取的资源类型取决于网络关系的结构（Adler 和 Kwon，2002；Lam，2000）。因此，组织网络结构受到了众多研究者的关注。Miller，Zhao 和 Calantone（2006）通过增加人际学习来扩展 March 的模型。在扩展模型中，组织成员位于一个没有边的网格中。固定网格是一种人际网络结构。Lazer 和 Friedman（2007）利用一个模拟模型研究了四种典型的组织网络：线性网络、全连接网络、随机网络和小世界网络。Fang，Lee 和 Schilling（2010）通过结构设计研究勘探和开发之间的平衡。他们的研究结果表明，一个被分成半孤立群体的组织可能能够达到这种平衡。Zhang，Xi 和 Lee（2010）研究了网络结构和代理行为之间的相互作用如何影响知识过程和群体绩效，并在实验中比较优先连接的网络和规则网络。Schilling 和 Fang（2014）认为，组织的人际网络结构直接影响思想的传播和重组，从而促进或阻碍组织学习。Koohbor-fardhaghighi 等（2016）比较了组织学习中的两种网络结构：小世界网络和无标度网络。他们的研究结果表明，以无标度连接方式通过非正式人际网络进行组织学习的速度要快于小世界连接方式。Choi，Park 和 Lee（2015）建议将组织层级作为学习的关键障碍，并从理论上探讨如何阻止学习绩效。它们表明，非等级组织可能比等级组织有更好的学习环境。除了模拟模型研究外，许多实证研究都是在组织结构研究的基础上进行的。Mason，Jones 和 Goldstone（2008）研究了不同的网络结构如何影响实验室创建的组中信息的传播。他们比较了不同类型的网络在发现速度和收敛到最优解方面的差异。通过实证分析，Min，Lee 和 Lee（2015）研究了企业应如何根据员工的工作风格设计这些结构并提高个人创造力。

Bunderson 和 Boumgarden（2010）考虑了团队结构对团队参与学习和持续改进的影响。他们的研究表明，"官僚"团队可以成为更好的学习者。

以往的研究表明，组织网络结构影响着人与人之间的互动和知识流动的性质，对知识学习有着强烈的影响。因此，本章还比较了两种典型的科技企业孵化器内在孵创业企业网络结构（小世界网络和无标度网络）对在孵企业知识学习的影响。

第二节　在孵企业的标杆管理模型

仿真模型主要用于研究科技企业孵化器内创业企业标杆管理中的知识惯性对不同网络结构中 OKP 的影响。因此，仿真模型将标杆管理、知识惯性和孵化器网络结构对在孵创业企业知识转移的整体过程的影响形式化，并对仿真模型的各个部分进行了仔细的考虑和设计。

一方面，本章研究中模型的每一部分都是基于当前的相关研究（Zhang 等，2010）。另一方面，它扩展了传统的开发—利用仿真模型（Fang 等，2010；March，1991），但与这些传统模型相比，它足够简单。更具体地说，本章研究的模型建立在三个相关研究中得到广泛证明的重要事实之上：（1）标杆管理被认为是促进组织学习的重要工具，对组织学习有积极和消极的影响（Auluck，2002；Goncharuk 等，2015；Williams，Brown 和 Springer，2012）；（2）组织应高度重视知识惯性，有效利用知识（Adams，Day 和 Dougherty，1998；Fang 等，2011；Liao 等，2008；Xie 等，2016）；（3）组织网络结构对组织学习有影响（Bunderson 和 Boumgarden，2010；Lazer 和 Friedman，2007；Mason 等，2008；Schilling 和 Fang，2014）。

一　模型说明

（一）外部环境

在 March（1991）的模型中，外部环境被建模为一个 M 维向量，每个元素随机分配一个 1 或 −1 的值，概率相等。根据 March 的模型，本章的研究假设科技企业孵化器外部环境有 m 个维度，每个维度都被赋予 1 或 −1 的值，相等的概率为 0.5。

（二）组织与网络结构

就像 Fang 等（2010）认为，一个组织被视为一个复杂的系统，假设一个组织中有 n 个人。其中个人直接相互作用。Strogatz（2001）将个体间相互作用模式的拓扑结构确定为决定复杂系统动力学的关键因素。因此，为了比较不同的组织网络结构对 OKP 的影响，本章的研究探讨了两种典型的网络结构：小世界网络（Watts 和 Strogatz，1998）和无标度网络（Barabási 和 Albert，1999）。这两种网络结构表示组织中个人之间的交互模式。本章假设这两种科技企业孵化器网络都有 n 个节点（代表组织中的 n 个在孵企业），且平均度 d 相同。更准确地说，假设小世界网络算法的概率 $\gamma = 0.1$。

（三）个体

基于 March（1991）的模型，该模型假设一个科技企业孵化器内有 n 个在孵企业。在孵企业是知识、信念和实践的载体，每个在孵企业对相应的外部环境都持有 m 个信念。在孵企业信念的每一个元素都被赋予一个 1、0 或 -1 的值，概率相等。

（四）知识学习与知识惯性

在前人研究和模型相关假设的基础上，首先，模型中在孵企业间的知识学习过程包括两个维度：在孵企业间的相互学习和在孵企业间的标杆管理。特别是，在孵企业之间的相互学习意味着，在科技企业孵化器内，在孵企业和它们直接相关的其他在孵企业进行互动。此外，根据本章的研究中标杆管理的定义，在孵企业间标杆管理是指在孵企业向知识水平最高的在孵企业获得知识。换句话说，在孵企业向标杆在孵企业学习获得知识。其次，在前人研究的基础上（例如，Liao 等，2008），本章将知识惯性定义为从同一来源学习知识的在孵企业。具体来说，在孵企业可以从与其关系密切的在孵企业那里获得知识，而不是从组织中表现最好的在孵企业（标杆个体）那里获得知识。也就是说，在这个模型中，知识惯性的价值代表了在孵企业愿意向标杆在孵企业学习的程度。

（五）知识水平（KL）

本章采用 Fang 等（2010）的方法，认为知识不是完全独立的，是知识复杂性的完美反映。

$$\Phi(x) = k\left(\prod_{j=1}^{k} \delta_j + \prod_{j=k+1}^{2k} \delta_j + \cdots + \prod_{j=m-k+1}^{m} \delta_j \right) \qquad (2-2-1)$$

其中，m 是外部环境和知识向量的维数，k 是知识复杂度，在本章中 $k=3$。我们测试了 k 的稳健性，但结果没有实质性的变化。$\Phi(x)$ 是所有个体的 KL，δ_j 的值为 0 或 1。如果单个在孵企业知识向量与对应维度上的外部环境向量相对应，则 δ_j 为 1；否则，δ_j 为 0。

利用科技企业孵化器内所有在孵企业 KL 的算术平均值来估计 OKP。

二 仿真过程

（一）在孵企业间的相互学习

在组织内部，在孵企业根据组织网络结构与它们直接联系的在孵企业进行交互。在每个时期，在孵企业都可以观察到与自己直接相关的伙伴的 KL，并将其 KL 与伙伴的 KL 进行比较。在前人研究的基础上，我们采用了与 March（1991）模型相似的多数决定规则。根据多数决定规则，在孵企业认为与它们有联系的所有其他在孵企业的表现都比自己好。然后，焦点在孵企业在这些高绩效在孵企业的 m 个维度中的每一个维度上识别显性知识向量。随后，焦点在孵企业将用概率 p_1 更新自己的知识。

（二）在孵企业之间的标杆管理

在孵企业之间的标杆管理是指在孵企业与科技企业孵化器中具有最高 KL（标杆在孵企业）的在孵企业进行互动。在孵企业之间的相互学习是恒定的，而在孵企业之间的标杆管理是周期性的。例如，科技企业孵化器可以定期为在孵企业团队组织月度会议，与科技企业孵化器中的其他在孵企业分享新想法（例如，Sun 和 Anderson，2012）。基于此，假设每个在孵企业在每个周期 α 从标杆在孵企业获得知识。如前所述，标杆管理也是模拟模型中的一个持续学习过程。特别是，在每个周期 α，首先测量所有在孵企业的 KL 并选择标杆在孵企业；然后，所有其他在孵企业更新其知识，以将标杆在孵企业的各个方面与概率 p_2 结合起来。此外，在仿真模型中，标杆管理考虑了知识惯性。标杆管理中的知识惯性以最简单的方式形式化：参数 p_2 表示从标杆管理中学习知识的程度，并以此为基础，$(1-p_2)$ 表示标杆管理中的知识惯性程度。因此，$(1-p_2)$

被表示为 I，换句话说，当 p_2 较低时，在孵企业从标杆在孵企业学习知识的速度较慢，这意味着标杆中的知识惯性程度较高（I 值较高）。随着 p_2 的增加，标杆管理中的知识惯性程度降低。

第三节 在孵企业标杆管理仿真结果

本章的研究利用 MATLAB 建立仿真模型。此外，为了避免单个仿真结果出现偏差，保证仿真结果的准确性，对仿真过程进行了 100 次重复，并对 100 个仿真结果进行了算术平均。用于模拟的参数值基于当前研究中构建的模拟模型（例如，Fang 等，2010；Lazer 和 Friedman，2007；March，1991；Miller 等，2006；Mueller, Bogner, Buchmann 和 Kudic，2015）。我们也模拟不同的参数值来测试研究结果的稳健性，但结果没有实质性的变化。表 2-1 规定了模拟中使用的所有参数，模拟结果如下。

表 2-1 模拟参数

参数	含义	取值
m	外部环境维度与知识向量	60
n	组织中的个体数	50
k	知识复杂性	3
$\bar{d}$	网络平均度	4
γ	小世界网络中个体重连的概率	0.1
p_1	个体间相互学习比率	0.5
p_2	个体间相互标杆管理比率	0.5
I	标杆管理中的知识惯性度	0.5
α	个体之间的标杆管理期	5

一 标杆管理中的知识惯性

首先，研究了标杆管理中知识惯性对 OKP 的影响。在本节中，模型中的科技企业孵化器网络结构是固定的。具体来说，通过模拟 $m=60$，$n=50$，$k=3$，$\gamma=0.1$，$\bar{d}=4$ 和 $\alpha=5$ 的模型获得结果。详细的仿真结果和分析如下。

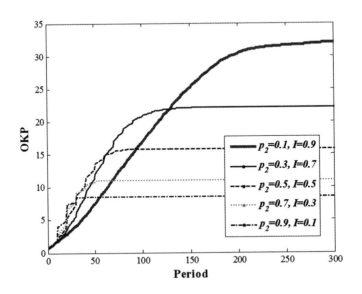

图 2 - 1　小世界网络孵化器中在孵企业标杆管理对 OKP 的影响

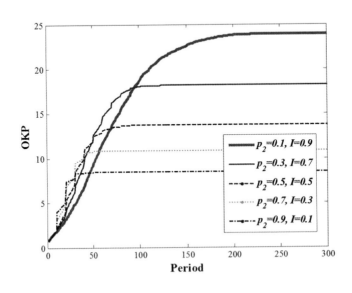

图 2 - 2　无标度网络孵化器中在孵企业标杆管理对 OKP 的影响

图 2 - 1 和图 2 - 2 中的结果显示了在小世界网络和无标度网络两种网

络结构中，在孵企业之间的标杆管理对 OKP 的影响。图 2-3 和图 2-4 的结果说明了在两种不同的网络结构中，在孵企业之间的相互学习对 OKP 的影响。图 2-3（a）和图 2-4（a）显示了相互学习的均衡 OKP。图 2-3（b）和图 2-4（b）显示了相互学习的过程。为了简洁起见，有选择地报告了非常显著和值得注意的结果。我们在图 2-1 和图 2-2 中模拟了 $p_1 = 0.5$ 的模型，而在图 2-3（b）和图 2-4（b）中模拟了 $I = 0.5$ 的模型。

如图 2-1 和图 2-2 所示，无论相互学习和组织网络结构如何，在在孵企业之间的标杆管理过程中，标杆管理与 OKP 之间存在一个重要的非线性关系，即较高的在孵企业间标杆管理率（较低的知识惯性）在短期内迅速提高 OKP，较低的在孵企业间标杆管理率（较高的知识惯性）在长期内产生较好的 OKP。在图 2-3 和图 2-4 中，无论标杆管理和组织网络结构如何，在孵企业之间相互学习的中等比率（$0.3 \leqslant p_1 \leqslant 0.8$）导致更高的 OKP。从这些数据中可以看出，当孵化器网络结构保持不变时，结果表明：（1）短期内，在孵企业间快速的标杆管理（低知识惯性）和在孵企业间适度的相互学习能够产生较高的 OKP；（2）从长期来看，在孵企业之间的缓慢标杆管理（高知识惯性）和在孵企业之间的适度相互学习可以产生更高的 OKP。

研究结果表明，科技企业孵化器内在孵企业标杆管理、知识惯性和 OKP 之间存在非线性关系。分析是基于对简单、直观的模型假设的理解。在该模型中，在孵企业间的知识学习包括两个过程：在孵企业间的标杆学习和在孵企业间的相互学习。如前所述，在孵企业之间的标杆管理意味着在孵企业向组织中表现最好的在孵企业（标杆在孵企业）学习知识。在孵企业间的相互学习是指在孵企业从与其有直接联系的其他在孵企业那里获得知识。此外，模型中的知识惯性值代表了在孵企业愿意向标杆在孵企业学习的程度。根据模型假设，无论在孵企业之间的相互学习和科技企业孵化器网络结构如何，在孵企业之间的快速标杆管理（低知识惯性）有助于在孵企业快速从标杆在孵企业获得高级知识。同时，通过在孵企业间的相互学习，标杆在孵企业掌握的先进知识可以快速共享。因此，在孵企业之间的快速标杆管理（低知识惯性）可以在短期内迅速提高 OKP。然而，在孵企业之间的快速标杆管理（低知识惯性）可能导致在孵企业过度依赖标杆，并迅速导致科技企业孵化器内的知识同质化。这就排除了知识的多样性，进而导致长期的 OKP 降低。

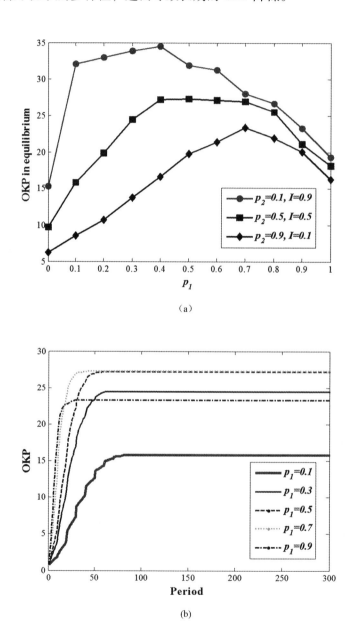

（a）

（b）

图 2 - 3　小世界网络孵化器中在孵企业相互学习对 OKP 的影响

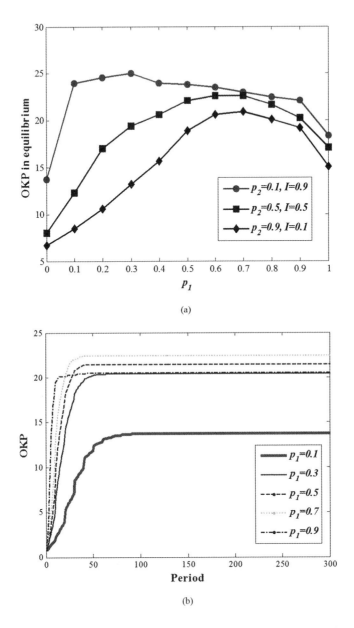

图 2 - 4 无标度网络孵化器中在孵企业相互学习对 OKP 的影响

相反，在孵企业之间的缓慢标杆管理（高知识惯性）不利于标杆在孵企业先进知识的传播。也就是说，高知识惯性导致在孵企业向标杆在孵企业学习缓慢，降低了在孵企业之间的标杆管理。在这种机制中，标杆在孵企业掌握的先进知识不能及时地在整个科技企业孵化器中传播，导致短期内 OKP 较低。然而，从长期来看，尽管高知识惯性减缓了在孵企业间的标杆管理，但它为在孵企业的探索提供了广泛的学习条件。换句话说，在孵企业可以通过选择问题解决方案来学习知识，并将标杆在孵企业的知识与自己的知识重新组合。这可以增加知识的多样性，并促进长期的 OKP。

虽然在孵企业之间的标杆管理有助于他们获得优秀的知识，但在孵企业之间的相互学习构成了科技企业孵化器学习的基础（Fang 等，2010；Miller 等，2006）。在在孵企业间的相互学习过程中，在孵企业学习可以通过网络在成员间进行共享和传播。不管在孵企业和组织网络结构之间的标杆管理如何，研究结果表明了两种重要的模式（见图 2－3 和图 2－4）。首先，在孵企业间的相互学习率较低的情况下，p_1 的增加有助于均衡 OKP 的逐步提高。在孵企业间缓慢的相互学习有利于在孵企业对知识多样性的探索和维护。因此，它可以产生更高的平衡 OKP。其次，在一定速率以上，p_1 的增加不利于均衡 OKP 的改善。在孵企业之间更快的相互学习导致它们过度地向其他在孵企业学习，并很快导致同质知识。从长远来看，这一机制对 OKP 有负面影响。总之，在孵企业之间适度相互学习可以产生更高的 OKP。

二 孵化器网络结构

接下来考察了科技企业孵化器网络结构对 OKP 的影响。模拟参数固定为 $m=60$，$n=50$，$k=3$，$\gamma=0.1$，$\bar{d}=4$，和 $\alpha=5$。详细的仿真结果和分析如下。

图 2－5 和图 2－6 的结果比较了小世界网络和无标度网络对 OKP 的影响。图 2－5 给出了标杆管理下不同网络结构对 OKP 的影响。图 2－6 显示了相互学习下不同网络结构对 OKP 的影响。图 2－6（a）显示了相互学习的均衡 OKP，图 2－6（b）显示了相互学习的过程。图 2－5 显示了模型模拟，图 2－5（a）中 $I=0.1$，$p_1=0.5$，图 2－5（b）中 $I=0.5$，$p_1=0.5$，图 2－5（c）中 $I=0.9$，$p_1=0.5$。图 2－6（a）模拟了 $I=0.5$ 的模型，图 2－6（b）模拟了 $p_1=0.5$，$I=0.5$ 的模型。

如图 2－5 所示，无论在孵企业之间的标杆管理如何，无标度网络中的 OKP 在短期内明显高于小世界网络中的 OKP。但是，从长远来看，OKP 在小世界网络中是比较好的。图 2 - 6（b）中也提出了类似的结果。此外，图 2 - 6（a）表明，在在孵企业之间的相互学习中，小世界网络中的均衡 OKP 比无标度网络中的均衡 OKP 表现得更好。

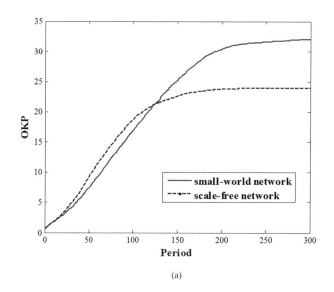

(a)

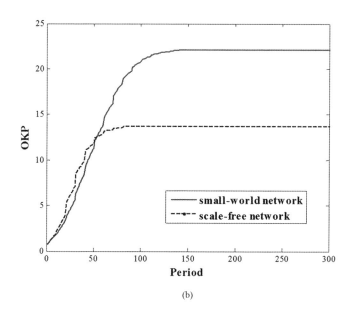

(b)

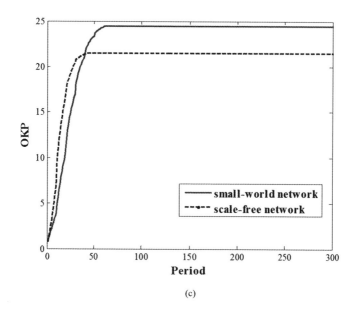

(c)

图 2-5 在孵企业标杆管理下不同网络结构对 OKP 的影响

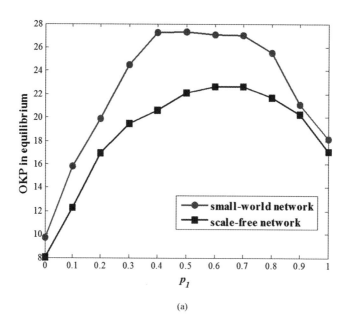

(a)

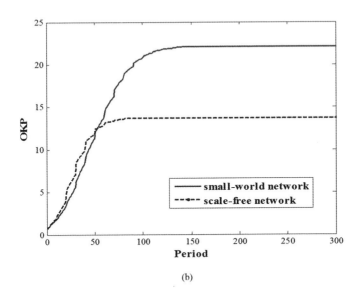

(b)

图 2 - 6　在孵企业相互学习下不同网络结构对 OKP 的影响

　　根据以往对组织网络结构的研究，小世界网络和无标度网络都具有较短的平均路径长度。然而，无标度网络的平均路径长度比小世界网络短（Mueller 等，2015）。因此，无论在孵企业之间的标杆管理和相互学习如何，两个科技企业孵化器网络中知识传播的效率都存在显著差异（Koohborfardhaghighi 等，2016；Lin 和 Li，2012）。在无标度网络中，由于平均路径长度较短，科技企业孵化器中的在孵企业之间通过相互学习快速传递知识。这种机制有助于 OKP 在短期内迅速增加。然而，当知识在科技企业孵化器内迅速传播时，它往往很快变得同质化，从而驱逐了知识的多样性。多样性或变异的丧失不利于在孵企业间新知识的探索（例如，Fang 等，2010；Lazer 和 Friedman，2007），也不利于长期改善 OKP。相反，在小世界网络中，由于平均路径长度较长，知识传播相对较慢，导致 OKP 在短期内缓慢上升。然而，缓慢的知识扩散可以在一定程度上保持知识的多样性，有利于在孵企业间新知识的探索。因此，这种机制在小世界网络中长期将产生更高的 OKP。

第四节 敏感性分析

根据以往对组织学习的模拟研究（Fang 等，2010；Miller 等，2006），本章模拟了不同在孵企业之间学习率的不同值，如 $p_{learning}$ = 0.1、0.2、0.3…0.9（Fang 等，2010）。在我们的模拟模型中，在孵企业之间的学习过程与之前的模拟模型中的在孵企业之间的学习过程相似。因此，在不失一般性的前提下，本章的研究还模拟了在孵企业间学习率在敏感性分析中的不同值。

首先，本章的研究改变不同网络结构中在孵企业间的标杆管理期。先前的研究表明，孵化器管理者可能会定期组织在孵企业交流会，与孵化器中的其他在孵企业分享新想法（例如 Sun 和 Anderson，2012）。因此，我们改变在孵企业之间的标杆管理期（即，α = 3，α = 5，α = 8），以查看其是否影响主要发现。图 2 - 7 显示了在小世界网络中，孵化器对在孵企业的标杆管理对 OKP 的影响。图 2 - 8 显示了在无标度网络中在孵企业之间相互学习的效果。图 2 - 9 显示了在小世界网络中相互学习对 OKP 的影响。图 2 - 10 显示了在无标度网络中相互学习对 OKP 的影响。

图 2 - 7（a）和图 2 - 8（a）中的结果是通过模拟 m = 60，n = 50，k = 3，γ = 0.1，$\bar{d}$ = 4，p_1 = 0.5，α = 3 的模型获得的。图 2 - 7（b）和图 2 - 8（b）中的结果是通过模拟 m = 60，n = 50，k = 3，γ = 0.1，$\bar{d}$ = 4，p_1 = 0.5，α = 8 的模型获得的。

图 2 - 9（a）和图 2 - 10（a）中的结果是通过模拟 m = 60，n = 50，k = 3，γ = 0.1，$\bar{d}$ = 4，α = 3 的模型获得的。图 2 - 9（b）和图 2 - 10（b）中的结果是通过模拟 m = 60，n = 50，k = 3，γ = 0.1，$\bar{d}$ = 4，α = 8 的模型获得的。

在本章的研究中，我们模拟了不同频率值集（即 {α = 3，α = 5，α = 8}）的模型。为了简洁起见，我们没有按顺序呈现所有结果，而是有选择地呈现本章的研究中高度显著和值得注意的结果。从图 2 - 7、图 2 - 8、图 2 - 9 和图 2 - 10 中的结果可以看出，我们的主要结果没有实质性的变化。

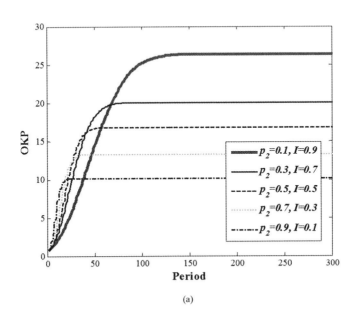

(a)

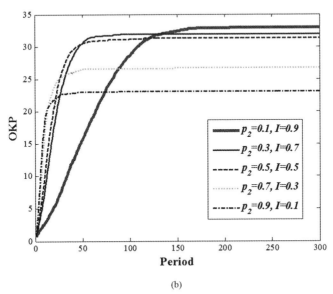

(b)

图2－7　小世界网络中标杆管理对 OKP 的影响

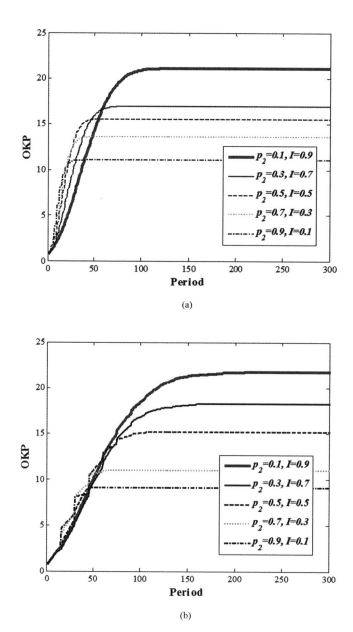

(a)

(b)

图 2 - 8　无标度网络中标杆管理对 OKP 的影响

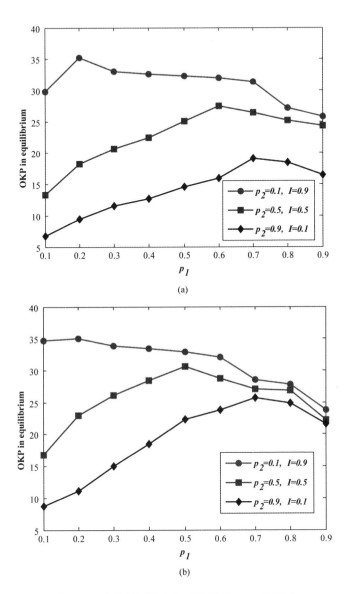

(a)

(b)

图2-9　小世界网络中相互学习对 OKP 的影响

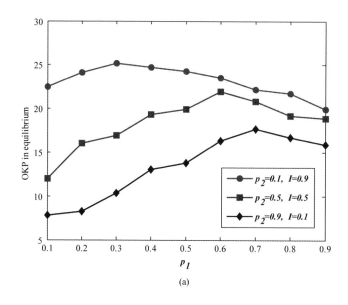

(a)

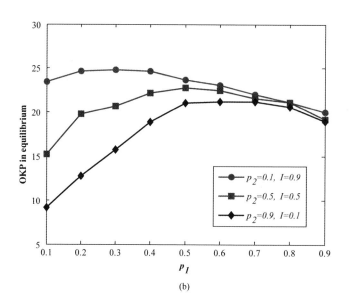

(b)

图 2 - 10　无标度网络中相互学习对 OKP 的影响

　　其次，我们测试知识复杂度对标杆管理和相互学习的稳健性。图 2 -
11 和图 2 - 12 显示了在小世界网络和无标度网络中在孵企业之间的标杆

管理对 OKP 的影响。图 2－13 和图 2－14 显示了在小世界网络和无标度网络中在孵企业之间相互学习的效果。

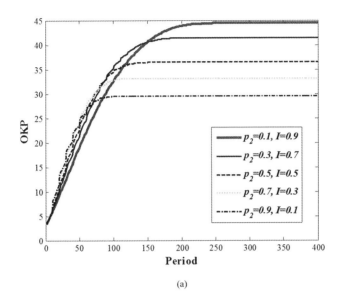

(a)

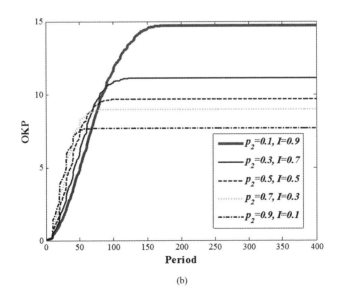

(b)

图 2－11　小世界网络中标杆管理对 OKP 的影响

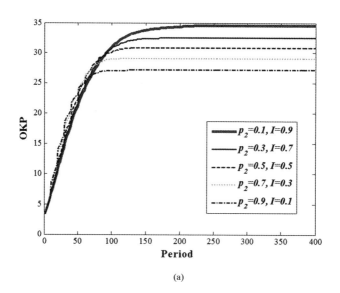

(a)

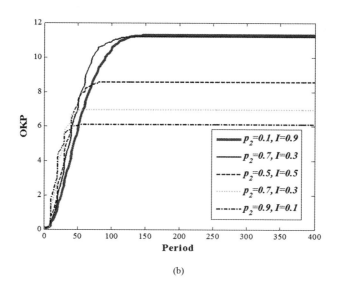

(b)

图 2 - 12 无标度网络中标杆管理对 OKP 的影响

图 2 - 13（a）和图 2 - 14（a）中的结果是通过模拟 $m = 60$，$n = 50$，

$k = 2$，$\gamma = 0.1$，$\bar{d} = 4$，$p_1 = 0.5$，$\alpha = 5$ 的模型获得的。图 2 - 13（b）和

图 2 – 14（b）中的结果是通过模拟 $m = 60$，$n = 50$，$k = 4$，$\gamma = 0.1$，$\bar{d} = 4$，$p_1 = 0.5$，$\alpha = 5$ 的模型获得的。

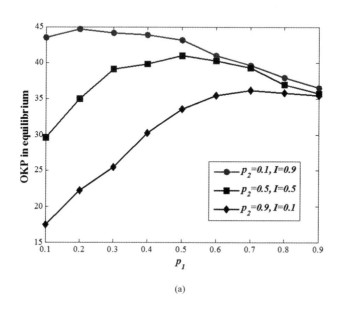

(a)

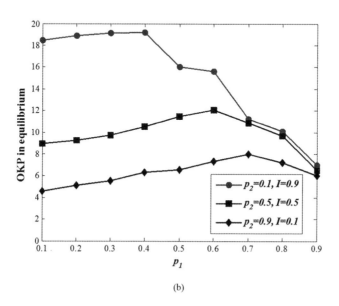

(b)

图 2 – 13　小世界网络中相互学习对 OKP 的影响

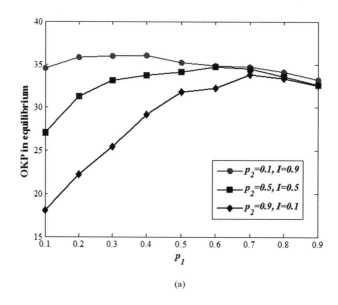

(a)

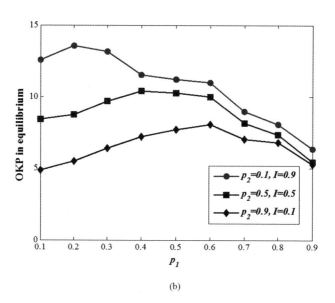

(b)

图 2-14 无标度网络中相互学习对 OKP 的影响

图 2－13（a）和图 2－14（a）中的结果是通过模拟 $m=60$，$n=50$，$k=2$，$\gamma=0.1$，$\bar{d}=4$，$\alpha=5$ 的模型获得的。图 2－13（b）和图 2－14（b）中的结果是通过模拟 $m=60$，$n=50$，$k=4$，$\gamma=0.1$，$\bar{d}=4$，$\alpha=5$ 的模型获得的。

在 Fang 等（2010）的模型中，它们改变了 $k=1$、$k=3$ 和 $k=5$ 的知识复杂度。在不丧失一般性的前提下，我们模拟了不同知识复杂度值集（即，$\{k=2, k=3, k=4\}$）的模型。如图 2－11、图 2－12、图 2－13 和图 2－14 所示，我们可以发现我们的主要结果没有实质性的变化。

再次，我们在标杆管理和相互学习上改变了网络规模，发现结果没有实质性的变化。图 2－15 和图 2－17 显示了在小世界网络中在孵企业之间的标杆管理和相互学习对 OKP 的影响。图 2－16 和图 2－18 显示了无标度网络中在孵企业之间的标杆管理和相互学习的效果。

图 2－15 中的结果是通过模拟 $m=60$，$n=100$，$k=3$，$\gamma=0.1$，$\bar{d}=4$，$p_1=0.5$，$\alpha=5$ 的模型获得的。

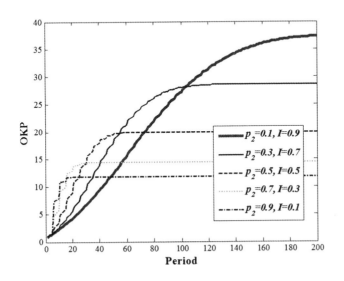

图 2－15　小世界网络中标杆管理对 OKP 的影响

图 2－16 中的结果是通过模拟 $m=60$，$n=100$，$k=3$，$\gamma=0.1$，$\bar{d}=4$，

$p_1 = 0.5$，$\alpha = 5$ 的模型获得的。

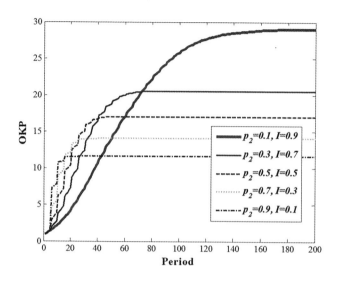

图 2 - 16　无标度网络中标杆管理对 OKP 的影响

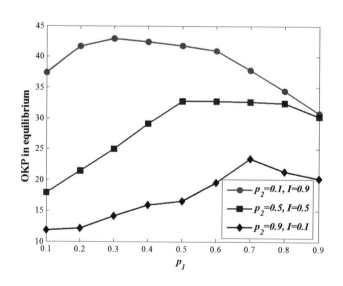

图 2 - 17　小世界网络中相互学习对 OKP 的影响

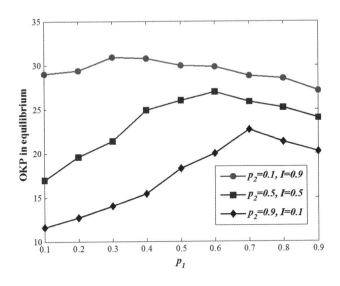

图 2 - 18　无标度网络中相互学习对 OKP 的影响

图 2 - 17 中的结果是通过模拟 $m = 60$，$n = 100$，$k = 3$，$\gamma = 0.1$，$\bar{d} = 4$，$\alpha = 5$ 的模型获得的。

图 2 - 18 中的结果是通过模拟 $m = 60$，$n = 100$，$k = 3$，$\gamma = 0.1$，$\bar{d} = 4$，$\alpha = 5$ 的模型获得的。

本章的研究模拟不同网络大小值集（即，$\{n = 50, n = 100, n = 100\}$）的模式。我们用于模拟的网络大小基于当前组织研究中使用的网络大小（例如 Fang 等，2010；Lazer 和 Friedman，2007；March，1991；Miller 等，2006；Mueller 等，2015）。为了简洁起见，我们没有按顺序呈现所有结果，而是有选择地呈现本章中高度显著和值得注意的结果。如图 2 - 15、图 2 - 16、图 2 - 17 和图 2 - 18 所示，主要结果没有实质性变化。

最后，对不同网络结构下的知识复杂度和网络规模的鲁棒性进行了测试。图 2 - 19 中的结果显示了不同网络结构下知识复杂度的稳健性。图 2 - 20 中的结果显示了不同网络结构下网络大小的稳健性。

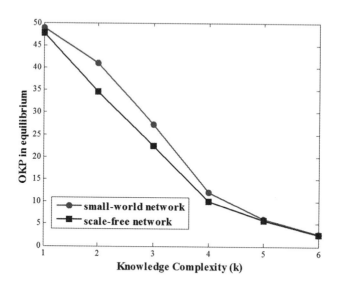

图 2 - 19　不同网络结构下知识复杂度对 OKP 的影响

图 2 - 19 中的结果是通过模拟 $m = 60$，$n = 50$，$\gamma = 0.1$，$\bar{d} = 4$，$p_1 = 0.5$，$p_2 = 0.5$，$I = 0.5$，$\alpha = 5$ 的模型获得的。

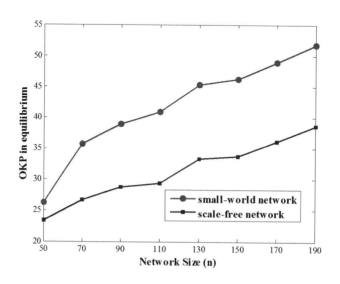

图 2 - 20　不同网络结构下网络规模对 OKP 的影响

图 2 – 20 中的结果是通过模拟 $m = 60$，$k = 3$，$\gamma = 0.1$，$\bar{d} = 4$，$p_1 = 0.5$，$p_2 = 0.5$，$I = 0.5$，$\alpha = 5$ 的模型获得的。

如前所述，本章的研究模拟了不同知识复杂度值集（即，$\{ k = 2$，$k = 3$，$k = 4\}$）的模型。此外，本章的研究还模拟了不同网络规模值集（即，$\{ n = 50$，$n = 100$，$n = 150\}$）的模型。如图 2 – 19 和图 2 – 20 所示，可以发现我们的主要结果没有实质性变化。

第五节　本章小结与讨论

创业企业的标杆管理是科技企业孵化器内在孵企业学习的辅助手段，为科技企业孵化器内的学习提供了一个系统的过程（Auluck，2002）。研究人员从不同的角度讨论了标杆管理（例如 Arnaboldi 和 Azzone，2004；Joshi 等，2011；Kleiner，2010）。然而，以往关于标杆管理的研究表明，标杆管理对 OKP 的改善既有积极的影响，也有消极的影响。以前没有研究探讨过科技企业孵化器内创业企业的标杆管理和 OKP 之间的非线性关系。同时，知识惯性也是组织学习的关键因素。标杆管理作为促进组织学习的一个极好的工具，应该考虑到知识惯性。然而，以往对标杆管理的研究一般忽略了知识惯性。本章利用一个模拟模型，研究了科技企业孵化器内创业企业的标杆管理与 OKP 之间的非线性关系，并将标杆管理与知识惯性联系在一起。此外，知识获取还受到组织网络结构的影响（Sáenz-Royo 等，2015；Schilling 和 Fang，2014）。因此，本章的研究也比较了科技企业孵化器的两种网络结构（小世界网络和无标度网络）在我们的模拟模型中对 OKP 的影响。基于模拟实验的结果，研究发现，首先，无论科技企业孵化器内的在孵企业网络结构如何，快速的在孵企业间标杆管理（低知识惯性）和适度的在孵企业间相互学习在短期内都能产生较高的 OKP。从长期来看，在孵企业之间的缓慢标杆管理（高知识惯性）和在孵企业之间的适度相互学习可以产生更高的 OKP。其次，不管在孵企业之间的标杆管理和相互学习如何，从短期来看，OKP 在无标度网络中的表现要好于在小世界网络中的表现。然而，从长远来看，OKP 在小世界网络中更高。

一　理论启示

本章的研究对科技企业孵化器内创业企业的标杆管理和知识惯性具有一定的理论意义。在标杆管理领域，虽然学者们从不同的角度讨论了标杆管理（例如，Joshi 等，2011；Kleiner，2010；Pemberton，Stonehouse 和 Yarrow，2001），但是先前的研究对于标杆管理和 OKP 之间的关系还没有定论。以前没有研究考察过标杆管理和 OKP 之间的非线性关系。此外，知识惯性也是组织学习的一个关键因素。标杆管理作为促进组织学习的一个极好的工具，应该考虑到知识惯性。然而，以往对标杆管理的研究大多忽略了知识惯性。因此，本章的研究有助于填补标杆管理和知识惯性文献中的这些空白。为了完成这项研究，我们仔细考虑并设计了一个仿真模型。我们的模拟模型正式化了科技企业孵化器内创业企业的标杆管理和知识惯性对组织中 OKP 的影响。通过这样做，一方面，本章的研究考察了创业企业的标杆管理对 OKP 的影响，并提出创业企业的标杆管理与 OKP 之间存在非线性关系。另一方面，本章的研究也借由将知识惯性加入标杆管理中，来探讨在孵企业间标杆管理中的知识惯性对 OKP 的影响，有助于在组织学习中沟通标杆管理与知识惯性。仿真模型有助于从理论上更全面地研究科技企业孵化器中创业企业的标杆管理、知识惯性和 OKP 之间的关系。本章的研究以其理论贡献，补充了标杆管理与 OKP 关系的理论，将标杆管理与知识惯性相结合。为今后标杆管理、知识惯性和 OKP 的研究提供了重要的理论参考。

二　实践启示

本章的研究对科技企业孵化器管理者具有一定的现实意义。第一，孵化器管理者应该为在孵企业创业团队提供与顶级创业团队（标杆在孵企业）互动的机会，并证明他们的想法是正确的。这有利于表现较差的创业团队（Sun 和 Anderson，2012）。然而，当孵化器管理者呼吁所有成员向标杆在孵企业学习时，他们应该注意到一种标杆并不适合所有在孵企业。也就是说，孵化器管理者应该根据情况选择最合适的在孵企业。例如，基于本章的研究的结果，如果孵化器管理者希望在短期内快速提高 OKP，那么在孵企业应该迅速向标杆在孵企业学习。如果孵化器管理者想要增加长期的 OKP，在在孵企业之间建立缓慢的标杆管理是实现这一目标的有效方法。

第二，当孵化器管理者呼吁所有在孵企业向标杆在孵企业学习时，他们应该更好地理解知识惯性在长期内的好处，以及它在组织学习中可能存在的弊端。特别是，虽然知识惯性可能导致知识获取和传播在短期内出现延迟，但孵化器管理者不应忽视知识惯性的后果（例如，保持知识多样性）。这可能随着时间的推移在组织中积累，并最终有助于长期改善 OKP（Yi，Knudsen 和 Becker，2016）。例如，当孵化器管理者创造鼓励在孵企业向先进在孵企业学习大量知识和实践的环境时，他们应该考虑到多样性对科技企业孵化器长期利益的影响，并控制他们之间知识交流的频率。此外，孵化器管理者应鼓励在孵企业将自己的知识与先进在孵企业的知识重新组合，开发新知识，而不是简单地照搬先进在孵企业的知识。

第三，孵化器管理者还应适度控制在孵企业之间的相互学习（Owens 和 Hekman，2012）。如前所述，知识多样性和知识扩散效率都会对 OKP 产生显著影响（Lazer 和 Friedman，2007）。因此，一方面，孵化器管理者应该鼓励在孵企业自己去探索和寻找新知识。另一方面，孵化器管理者应该适度地呼吁在孵企业在孵化器内有效地相互沟通。

第四，知识获取受组织网络结构的影响，组织网络结构对 OKP 有显著影响。因此，孵化器管理者应灵活利用孵化器内在孵企业之间的互动模式（Koohborfardhaghighi 等，2016）。也就是说，为了使科技企业孵化器的利益最大化，孵化器管理者应该根据自己的组织网络结构来处理组织的短期利益和长期利益之间的关系。

三　局限和研究展望

尽管本章的研究有其贡献和意义，但也存在一定的局限性。需要更多的研究和实证分析工作。由于难以获得经验数据，采用模拟模型作为主要分析工具。我们还需要进一步的实证工作来证实我们的结果，并对其进行更深入的解释。因此，我们希望本章的研究能够作为一个有用的基础，并通过理论和实证研究相结合，可以更深入地研究科技企业孵化器内在孵企业的标杆管理、知识惯性和孵化器网络结构之间的关系。

第 三 章

孵化器领导风格、网络结构
和学习绩效

　　科技企业孵化器是一个复杂的综合体，孵化器管理者连接了创业者、服务商、运营商等多个主体，这些群体都具有各自的特征，会直接影响到创业项目的开展。创业者希望与孵化器主管建立深厚的友谊，寻求孵化器提供更加全面和深入的帮助。实际上，随着参加孵化项目的创业企业越来越多，孵化器并不是对每个创业企业都是平等的。部分孵化器无法顾及每个企业，会挑选有潜力的创业企业着重培养。有的孵化器管理者保持与每一个创业企业的良好互动，力争扩大孵化成功率。孵化器管理者的领导风格以及与在孵企业的互动如何影响在孵企业的知识水平演化，是影响在孵企业成功率的一个重要因素。

　　在这种情况下，孵化器领导者的作用就变得非常重要。领导者是能够说服他人成为为实现组织目标而工作的人（Yulmx，1994）。领导力可以被定义为影响他人以实现预定目标的能力（Azbari 等，2015）。事实上，一直以来吸引研究人员和组织的基本问题之一是领导风格，以及这些风格有什么属性可以区分领导者（Azbari 等，2015）。Golmoradi 和 Ardabili（2016）指出，领导风格可以增加组织学习，为实现组织目标铺平道路。为了在高度竞争的环境中实现组织目标，人们从不同方面研究了许多不同类型的领导风格，如变革型领导和交易型领导（Avolio 等，1999；Vera 和 Crossan，2004；），平均领导风格（ALS）和垂直动态联系（VDL）（Dansereau 等，1975；Liden 和 Graen，1980）。研究结果表明，领导风格对组织有显著影响，领导风格与其他因素，包括知识学习、组织网络结构、组织文化和创新之间存在显著关系（Pawar 和 Eastman，1997；Vera 和 Crossan，2004）。因此，在现有的研究基础上，本章主要研究孵化器领导者不同的领导风格对孵化器知识绩效的影响。为此，本章借鉴领导—成员交换（LMX）理论，构建了一个仿真模型来研究不同孵化器领导者的领导风格与组织知识绩效之间的关系。

第一节　理论背景

一　组织学习的探索和应用

组织学习可以使企业获得在全球经济中竞争所需的管理能力和技术诀窍（Harrison 和 Leitch 2005；Slater 和 Narver 1995）。有效的组织学习活动可以帮助转型期经济体的企业减少不确定性，更快地找到市场机会，以便更有效地竞争（Zhao 等，2011；Argote 和 Mironspektor，2011；Argote 和 Ingram，2000；Kogut 和 Zander，1992）。过去几十年来，关于组织学习的研究表明，探索和利用在组织学习中起着非常重要的作用。Lee 和 Meyer-Doyle（2017）得出结论，企业需要不断利用现有的知识来实现短期的生产力。而与此同时，为了保持长期的创新，企业需要探索新的知识和想法。之前的文献越来越注意到平衡探索和利用对持续竞争优势的重要性（He 和 Wong，2004）。March（1991）提出了一个经典的探索—利用模拟模型。在他的模型中，March 指出，探索在长期内会产生更高的组织知识绩效（OKP），而开发在短期内会迅速提高 OKP。马奇强调，在探索和利用之间保持适当的平衡对公司的生存和繁荣至关重要。Garcia 等（2003）认为，在研发活动中，有四个因素可以帮助维持探索和利用之间的平衡，包括资源可用性、外生竞争、知识库的老化和适应能力。Kane 和 Alavi（2007）在 March 的模型中加入了信息技术（IT）。他们发现，由信息技术支持的学习机制对探索和利用有明显的影响。Chanda 和 Ray（2015）基于 March 的模型研究了探索和利用的组合。他们发现，多种探索—利用的组合导致了同等的、最大的组织知识。

总之，探索和利用是目前组织学习研究的重点。有必要从探索和利用的角度更深入地研究组织学习。因此，本章构建了一个扩展的探索—利用模型来研究孵化器组织学习。

二 领导力和领导风格

领导力是提高企业绩效的关键驱动力之一（Zhu 等，2005）。House 和 Javidan（2004）将领导力定义为"一个人影响、激励并使他人为其所在组织的有效性和成功做出贡献的能力"。领导行为可以影响组织创新的进程（Dess 和 Picken，2000）。此外，组织学习和组织创新之间存在积极和显著的关系（Hurley 和 Hult 1998；Saki 等，2013）。领导行为和组织学习有明显的相关性。领导行为必须与组织学习相结合，才能有效提高组织绩效（Slater 和 Narver，1995；Vera 和 Crossan，2004；Berson 等，2006）。

根据有关领导力的文献，人们发现领导风格对组织有重要影响。Lussier（2006）认为，领导风格是管理者为了与员工互动而使用的特征、技能和行为的组合。Detienne 等（2004）指出，领导风格在组织的知识管理中起着重要作用。Mason 和 Pauleen（2003）认为，领导风格是主要涉及组织内部因素的障碍之一。Politis（2001）提出，涉及人际互动和鼓励参与性决策过程的领导风格与知识获取所必需的技能和特质有积极的关系。因此，领导风格是影响组织发展的一个关键因素。

人们从不同的角度研究了许多不同的领导风格，如变革型领导风格和交易型领导风格。在变革型领导中，领导者通过采用理想化的影响、鼓舞性的激励、智力刺激和个性化的考虑来实现结果（McCleskey，2014；Zhang 等，2011；Gumusluoglu 和 Ilsev，2009）。交易型领导涉及领导者和追随者之间的交流，旨在为双方提供利益（Herrmann 和 Felfe，2014；Mc-Cleskey，2014；Vera 和 Crossan，2004）。此外，另外两种不同的领导风格被认为对组织绩效有深远的影响：平均领导风格（ALS）和纵向联系风格（VDL）。在 ALS 下，领导者以统一的方式对待所有下属，与他们的个性、态度和能力无关（Dansereau 等，1975）。简而言之，领导者对所有组织成员一视同仁，无论他们的表现如何。相比之下，在 VDL 下，领导者的资源和时间有限，因此无法对所有成员一视同仁。领导者的行为因与特定成员的关系而不同。换句话说，领导者在领导行为方面对下属进行区分（Liden 和 Graen，1980）。在领导—成员交换（LMX）理论（Graen 和 Uhlbien，1995）中，领导者将"组内"成员与"组外"成员区分开来。领导者与"内群体"成员建立了比"外群体"成员更高质量的关系。这表明，领导者在 LMX 中可能会给予不同的待遇（Aleksić 等，2016；Liu 等，2013；Yrle 等，2002）。从 LMX 的角度来看，学者们讨论了不同的领导风格。Aleksić 等（2016）指出，高质量的 LMX 和参与式领导风格之间存在正相关，无论高质量的 LMX 事实如何，成就导向风格是最常见的。Oh 等（2016）定义了两种形式的领导风格：统一领导—成员交流（UL-MX）和差异化领导—成员交流（DLMX）。他们的研究结果显示，在某些情况下，ULMX 在维持成员参与在线协作工作社区（OCWC）方面占优势，但在其他情况下，DLMX 更有效。

总而言之，领导风格研究特别关注领导者和追随者之间的关系。领导者与追随者的关系会影响组织绩效。事实上，这种关系已经从很多角度进行了研究，特别是领导成员交换关系。因此，在现有研究的基础上，本章借鉴了领导—成员交换（LMX）理论，重点研究了两种领导风格：统一领导—成员交换（ULMX）和差异化领导—成员交换（DLMX）。并且，主要研究这两种领导方式对孵化器知识绩效的影响。

三　网络结构

之前组织学习的探索—利用模型表明，组织网络结构对组织知识绩效有显著影响。Miller 等（2006）通过增加人际学习来扩展 March 的模型。在他们的扩展模型中，组织成员位于一个没有边缘的网格中，固定的网格被表示为人际网络结构。Lazer 和 Friedman（2007）研究了组织中的四种典型网络，包括线性网络、完全连接网络、随机网络和小世界网络。Fang 等（2010）通过结构设计研究了探索和利用之间的平衡。他们的研究结果表明，一个被划分为半孤立的组织可能有助于实现这种平衡。Zhang 和 Xi（2010）研究了网络结构与代理人行为的互动如何影响知识过程和团体绩效。Schilling 和 Fang（2014）认为，组织的人际网络结构直接影响了思想的扩散和重组，因此可以促进或阻碍组织学习。他们通过仿真模型发现，适度的枢纽型网络比非枢纽型和民主型网络都要好。Koohborfardhaghighi 等（2016）比较了组织学习中的两种网络结构——小世界网络和无标度网络。他们的研究结果显示，通过无标度连接方式的非正式交流网络的组织学习与小世界网络连接方式相比更快。此外，Wong（2008）研究了内部和外部咨询网络结构如何影响知识的重叠和多样性，以及这些知识维度如何反过来影响团体的有效性。Park 等（2015）认为组织等级制度是学习的一个关键障碍，并从理论上探讨了它如何阻碍学习绩效。他们的研究表明，非等级制的组织可能比等级制的组织有更好的学习环境。

关于网络结构的文献显示，只有少数研究者将复杂网络分析作为一种方法来研究组织学习。此外，以前的研究在其仿真模型中同样考虑了组织中的个人。然而，个人在组织中扮演着不同的角色，如领导者和成员。在一个组织中，不同角色的个人之间的网络结构也是不同的。因此，在本章中，我们在仿真模型中加入了两种组织网络结构（小世界网络和无标度网络）。更重要的是，在我们的模型中，将孵化器分为两层：孵化器领导者和在孵企业创业者。

总而言之，本章着重研究了不同的孵化器领导者—在孵企业创业者交流对孵化器学习的影响。将组织学习理论和领导者—成员交流理论结合起来，为这两种文献架起桥梁。在仿真模型中，一方面，深入研究了孵化器领导风格和网络结构对孵化器学习的影响；另一方面，将孵化器人员划分为两个层次（领导者和创业者），这可以克服目前组织学习文献中个体同质化的问题。

第二节　仿真模型构建

本章采用基于 Agent 的计算机仿真方法建立仿真模型，并在此基础上开展系列仿真实验。基于 Agent 的计算机仿真方法是一种有效的研究方法，通过仿真方法能够深入洞察变量之间的复杂关系，特别是在缺乏实证数据时。同时，仿真方法也可以清晰地呈现孵化器知识学习过程中多因素相互作用的过程以及相关结果的产生过程。本章在 March 经典的探索—利用模型基础上，充分考虑孵化器领导风格和网络结构特征，建立了下面的仿真模型。

一　模型设定

1. 孵化器领导风格。本章研究孵化器学习中不同的领导风格对孵化器知识水平的影响。根据领导和成员交换关系（LMX）理论，孵化器领导会将在孵企业分成"圈内人"和"圈外人"，领导和"圈内"成员互动的频率高于和"圈外"成员互动的频率。Oh 等（2016）研究了在线交流社区中不同领导风格对成员参与积极性的影响。在研究中，他们根据领导和成员互动的频率不同定义了两种领导风格：差别交换关系（DLMX）和平等交换关系（ULMX）。因此，本章在已有研究的基础上，根据孵化器领导者和在孵企业之间学习频率的不同定义两种领导风格：差别知识学习（DKL）和平等知识学习（UKL）。差别知识学习（DKL）指孵化器领导根据自身和在孵企业之间连接关系强度，以不同的频率和在孵企业创业者进行知识学习。平等知识学习（UKL）指孵化器领导者以相同的频率和在孵企业创业者进行知识学习。

2. 组织网络结构。已有研究表明，组织网络结构对组织学习有着重要影响。为了比较分析孵化器网络结构对孵化器知识水平的影响，本章研究经典的小世界网络（WS 模型）和无标度网络（BA 模型）两种网络结构。为了进行横向比较，我们让上述两种网络中具有相同的节点数 n 和网络平均度 $\bar{d}$ 进行对比。网络中节点所拥有的直接连接数就是该节点的度，所有节点的度的平均值就是该网络的平均度。两种网络模型生成算法如下：

（1）小世界网络（WS 模型）

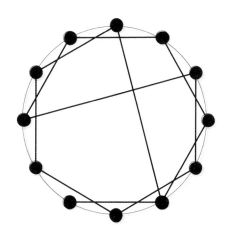

图 3-1　小世界网络

根据 WS 小世界网络模型生成小世界网络。WS 小世界网络是在规则网络的基础上生成的。在规则网络中，n 个节点依次排列于一个环形网格中，每个节点与其左右邻近的各（$d/2$）个节点相连接，d 为偶数，即每个节点具有相同的度 d。在此基础上，以概率 p 随机地重新连接网络中的每个边，即将边的一个端点保持不变，另一端点取为网络中随机选择的一个节点。规定任意两个不同的节点之间至多只能有一条边，并且每一个节点都不能有边与自身相连。当 p 较小时生成的网络就是小世界网络（如图 3 - 1 所示），该网络包含 n 个节点，网络平均度为 $\bar{d}$。这里需要注意的是，为了保证网络的稀疏性和连通性，需要满足条件 $n > \bar{d} > \ln(n) > 1$。

（2）无标度网络（BA 模型）

根据 BA 无标度网络模型生成无标度网络。从一个具有 m_0 个节点的网络开始，在每一时期引入一个新的节点，并且连接到（$d/2$）个已存在的节点上。一个新节点与一个已经存在的节点 i 相连接的概率 p_i 与节点 i 的度 d_i 之间满足如下关系：

$$p_i = \frac{d_i}{\sum\limits_{j=1}^{n} d_j} \tag{3-2-1}$$

在经过 T 步后，形成一个具有 $n = T + m_0$ 个节点和（$T * \bar{d}/2$）条边的无标度网络（如图 3 - 2 所示），该网络包含 n 个节点，网络平均度约为 $\bar{d}$。这里需要注意的是，$\bar{d}/2 \leqslant m_0$。

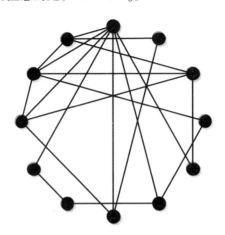

图 3 - 2　无标度网络

3. 外部环境。外部环境也称为外部真实信息，March 在模型中把外部环境用一个 m 维向量来表示，该向量的每一维度以相同的概率随机取值为 1 或者 −1。本章参照 March 对外部环境向量的定义，也用 m 维向量来表示外部环境，每一维度以相同的概率随机取 1 或者 −1。

4. 组织领导和成员。March 在模型中将个体同等对待，并且设定个体知识向量与外部环境向量对应，每一维度以相同的概率随机取 1、0 或者 −1。本章将个体划分为孵化器领导者和在孵企业创业者两个层面。Oh 等（2016）在研究中指出领导是网络中度最大的节点。他们将网络中度最大的节点定义为领导。Carley（1992）指出领导的角色往往是了解和利用现有的知识基础和结构，领导通常是团队中拥有最高知识水平的人。综上所述，为突出领导和成员在组织中的身份不同，本章结合组织网络结构特征，在模型初始化阶段，将网络中度最大的个体赋予孵化器领导者身份，网络中其他个体就是在孵企业创业者。与此同时，我们让孵化器领导者在初始化阶段的知识水平最高。简而言之，孵化器领导者是孵化器网络中度最大的节点并且初始化的知识水平最高。具体来讲，本章设定孵化器组织网络（包括小世界网络和无标度网络）中节点的数量为 n，即组织中有 n 个个体，然后这 n 个个体中度最大的个体就为孵化器领导者，其他个体为在孵企业创业者。同时，孵化器中领导者和创业者的知识向量和外部环境向量对应，同样用 m 维向量来表示，并且每一维度以相同的概率随机取值为 1、0 或者 −1，其中 1 或者 −1 表示特定的知识，0 表示该维度上知识的缺失。在模型初始化阶段生成个体知识向量之后，我们让孵化器领导者的知识水平最高。

5. 知识学习。根据组织网络结构，本章研究了孵化器领导者与创业者之间的知识学习以及孵化器内创业者之间的知识学习。具体来说，孵化器领导者与网络中和他有直接联系的创业者进行互动。而创业者则与网络中和他有直接联系的创业者进行互动。我们注意到，孵化器领导者与创业者的互动取决于不同的领导风格。本章研究了两种领导风格：统一领导—成员交流（ULMX）和差异领导—成员交流（DLMX）。在 ULMX 下，孵化器领导者在每个时期都与和他有直接联系的在孵企业创业者互动。换句话说，孵化器领导者与在孵企业创业者的互动频率是相等的。在 DLMX 下，孵化器领导者根据领导者和在孵企业创业者之间的关系，与和他有直接联系的在孵企业创业者进行互动。我们采用 Oh 等（2016）给出的方法来区分孵化器领导者和不同创业者之间的关系强度。其计算公式为：

$$R_{L,M} = \frac{d_L + d_M}{2 * \bar{d}} \qquad (3-2-2)$$

在公式（3-2-2）中，$R_{L,M}$ 是孵化器领导者和不同在孵企业创业者之间的关系强度，d_L 是孵化器领导者的平均度，d_M 是网络中在孵企业创业者的平均度，$\bar{d}$ 是整个孵化器网络的平均度。然后我们计算出整个孵化器网络的平均度：

$$\bar{R} = \frac{1}{n} \sum_{i=1}^{n} R_{L,M_i} \qquad (3-2-3)$$

当 $R_{L,M}$ 大于 $\bar{R}$（$R_{L,M} \geqslant \bar{R}$）时，孵化器领导者每隔一段时间 β_1 就与在孵企业创业者 M 进行互动。当 $R_{L,M}$ 小于 $\bar{R}$（$R_{L,M} < \bar{R}$）时，孵化器领导者每隔一段时间 β_2 就与在孵企业创业者 M 进行互动。更重要的是，β_1 小于 β_2。

6. 环境变化和人员流动。本章考虑环境变化和在孵企业创业者流动。首先，在孵化器允许在孵企业创业者流动：每个在孵企业创业者都可能在每个时间段离开孵化器，概率为 p_n。当一个在孵企业创业者离开时，他的位置由一个新的在孵企业创业者填补，这个新的在孵企业创业者以随机分配的信息开始（每个信息的值都是从 1、0 或 -1 中随机抽取的）。其次，让外部环境的元素定期改变其值。具体来说，在每个时期 β_3 都以概率 p_m 的方式转移外部环境向量的 m 个维度（从 1 到 -1，从 -1 到 1）（Fang 等，2010）。

7. 知识水平（KL）。本章采用了 Fang 等（2010）给出的方法，具体为公式（3-2-4）。这种方法认为知识不是完全独立的，而且它完美地反映了知识的复杂性。

$$\Phi(x) = k\left(\prod_{j=1}^{k} \delta_j + \prod_{j=k+1}^{2k} \delta_j + \cdots + \prod_{j=m-k+1}^{m} \delta_j \right) \tag{3-2-4}$$

在这个函数中，m 是孵化器外部环境和知识向量的维度，k 是知识复杂性，$\Phi(x)$ 是个体的 KL，δ_j 值为 0 或 1。如果一个个体的知识向量与外部环境向量在相应维度上对应，δ_j 为 1；否则 δ_j 为 0。

本章通过计算孵化器中所有个体（包括孵化器领导者和在孵企业创业者）的 KL 的算术平均值来估计孵化器知识绩效（OKP）。

二　仿真过程与仿真参数

1. DLMX 下的知识学习。在 DLMX 下，学习过程包括孵化器领导者与创业者之间的学习和创业者之间的学习。基于孵化器网络结构（小世界网络和无标度网络），每个创业者和网络中与他们有联系的其他创业者进行互动。每个创业者的 KL 将与这些成员的 KL 进行比较。比较的结果有三个：相同、高或低。如果创业者确定这些创业者的 KL 值较高，他们就会更新自己的知识，以纳入这些较高知识的各个方面，其概率为 p。如果有一个以上的创业者的 KL 较高，我们就采用类似于 March 模型（1991）中的多数决定规则。多数决定规则是，在孵企业创业者查看与他们有联系的所有其他创业者，并确定那些比自己表现更好的创业者。然后，在孵企业创业者在这些表现较好的创业者知识的每个 m 维度上确定主导的知识向量，以概率 p_{1D} 更新自己的知识。

对于孵化器领导者来说，他与网络中与他有联系的在孵企业创业者进行互动。而他的 KL 也将与这些创业者的 KL 进行比较。孵化器领导和创业者之间的学习过程与创业者之间的学习过程相似。但是，它们之间也有一些区别。在孵企业创业者之间的学习是恒定的，而孵化器领导者和在孵企业创业者之间的学习是周期性的。在 DLMX 下，根据孵化器领导者和创业者之间关系的强度，孵化器领导者与创业者的互动频率不同。当 $R_{L,M}$ 大于 $\bar{R}$（$R_{L,M} \geqslant \bar{R}$）时，孵化器领导者每隔一段时间 β_1 就与创业者进行互动。当 $R_{L,M}$ 小于 $\bar{R}$（$R_{L,M} < \bar{R}$）时，孵化器领导者每隔一段时间 β_2 就与创业者进行互动。这里，孵化器领导者向创业者学习的概率为

p_{2D}，而创业者向孵化器领导者学习的概率为 p_{3D}。

2. ULMX 下的知识学习。与 DLMX 类似，在 ULMX 下，学习过程也包括孵化器领导者与在孵企业创业者之间的学习和创业者之间的学习。在 ULMX 下，创业者之间的学习过程与 DLMX 下的学习过程相同。创业者之间相互学习的概率为 p_{1U}。同样，在 ULMX 下，创业者之间的学习是恒定的，而孵化器领导者和创业者之间的学习是周期性的。然而，与 DLMX 不同的是，在 UL-MX 下，孵化器领导者与创业者的互动频率是相等的。特别是，孵化器领导者每隔一段时间 α 就会与创业者互动。在这里，孵化器领导者向创业者学习的概率为 p_{2U}，而创业者向孵化器领导者学习的概率为 p_{3U}。

3. 环境变化和人员流动。在 DLMX 和 ULMX 下，首先允许人员流动：每个在孵企业创业者都可能在每个时间段离开孵化器，概率为 p_n。当一个创业者离开时，他的位置由一个新的创业者填补，这个新的创业者以随机分配的信息开始（每个信息的值都是从 1、0 或 -1 中随机抽取的）。其次，我们让外部环境的元素定期改变其值。具体来说，在每一个时期 β_3（从 1 到 -1，从 -1 到 1）将外部环境向量的 m 个维度中的每一个维度以概率 p_m 的方式转移。例如，我们设定 $p_m = 0.1$ 和 $\beta_3 = 100$，也就是说，每 100 个周期中，m 个维度中的 10% 会改变其值。本章的所有仿真参数见表 3-1。

表 3-1 仿真参数

参数	含义	参数值
m	孵化器外部环境和知识矢量的维度	60
n	孵化器创业者数量	50, 100, 150
k	知识的复杂性	3
$\overline{d}$	孵化器网络平均程度	4
p	小世界网络中创业者重新布局的概率	0.1
p_{1D}	DLMX 中创业者之间相互学习的概率	0.3
p_{1U}	ULMX 中创业者之间相互学习的概率	0.3
p_{2D}	DLMX 中孵化器领导者向创业者学习的概率	0.7
p_{2U}	ULMX 中孵化器领导者向创业者学习的概率	0.7
p_{3D}	DLMX 中创业者向孵化器领导者学习的概率	0.7
p_{3U}	ULMX 中创业者向孵化器领导者学习的概率	0.7

续表

参数	含义	参数值
p_m	外部环境变化的概率	0.1
p_n	创业者离开的概率	0.1
α	孵化器领导者在 ULMX 中的学习阶段	8
β_1	领导人在 DLMX 中学习阶段，$R_{L,M} \geq \bar{R}$	5
β_2	领导人在 DLMX 中学习阶段，$R_{L,M} < \bar{R}$	10
β_3	外部环境变化的阶段	100

第三节　仿真结果及分析

一　孵化器领导风格

首先研究了不同孵化器领导风格（DLMX 和 ULMX）对 OKP 的影响，仿真结果和分析如下。

（一）小世界网络中 DLMX vs. ULMX

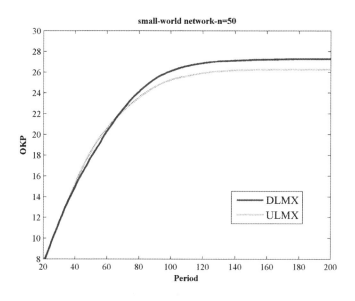

图 3 - 3（a）　不同领导风格对小世界网络中 OKP 的影响（n = 50）

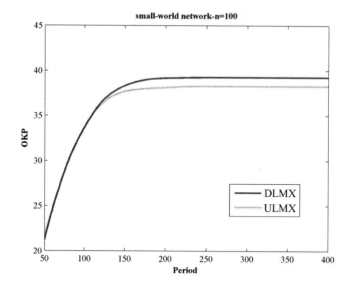

图 3 - 3（b）   不同领导风格对小世界网络中 OKP 的影响（n = 100）

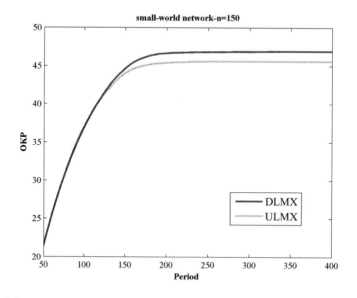

图 3 - 3（c）   不同领导风格对小世界网络中 OKP 的影响（n = 150）

图 3-3（a）、图 3-3（b）和图 3-3（c）显示了在不同规模的小世界网络（n=50、100 和 150）中，不同孵化器领导方式对 OKP 的影响。结果表明，当孵化器网络结构为小世界网络时，在不同的孵化器网络规模（n=50，100，150）中，孵化器领导风格为 DLMX 所达到平衡时的孵化器知识水平始终大于领导风格为 ULMX 的孵化器知识水平。换句话说，随着孵化器网络规模的不断扩大，在 DLMX 下平衡时的孵化器知识水平要大于在 ULMX 下平衡时的孵化器知识水平（即孵化器网络为小世界网络时，DLMX > ULMX）。

（二）无标度网络中 DLMX vs. ULMX

图 3-4（a）、图 3-4（b）和图 3-4（c）显示了 DLMX 和 ULMX 对不同规模（n=50、100 和 150）的无标度网络中 OKP 的影响。结果表明，在不同的孵化器网络规模（n=50，100，150）中，孵化器领导风格为 ULMX 所达到平衡时的孵化器知识水平始终大于领导风格为 DLMX 的孵化器知识水平。换句话说，随着孵化器网络规模的不断扩大，在 ULMX 下平衡时的孵化器知识水平要大于在 DLMX 下平衡时的孵化器知识水平（即孵化器网络为无标度网络时，ULMX > DLMX）。

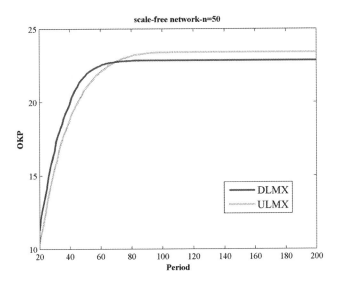

图 3-4（a）　不同领导风格对无标度网络中 OKP 的影响（n=50）

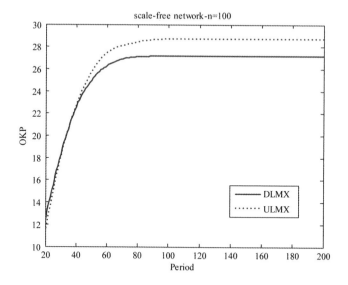

图 3 − 4（b）　　不同领导风格对无标度网络中 OKP 的影响（n = 100）

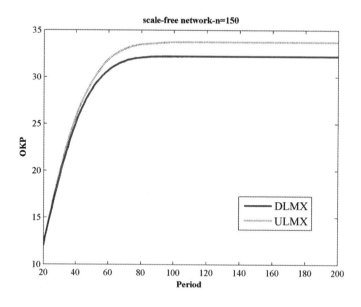

图 3 − 4（c）　　不同领导风格对无标度网络中 OKP 的影响（n = 150）

根据网络结构特征，小世界网络和无标度网络都拥有较短的平均路径长度。但是相比较而言，无标度网络拥有更短的平均路径长度。当孵化器网络结构是小世界网络时，相较于无标度网络，其平均路径长度较长。在 ULMX 下，孵化器领导以相同的频率和在孵企业创业者进行知识学习，由于平均路径长度较长，孵化器领导所掌握的先进知识不能及时地在整个孵化器网络中进行传播，这不利于孵化器知识水平的提高。在 DLMX 下，孵化器领导根据和在孵企业创业者的关系强度不同从而以不同的频率和创业者进行知识学习。关系强度大，领导和创业者之间知识学习频率就快。根据本章假设，和领导关系强度大的创业者在组织网络中的度较大，也即拥有的连接数较多，这些创业者在孵化器网络中所起的作用也较大。因此，孵化器领导和这些在孵企业创业者之间进行高频率的知识学习，可以使孵化器领导所掌握的先进知识及时地在整个孵化器网络中进行传播，有助于减少较长的平均路径长度对知识传播的影响，从而提高孵化器知识水平。

当孵化器网络结构是无标度网络时，相较于小世界网络，其平均路径长度较短。在 DLMX 下，由上文可知，和孵化器领导关系强度大的创业者在孵化器网络中所起的作用也较大。由于平均路径长度较短，孵化器领导和这些创业者进行高频率的学习虽然能使知识快速地在孵化器网络中传播，但是会使孵化器网络中的知识迅速趋于同质化，不利于孵化器知识水平的提高。相反，在 ULMX 下，孵化器领导以相同的频率和创业者进行知识学习，相较于 DLMX，知识在孵化器网络中传播的速度相对较慢，不会让孵化器网络中的知识迅速趋于同质化，从而有助于提高孵化器知识水平。

二 网络结构与网络规模

接下来研究网络结构和网络规模对 OKP 的影响，仿真结果和分析如下。

（一）网络结构

1. DLMX

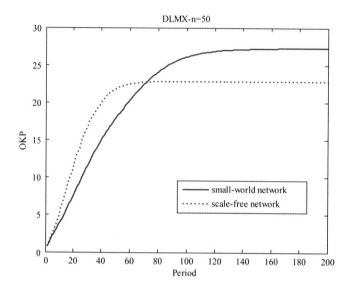

图 3 - 5（a）　不同网络结构对 DLMX 下 OKP 的影响（n = 50）

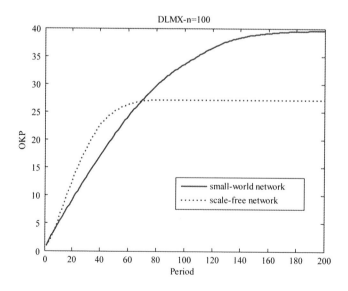

图 3 - 5（b）　不同网络结构对 DLMX 下 OKP 的影响（n = 100）

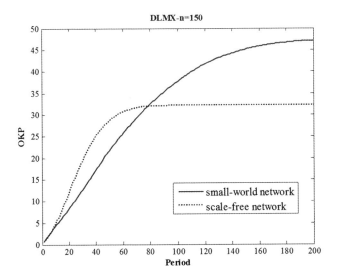

图 3 - 5（c）　不同网络结构对 DLMX 下 OKP 的影响（n = 150）

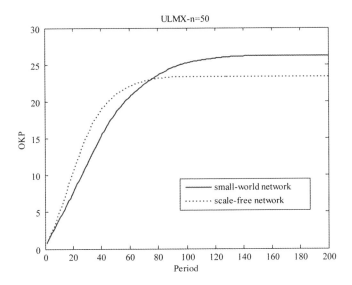

图 3 - 5（d）　不同网络结构对 ULMX 下 OKP 的影响（n = 50）

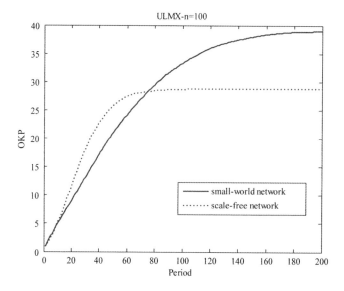

图 3 – 5（e）   不同网络结构对 ULMX 下 OKP 的影响（n = 100）

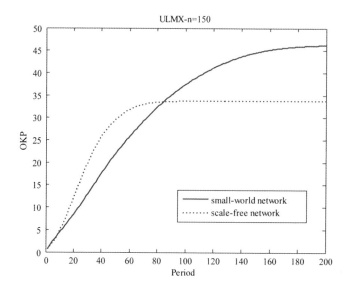

图 3 – 5（f）   不同网络结构对 ULMX 下 OKP 的影响（n = 150）

孵化器领导风格为 DLMX 时，当孵化器网络规模一定时（n = 50，100，150），孵化器网络结构为小世界网络所达到的孵化器平衡知识水平大于孵化器网络结构无标度网络所达到的孵化器平衡知识水平（即小世界网络 > 无标度网络）。

2. ULMX

孵化器领导风格为 ULMX 时，当孵化器网络规模一定时（n = 50，100，150），孵化器网络结构为小世界网络所达到的孵化器平衡知识水平大于孵化器网络结构无标度网络所达到的孵化器平衡知识水平（即小世界网络 > 无标度网络）。

图 3 - 5（a）至图 3 - 5（f）的结果是相似的：在短时间内是无标度网络产生更高的 OKP，但在长时间内变成了小世界网络。正如上一节所述，无标度网络的平均路径长度比小世界网络短。因此，在给定的孵化器领导方式和网络规模下，这两种网络的知识扩散率是完全不同的。在无标度网络中，由于平均路径长度较短，知识通过孵化器中个人之间的相互学习迅速传播。这可以在短时间内迅速提高 OKP。然而，知识的快速传播会使孵化器中的知识迅速趋于同质化，并降低知识的多样性。这不利于孵化器长期的 OKP 的提高。相反，在小世界网络中，由于平均路径长度较长，知识传播的速度相对较慢，这使得 OKP 在短时间内缓慢上升。然而，知识传播速度慢可以在一定程度上保持知识的多样性，从而使孵化器长时间内获得更高的 OKP。

（二）网络规模

1. DLMX

孵化器领导风格为 DLMX 时，当孵化器网络结构一定时（包括小世界网络和无标度网络），孵化器平衡时的知识水平均随着孵化器网络规模的增大而上升（即 n = 50 < n = 100 < n = 150）。

2. ULMX

孵化器领导风格为 ULMX 时，当孵化器网络结构一定时（包括小世界网络和无标度网络），孵化器平衡时的知识水平均随着孵化器网络规模的增大而上升（即 n = 50 < n = 100 < n = 150）。

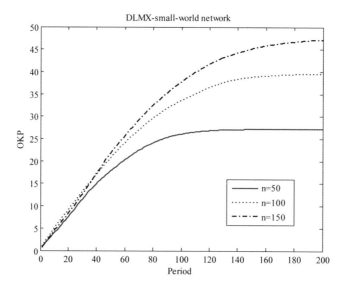

图 3 - 6（a）　　不同网络规模对小世界网络中 DLMX 下 OKP 的影响

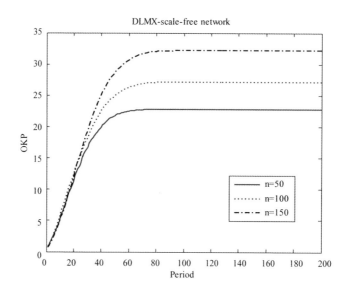

图 3 - 6（b）　　不同网络规模对无标度网络中 DLMX 下 OKP 的影响

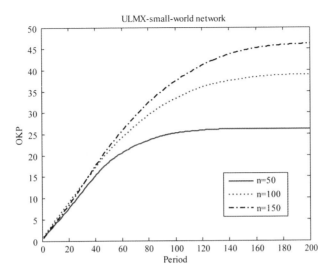

图 3 – 6（c）　不同网络规模对小世界网络中 ULMX 下 OKP 的影响

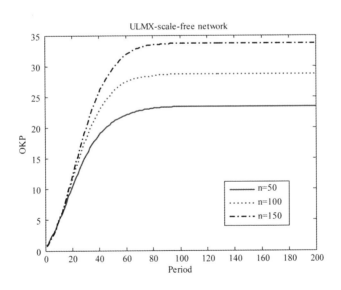

图 3 – 6（d）　不同网络规模对无标度网络中 ULMX 下 OKP 的影响

从图 3 - 6（a）至图 3 - 6（b）展示的结果可以看出，当网络规模从 50 增加到 150 时（n = 50，100，150），无论孵化器领导风格和网络结构如何，均衡 OKP 都会变得越来越高。也就是说，当孵化器领导风格和网络结构保持不变时，增加网络规模有利于提高均衡 OKP。

一般来说，随着孵化器网络规模的扩大，如果条件允许，孵化器中的知识能够变得越来越丰富。而这时，所有的个体都能通过孵化器中的相互学习来提高自己的 KL 值，这就能够实现更高的均衡 OKP。

三 环境变化与人员流动

最后，本章研究在孵化器环境变化和创业企业流动的情况下，孵化器领导风格和网络结构对 OKP 的影响。如上所述，在这一节中，允许每 100 期有 10% 的 m 维度改变其值，在孵企业流动的概率为 0.1，仿真结果和分析如下。

（一）领导风格

图 3 - 7（a）和图 3 - 7（b）显示了在孵化器环境变化和创业企业流动的情况下，不同领导风格对 OKP 的影响。结果表明，对于一个特定的网络结构［图 3 - 7（a）中的小世界网络和图 3 - 7（b）中的无标度网络］，无论领导风格如何，OKP 在环境变化后都会立即下降。然而，随着创业企业流动，OKP 可以从环境转变中恢复并得到改善。图 3 - 7（a）表明，在小世界网络中，DLMX 下的 OKP 比没有创业企业流动 ULMX 下的 OKP 要好。但在创业企业流动的情况下，ULMX 下的 OKP 比 DLMX 下的 OKP 改善得更多。图 3 - 7（b）表明，在无标度网络中，无论是否有创业企业流动，ULMX 下的 OKP 都大于 DLMX 下的 OKP。此外，一般来说，随着创业企业的流动，无标度网络中的 OKP 比小世界网络中的 OKP 改善得更多。

当外部环境发生变化时，组织原有的知识无法适应新的环境，导致组织失去适应环境转变的能力（Fang 等，2010）。孵化器应该探索新的知识来解决新环境带来的新问题。无论领导风格（DLMX 和 ULMX）和网络结构（小世界网络和无标度网络）如何，随着创业企业的流动，新的创业企业可以为原有的创业企业带来新的知识。人员流动通过保持孵化器中的知识多样性起到了功能性作用（Fang 等，2010）。通过创业企业之间的相互学习，新知识取代了不能适应环境变化的旧知识。这可以产生新的方法来解决环境变化带来的问题，有助于孵化器适应新的环境，提高 OKP。

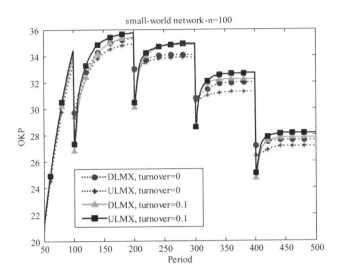

图 3 - 7（a）　小世界网络中环境变化与人员流动下不同领导风格对 OKP 的影响

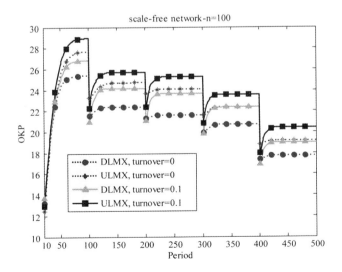

图 3 - 7（b）　无标度网络中环境变化与人员流动下不同领导风格对 OKP 的影响

此外，如上一节所述，对于小世界网络，它们的平均路径长度比无标度网络长。因此，在没有环境变化和创业企业流动的情况下，在小世界网络中，先进的知识在 DLMX 下比 ULMX 下更有效地在孵化器中扩散。所以 DLMX 可以产生更高的均衡 OKP。然而，随着环境变化和创业企业流动，ULMX 比 DLMX 更能提高 OKP。面对不断变化的环境，保持知识的多样性对提高 OKP 起着重要作用（March，1991；Fang 等，2010）。与DLMX 相比，在 ULMX 下，知识多样性可以得到更好的保护。因此，在小世界网络的环境变化和创业企业流动的情况下，ULMX 比 DLMX 表现得更好。同样，对于无标度网络，在环境变化和创业企业流动的情况下，ULMX 也能更好地保持知识的多样性。因此，ULMX 在无标度网络中也表现得更好。

（二）网络结构

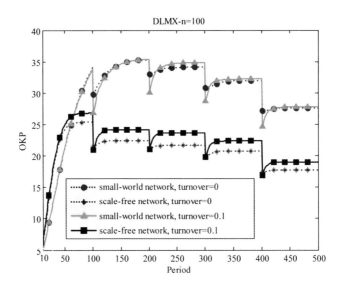

图 3 – 8（a）　DLMX 中环境变化与人员流动下不同
网络结构对 OKP 的影响

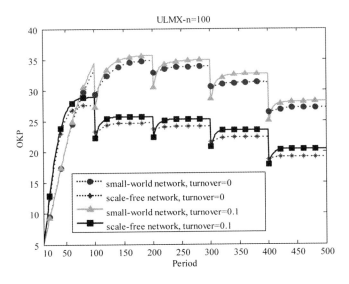

**图3-8（b） ULMX中在环境变化与人员流动下不同
网络结构对OKP的影响**

图3-8（a）和图3-8（b）显示了在环境变化和创业企业流动的情况下网络结构对孵化器OKP的影响。结果说明，对于一个特定的孵化器领导风格，无论网络结构如何，OKP在环境转变后也会下降。但随着创业企业流动，OKP可以得到加强。此外，随着环境变化和创业企业流动，在短期内无标度网络的OKP高于小世界网络。然而，从长远来看，小世界网络的表现比无标度网络更好。

正如上一节所论述的，如果没有创业企业流动，孵化器就会失去适应环境转变的能力，这对孵化器OKP有负面影响。然而，在创业企业流动的情况下，知识多样性是可以保持的。所以，孵化器OKP可以通过创业流动得到改善。此外，小世界网络比无标度网络更能保持知识多样性，因为它们的平均路径长度更长。这有助于在小世界网络中更好地探索新知识，从而在很长一段时间内获得更高的孵化器OKP。

第四节　本章小结

一　讨论与结论

本章在 March 经典的探索—利用模型基础上，充分考虑孵化器领导风格和孵化器网络结构特征（网络结构和网络规模），采用基于 Agent 的计算机仿真方法建立仿真模型，分别研究了：（1）在小世界网络和无标度网络两种不同的网络结构中，不同的孵化器领导风格（DLMX 和 ULMX）对孵化器知识绩效的影响；（2）在 DLMX 和 ULMX 两种不同的领导风格下，不同的孵化器网络规模和网络结构对孵化器知识绩效的影响。此外，本章还研究了与领导风格有关的其他因素，如环境变化和人员流动。

表 3 - 2 总结了本章研究的主要结果及其对孵化器的重要管理意义。研究结果强调，不同的孵化器领导风格（DLMX 和 ULMX）对 OKP 有显著影响。如上所述，在 DLMX 下，孵化器领导者与创业者的互动频率不同。特别是，孵化器领导者与"圈内"创业者的互动频率高于"圈外"创业者。相反，在 ULMX 下，孵化器领导者与创业者的互动频率相同。当其他因素（即网络结构和规模）都保持不变时，这两种领导风格会产生不同的 OKP：（1）在小世界网络中，孵化器领导风格为 DLMX 下平衡时的孵化器知识水平要大于领导风格为 ULMX 下平衡时的孵化器知识水平；（2）在无标度网络中，孵化器领导风格为 ULMX 下平衡时的孵化器知识水平要大于领导风格为 DLMX 下平衡时的孵化器知识水平。然而，随着环境的变化和创业企业流动的存在，在小世界网络中是 ULMX 表现得更好。这些发现表明，在孵化器中并不是"一种领导风格适合所有"（Oh 等，2016）。孵化器领导风格的结果也会受到很多因素（即网络结构、环境变化和人员流动）的影响。因此，孵化器领导者应根据实际情况灵活采用和调整自己的领导风格，以实现孵化器效益的最大化。

除了领导风格之外，孵化器网络结构和规模也被发现对 OKP 有影响：（1）当领导风格和孵化器网络结构不变时，孵化器平衡时的知识水平均随着孵化器网络规模的增大而上升；（2）当领导风格和孵化器网络规模不变时，孵化器网络结构为小世界网络所达到的孵化器平衡知识水平高于孵化器网络结构无标度网络所达到的孵化器平衡知识水平。

表 3 − 2　　　　　　　　　　　主要结论与影响总结

环境	主要结论	管理层面的影响
稳定的环境中	在小世界网络中，无论网络规模如何，DLMX 下的均衡 OKP 都要优于 ULMX 下的 OKP	在具有小世界网络特征的孵化器中，孵化器领导者应该加强对关键创业者的知识学习，因为他们与其他创业者有更多的联系。换句话说，孵化器领导者应该采用 DLMX，这可以有效地在孵化器中及时传播知识，提高 OKP
	在无标度网络中，无论网络规模如何，ULMX 下的均衡 OKP 都优于 DLMX 下的均衡 OKP	在具有无标度网络特征的孵化器中，孵化器领导者应该采用 ULMX，也就是说，孵化器领导者应该与创业者进行同等频率的互动。这不会使孵化器中的知识迅速趋于同质化，这有助于提高 OKP
	当领导风格和网络规模保持不变时，无标度网络中的 OKP 在短期内高于小世界网络。然而从长远来看，小世界网络的 OKP 更好	孵化器领导者应根据孵化器结构处理好孵化器中短期利益与长期利益的关系。特别是，孵化器领导者应该灵活地控制和调整孵化器中创业者在不同时期的联系。孵化器领导者应采取适当的领导方式，在不同时期实现孵化器的效益最大化
	随着网络规模的扩大，无论领导风格和网络结构如何，平衡的 OKP 都会越来越高	当外部环境保持稳定时，如果条件允许，孵化器可以扩大自己的规模，以提高 OKP

环境	主要结论	管理层面的影响
动态的环境中	当领导风格和网络结构保持不变时，在环境转变后，OKP可以随着人员流动而恢复和改善	无论领导风格（DLMX和ULMX）和网络结构（小世界网络和无标度网络）如何，孵化器应该不断探索新的知识，以适应不断变化的环境。创业企业流动可以给孵化器带来新的知识。面对环境的转变，孵化器应该保持适量的创业企业流动以提高OKP
	在小世界网络中，如果没有环境变化和人员流动，DLMX可以产生比ULMX更高的平衡OKP。然而，在环境变化和人员流动的情况下，ULMX优于DLMX	当孵化器具有小世界网络的特征时，孵化器领导者应根据环境变化和人员流动情况，明智而灵活地调整其领导风格。因此，如果没有环境变化和创业企业流动，孵化器领导者应该采用DLMX。相反，在环境变化和创业企业流动的情况下，孵化器领导者应该采用ULMX
	在无标度的网络中，面对环境的变化，无论是否有人员流动，ULMX下的OKP都比DLMX下的OKP大	当孵化器具有无标度网络的特征时，无论是否有环境变化和创业企业流动，孵化器领导者都应该采用ULMX
	对于一个给定的领导风格，一般来说，环境变化后的人员流动下，无标度网络中的OKP比小世界网络中的OKP改善得更多。此外，小世界网络在很长一段时间内会产生更高的OKP	当外部环境发生变化时，以无尺度网络为特征的孵化器应更加关注创业企业流动对OKP的影响。此外，面对不断变化的环境，孵化器领导者还应该灵活地控制和调整与不同时期创业企业之间的联系。然后，孵化器领导者应采取适当的领导方式，在不同时期实现孵化器的利益最大化

最后正如结果所示，环境变化和创业企业流动也会影响OKP。环境转变后，OKP迅速下降。然而，随着创业企业流动，OKP可以恢复并得

到改善。创业企业流动可以帮助孵化器注入新的想法，补充失去的多样性，以适应不断变化的环境（March 1991；Fang 等，2010）。这意味着，面对不断变化的环境，保持适量的创业企业流动有利于孵化器保持知识的多样性，从而提高 OKP。

本章的研究主要在两个方面对文献和实践有所贡献。首先，通过结合孵化器学习理论和领导—成员交换（LMX）理论，将孵化器学习和领导风格联系起来。一方面，集中研究了不同孵化器领导者—创业者交流对孵化器学习的影响，深入研究了孵化器领导风格对 OKP 的影响。另一方面，在以往的探索—利用模型中，大多数研究者将个人视为平等的（March，1991；Miller et al.，2006；Lazer 和 Friedman，2007；Fang et al.，2010）。本章在模拟模型中加入了网络结构，将个体分为两层：孵化器领导者和创业者。这样可以克服目前关于孵化器学习的文献中存在的个人同质化问题。此外，本章还研究了与领导风格相关的其他因素，如环境变化和创业企业流动。其次，通过比较不同的领导风格，研究结果表明，领导风格在孵化器中发挥着重要作用，孵化器领导者应根据实际情况采取适当的领导风格，以实现孵化器效益的最大化。

二 局限和研究展望

尽管本章的研究有上述贡献，但也有其局限性。首先，根据领导—成员交换（LMX）理论，主要关注两种特定类型的领导风格（DLMX 和 ULMX）。特别是在 DLMX 下，孵化器领导者与创业者的互动频率不同。相反，在 ULMX 下，孵化器领导者与创业者的互动频率是相等的。这样一来，本章通过结合孵化器学习理论和领导者—成员交换理论，将孵化器学习和领导风格联系起来。借鉴领导—成员交换（LMX）理论是研究领导风格对 OKP 影响的一个非常重要的视角。然而，孵化器有不同种类的领导风格。因此，从不同的领导风格角度重新审视我们的研究过程，是值得今后研究的。

其次，计算机模拟方法是一种有效的研究方法，可以用来深入了解变量之间的复杂关系。同时，模拟方法可以清晰地展示学习过程中多因素的相互作用过程以及相关结果的生成过程。本章构建的一系列计算机模拟，主要是采用理论的角度来研究孵化器领导风格对 OKP 的影响。此外，本章的研究难以获得实证数据，所以采用了模拟模型作为主要分析工具，需要进一步的实证工作来证实研究结果，并对结果的解释有更深入的了解。因此，在实证数据的基础上，未来的研究可以通过理论和实证研究的结合，进行更全面、更深入的探讨和验证。

第 四 章

基于超网络的孵化器孵化
服务决策研究

　　企业孵化器是一种很有前瞻性的政策措施，它可以有效支持创新创业的发展（Mian 等，2016）。当前最为先进的企业孵化器可以为创业企业提供创业机遇、咨询、信息、设施等大量的服务内容（Roig-Tierno 等，2015）。创业企业具有知识密集型的特点，知识要素在企业孵化器的管理实践中越来越重要。相关文献对巴西的科技企业孵化器进行了分析，认为知识要素对于通过知识密集型活动促进创新发展具有重要作用（Neves 等，2015）。科技园中的创业企业可以通过整合相关知识要素提高创新能力（Colombo 和 Delmastro，2002）。由此可以看出，知识要素能够促进创业企业快速成长和保持竞争优势。因此，相关学者探究了如何有效地为创业企业提供知识资源，从而帮助它们快速提高创新能力。本章主要研究企业孵化器采取何种孵化服务形式，才能够促使创业企业获得最快的知识增长速度。

　　鉴于相关研究的紧迫性，学者们对企业孵化器提供孵化服务的研究进行了初步探索。企业孵化器经理的主要任务就是帮助创业企业获得知识要素，从而维持有效的组织环境和功能（Studdard，2006）。关于企业孵化器提供不同类型服务的研究，Kazanjian（1988）认为创业企业需要的知识按照其功能可以划分为十个领域。另外，Rubin 等（2015）将孵化器内部的知识要素划分为三种类型，并且表明创业企业之间可以相互提供有价值的信息。

　　除了将各种类型知识要素直接传递给创业企业之外，企业孵化器还可以通过建立社会联系促进创业企业之间的知识交流。相关学者已经对企业孵化器帮助创业企业构建网络联系的重要意义进行了阐述（Bøllingtoft 和 Ulhøi，2005）。例如，Hansen 等（2000）认为企业孵化器可以将创业企业与其内部和外部的其他参与者连接起来，其他相关研究也表明创业企业借助企业孵化器外部的关系网络获取更加丰富的知识要素（Ferreras-Méndez 等，2015；Martín-de-Castro，2011）。网络资源链接能力被视为当今企业孵化器提供的重要服务内容之一（Bøllingtoft，2012；Peters 等，2004）。Hughes 等（2007）指出，创业企业通过知识共享和网络连接两种行为促进自身的价值增值。Soetanot 和 Geenhuizen（2007）指出企业孵化器应该获得多种类型的资源和连接，从而增强培育更多创业企业的能力。另外，一些学者指出企业孵化器以创业和网络形式的孵化支持对于提高创业企业的绩效水平具有重要的积极影响。

根据相关文献的研究，我们可以得出企业孵化器为创业企业提供知识转移服务和网络链接服务。由于知识量的测度在实际操作中还存在多种困难，大部分学者主要从宏观视角描述企业孵化器的孵化服务过程，较少对企业孵化器的孵化服务微观机制进行深入探讨。因此，我们在本章的研究中引入企业孵化器的知识超网络模型（Zhang 等，2016），该模型可以很好地描述知识和信息的转移机制（Liu 等，2014；Ma 和 Liu，2014；Wang 等，2015；Yang 等，2015；Wang 等，2015）。本章构建了创业企业之间的演化机制，利用仿真模拟方法探索了企业孵化器不同类型孵化服务的绩效差异。在仿真模拟过程中，每个时间步长内接受知识深度服务、知识广度服务、网络链接服务的创业企业数量分别定义为 KDN、KBN 和 KNN。

本章建立了科技企业孵化器的知识超网络模型和知识交互机制，分析了企业孵化器提供的两种孵化服务，提出了测量孵化器知识的方法，并给出了仿真结果和研究结论。

第一节 超网络下的孵化器服务模型

一 孵化器知识超网络

对于科技企业孵化器来讲，其内部创业企业之间的网络连接与外部的资源链接都具有重要意义（Campbell 和 Allen，1987），都能够增强创业企业的价值（Vanderstraeten 和 Matthyssens，2012）。企业孵化器在创业企业之间的知识交流中起到了重要作用，在其内部可以直接为创业企业提供各种类型的孵化服务，在其外部可以通过与金融机构、咨询机构等组织合作帮助创业企业获得更加丰富的知识资源。超网络能够反映出具有多层结构网络的复杂性，非常适合研究企业孵化器内部创业企业之间的知识转移问题。基于上述的论述，提出基于孵化器的知识超网络模型（Zhang 等，2016），如图 4 - 1 所示。该模型由孵化器子网络、创业企业子网络、知识子网络共同构成，表示为 $G = (B, F, K, E_{b-b}, E_{f-f}, E_{k-k}, E_{b-k}, E_{b-f}, E_{f-k})$。

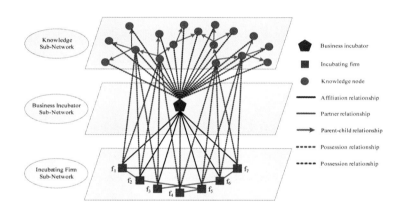

图 4 - 1　基于孵化器的知识超网络

（1）孵化器子网络

本章用 $G_B = (B, E_{b-b})$ 定义孵化器子网络，其中只包含一个企业孵化器。企业孵化器的集合定义为 $B = \{b\}$，由于孵化器子网络中只有一个节点，并不存在网络连接，则有 $E_{b-b} = \varphi$。在企业孵化器的发展实践中，孵化器子网络中有多个节点，本章对其进行了简化。

（2）创业企业子网络

本章用 $G_F = (F, E_{f-f})$ 定义创业企业子网络，创业企业构成了 $F = \{f_1, f_2, \cdots, f_m\}$，创业企业的数量为 m，创业企业之间网络连接定义为 $E_{f-f} = \{(f_i, f_j) \mid e(f_i, f_j) = 1\}$，若 $e(f_i, f_j) = 1$ 则表明创业企业 f_i 和 f_j 之间存

在网络联系。

（3）知识子网络

本章用 $G_K = (K, E_{k\to k})$ 定义知识子网络，知识点集合定义为 $K = \{k_1, k_2, \cdots, k_n\}$，知识点的总数量为 n。知识点之间的关系集合为 $E_{k\to k} = \{(k_i, k_j) \mid e(k_i, k_j) = 1\}$，若 $e(k_i, k_j) = 1$ 则表明 k_i 是 k_j 的父节点知识点。

（4）各子网络层次之间联系

企业孵化器 b 和所有创业企业之间的联系表示为 $E_{b-f} = \{(b, f_i) \mid e(b, f_i) = 1\}$，$e(b, f_i) = 1$ 对于所有创业企业都成立（$i = 1, 2, \cdots, m$）。知识子网络刻画了企业孵化器的知识结构，企业孵化器 b 与知识点之间的联系表示为 $E_{b-k} = \{(b, k_j) \mid e(b, k_j) = 1\}$，$e(b, k_j) = 1$ 对于所有知识点都成立（$j = 1, 2, \cdots, n$）。另外，创业企业和知识点之间的联系表示为 $E_{f-k} = \{(f_i, k_j) \mid e(f_i, k_j) = 1\}$，每一个创业企业都可以从企业孵化器或者其他创业企业获得知识点，$e(f_i, k_j) = 1$ 表示创业企业 f_i 对知识点 k_j 的占有关系。

众多学者对知识结构进行了广泛探讨，研究表明知识结构具有多种表现形式，例如知识网络（Sun 和 Zhang，2009）、知识地图（Hao 等，2014；Liu 等，2012）、知识向量（Stefanutti 和 Koppen，2003）等。知识网络在相关的研究中具有较为广泛的应用，可以表示知识拥有者之间的联系（Cowan 和 Jonard，2004）或者知识要素之间的联系（Wang，2003；Morone 和 Taylor，2004；Muchnik 等，2007；Xi 和 Dang，2007）。本章在相关研究（Liu 等，2012；Li 和 Tsai，2010）的基础上构建了具有分层结构的知识子网络，将企业孵化器的知识要素划分为多个领域，不同领域的组合又可生成新的领域，按照此方法不断进行划分就能够得到一个具有分层结构特征的知识子网络。其中，每个知识领域都可以用一个知识点进行表示，各个知识点相互连接形成了有向不循环的网络结构。图 4–2 是知识子网络的拓扑结构示意图，其中 k_1—k_3 是第 1 层知识点，k_4—k_{11} 是第 2 层知识点，k_9 和 k_{12} 有两个父节点。

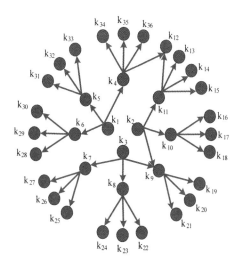

图 4 - 2　知识子网络分层结构

　　本章提出了知识子网络的生成算法。

　　第一步：知识子网络中的知识点分为 ω 层（$\omega < < n$），数量为 n_i 的知识点分布在第 i 层，由此可以得到 $\sum_{i=1}^{\omega} n_i = n$。知识子网络中某一层中知识点数量要多于该层的上一层中知识点数量，因此假定 $\dfrac{n_{i+2}}{n_{i+1}} > \dfrac{n_{i+1}}{n_i}$。

　　第二步：为构建知识点之间的网络联系，处于第 $i+1$ 层的知识点与处于某个第 i 层的知识点随机建立联系，处于第 i 层的知识点与某个处于第 $i+1$ 层的知识点随机建立联系，从而得到知识子网络中的跨领域知识。

　　企业孵化器和创业企业拥有某个知识点分别表示为 $e(b,k_j) = 1$ 和 $e(f_i,k_j) = 1$，但无法描述它们所拥有知识点的知识量。本章利用 v_{ij} 表示创业企业 f_i 在知识点 k_j 上拥有的知识量，利用 V_j 表示企业孵化器 b 在知识点 k_j 上拥有的知识量。本章中企业孵化器占有所有知识量 $V_j = 1$，而创业企业只占有部分知识量 $v_{ij} \in [0,1]$。另外，创业企业对于新知识是一种逐层递进的学习过程，学习企业孵化器中某一领域的知识必须先要具备该领域知识的所有基础知识，本章假设这种基础知识的阈值是 $v^* \in (0,1)$，只有基础知识的知识量高于这个阈值时，才能够学习相应的新知识。举例来看（如图 4 - 2 所示），创业企业学习新知识 k_9 的基础知识为

k_2 和 k_3，只有当相应基础知识的知识量高于阈值 v^* 时，创业企业才能够学习成功。因此，本章令知识子网络中所有节点的集合为 Φ_b，创业企业在 t 时期的已有知识为 $\Phi_{i,t}$，创业企业在 t 时期所能学到的潜在新知识为 $\Phi_{i,t}^{new}$，由此得到 $\Phi_{i,t}$ 和 $\Phi_{i,t}^{new}$ 均为 Φ_b 的子集。

二　知识流动

在本章的研究背景下，创业企业既可以通过增加已掌握知识点的知识量提高知识绩效，也可以通过学习新知识点提高知识绩效。根据相关学者的研究（Samaddar 和 Kadiyala，2006；Ding 和 Huang，2010），知识创造与知识基础和努力投入有关，可以利用 Cobb-Douglas 生产函数描述创业企业的知识创造过程（Liu 等，2014）。在 t 时期，创业企业 i 在知识点 k_x 上创造的知识量为：

$$v_{ix}^t(creation) = A\,(v_{ix}^{t-1})^\theta Q^{1-\theta} \qquad\qquad (4-1-1)$$

式 $4-1-1$ 中，参数 A 是综合创造水平，参数 v_{ix}^t 是创业企业 i 在知识点 k_x 上拥有的知识量，参数 Q 是知识点 k_x 祖先节点的平均知识量，创业企业对现有知识的弹性系数为 θ。另外，创业企业还可以从企业孵化器和其他创业企业获取新的知识点，假设 P_1 是在 $\Phi_{i,t}^{new}$ 中学习到新知识点的概率，并且学习新知识后分配的知识量为：

$$v_{ix}^t(innovation) = RAND(0,L) \qquad\qquad (4-1-2)$$

创业企业的知识要素来源既可能是企业孵化器，也可能是其他创业企业。当创业企业的知识要素来源为企业孵化器时，创业企业不仅可以提高已有知识的绩效水平，也会有机会学习到新的知识点。当创业企业的知识要素来源为其他创业企业时，创业企业有条件地获取转移知识。在 t 时期，创业企业 i 在知识点 k_x 上从企业孵化器 b 和创业企业 j 接收的转移知识量分别如式 $4-1-3$ 和式 $4-1-4$ 所示：

$$v_{ix,b}^{t}(absorption) = \begin{cases} \beta_i(V_x^t - v_{ix}^t), & V?_x^t > v_{ix}^t \\ 0, & V_x^t \leqslant v_{ix}^t \end{cases} \qquad (4-1-3)$$

$$v_{ix,j}^{t}(absorption) = \begin{cases} \beta_i(v_{jx}^t - v_{ix}^t), & v_{jx}^t > v_{ix}^t \\ 0, & v_{jx}^t \leqslant v_{ix}^t \end{cases} \qquad (4-1-4)$$

式 4-1-3 和式 4-1-4 中，$\beta_i \in (0,1)$ 表示创业企业 i 对转移知识的吸收能力。根据相关学者的探索（Yang 等，2015），本章认为创业企业对转移知识的吸收能力与其所占有的知识点数量呈正相关关系。创业企业 i 对转移知识的吸收能力如下所示：

$$\beta_i = \delta \frac{1}{1 + e^{(1/d_H(i))}} \qquad (4-1-5)$$

式 4-1-5 中，$\delta(0 < \delta < 1)$ 表示环境的扰动性，影响了创业企业 i 对转移知识的吸收能力。$d_H(i)$ 表示创业企业 i 占有的知识点数量。创业企业 i 在知识转移的过程中不仅可以提高已有知识的知识量，还可以与新的知识点建立联系，形成了创业企业子网络与知识子网络之间的超边。创业企业 i 除了从企业孵化器 b（$x \in \Phi_{i,t} \cap \Phi_b$）和创业企业 j（$x \in \Phi_{i,t} \cap \Phi_{j,t}$）中吸收知识量，还可以从企业孵化器 b（$x \in \Phi_{i,t}^{new} \cap \Phi_b$）和创业企业 j（$x \in \Phi_{i,t}^{new} \cap \Phi_{j,t}$）中获得新知识点。本章假设创业企业通过企业孵化器获得新知识成功的概率为 P_2，从其他创业企业获得新知识成功的概率为 P_3。基于企业孵化器的管理实践，本章假设 $P_2 > P_3$。

一般来讲，创业企业进入企业孵化器中进行孵化活动，企业孵化器应该无条件地为创业企业提供知识资源。但是，这种无条件的知识转移并不适用于两个创业企业，因为每个创业企业在成长过程中的资源都有限，并没有义务向其他创业企业提供知识资源。基于此，本章借鉴有条件的知识转移模型（Cowan 和 Jonard，2004；Xuan 等，2011），当且仅当两个创业企业具有网络联系并且都能够从对方获取所需知识资源时才能够形成知识转移。创业企业之间知识交易的形成条件如式 4-1-6 所示：

$$\min\{l(i,j),l(j,i)\} > 0 \tag{4-1-6}$$

式 4-1-6 中，$l(i,j)$ 表示创业企业 i 在所有知识领域中高于创业企业 j 的知识点数量，$l(j,i)$ 表示创业企业 j 在所有知识领域中高于创业企业 i 的知识点数量。在 $t+1$ 时期，创业企业 i 在知识点 k_x 上获得的知识量为：

$$v_{ix}^{t+1} = v_{ix}^t + v_{ix}^t(creation) + v_{ix}^t(innovation) + v_{ix,b}^t(absorption) + \sum_{j=1}^m v_{ix,j}^t(absorption) \tag{4-1-7}$$

三 创业企业子网络配置

不同网络具有不同的拓扑结构形式（Shang 等，2016），企业在产业集群中通过相互连接能够形成复杂的网络结构，通常表现出一定的小世界特性。因此，本章假设在仿真实验中，创业企业之间通过相互连接形成了小世界网络，可以根据相关学者（Watts 和 Strogatz，1998）的研究成果构建创业企业之间的网络结构。第一，m 个创业企业之间通过相互连接形成规则网络，每个创业企业的邻居数量为 r。第二，每条连接依次按照概率 P_4 随机重新进行连接，在此过程中排除掉重复连接。

第二节 孵化服务形式

企业孵化器在知识转移和网络链接两个方面的能力水平是其服务能力的重要构成。企业孵化器知识转移的能力通常定义为通过向创业企业传递知识促进创业企业快速成长的能力，本章根据实践中企业孵化器的知识转移活动，将知识转移服务划分为知识深度服务和知识广度服务两种基本类型。企业孵化器的网络链接能力指的是促进创业企业相互结网的能力。

一 知识转移服务

相关研究指出，企业只有比行业中其他的竞争者更有效地创造知识，才能够取得持久的竞争优势（Foss 等，2011）。例如，Luca 等（2007）提出不同领域的知识对于企业参与创新都具有重要作用。通常情况下，知识深度指的是企业在领域内所占有的知识量，知识广度指的是企业所占有的知识领域范围（Prabhu 等，2005）。一些研究表明知识的深度描述了知识的垂直维度，而知识的广度描述了知识的水平维度（Luca 等，2007）。从企业开展的业务来看，企业开放的深度有利于帮助它们更新自身的知识储备，而企业开放的广度有利于帮助它们更加灵活地增加知识（Ferreras-Méndez 等，2015）。

（一）知识深度服务

在知识深度服务的过程中，企业孵化器既能够提高创业企业已有知识的绩效水平，也能够将创业企业不具有的新知识传递给创业企业。具体来讲，当企业孵化器每次提供知识深度服务时，都会从知识子网络的最外层开始帮助创业企业不断拓展所掌握知识的深度。本章利用 $\Phi_{i,t}^{new}$ 定义创业企业 i 在 t 时期能够接触到的所有知识点，其中最深层次的知识点构成了集合 $\Phi_{i,t}^{depth}$（$\Phi_{i,t}^{depth} \subseteq \Phi_{i,t}^{new}$），该集合中的知识要素就是创业企业 i 在企业孵化器提供知识深度服务时所能获得的知识点。

（二）知识广度服务

企业孵化器的知识广度服务同样能够帮助创业企业提高已有知识的绩效水平和获得新的知识要素，在此过程中进一步丰富了创业企业的知识要素类型。具体来讲，当企业孵化器每次提供知识广度服务时，都会从知识子网络的最内层开始帮助创业企业不断丰富所掌握知识的广度。同理，本章利用 $\Phi_{i,t}^{new}$ 表示创业企业 i 在 t 时期能够接触到的所有知识点，其中最接近根节点的知识点构成了集合 $\Phi_{i,t}^{breadth}$（$\Phi_{i,t}^{breadth} \subseteq \Phi_{i,t}^{new}$），该集合中的知识要素就是创业企业 i 在企业孵化器提供知识广度服务时所能获得的知识点。

下文中图 4 - 3（a）和图 4 - 3（b）分别描述了企业孵化器向创业企业提供知识深度服务和知识广度服务的具体过程。如图 4 - 3 所示，k_2、k_3 等具有填充颜色的节点表示创业企业在 t 时期已经掌握的知识点，而其他不具有填充颜色的节点表示创业企业在 t 时期还没有掌握的知识点。由此可以得出，创业企业 i 在 t 时期已经掌握的所有知识点构成的集合为 $\Phi_{i,t}$

$= \{k_2, k_3, k_8, k_9, k_{22}, k_{23}, k_{24}\}$，创业企业 i 在 t 时期能够学习到的潜在知识点构成的集合为 $\Phi_{i,t}^{new} = \{k_1, k_7, k_{10}, k_{11}, k_{19}, k_{20}, k_{21}\}$。其中，创业企业 i 在企业孵化器知识深度服务过程中可以学到的知识点为 $\Phi_{i,t}^{depth} = \{k_{19}, k_{20}, k_{21}\}$，在企业孵化器知识广度服务过程中可以学到的知识点为 $\Phi_{i,t}^{breadth} = \{k_1\}$。

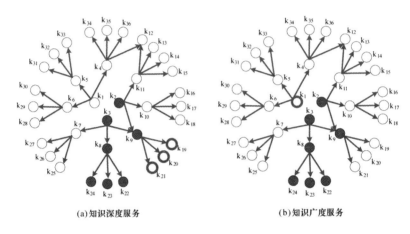

(a)知识深度服务   (b)知识广度服务

图4-3 知识深度服务和知识广度服务：

二 网络链接服务

企业孵化器具有多种服务功能，在孵化实践中不仅直接向创业企业转移各种知识要素，也能够发挥重要的媒介作用帮助业务领域相近的创业企业建立网络联系。本章利用知识向量表示创业企业掌握的知识情况，知识向量在一定程度上反映了知识结构特征，可以用知识向量的相似性来计算两个创业企业知识结构的相近程度。在 t 时期，创业企业 i 的知识向量表示为：

$$f_i = [v_{i1}^t, v_{i2}^t, \ldots, v_{ix}^t, \ldots, v_{in}^t] \qquad (4-2-1)$$

本章利用知识向量的相似度来计算两个创业企业之间知识结构的相似性（Shi 等，2015）。在 t 时期，创业企业 i 与 j 的知识结构相似性按照公式（4-2-3）计算：

$$Sim(f_i, f_j) = \frac{f_i \times f_j}{\|f_i\| \times \|f_j\|} = \frac{\sum_{x=1}^{n} v_{ix}^t \times v_{jx}^t}{\sqrt{\left(\sum_{x=1}^{n} v_{ix}^{t\,2}\right)\left(\sum_{x=1}^{n} v_{jx}^{t\,2}\right)}}$$

$$(4-2-2)$$

根据公式（4-2-2）的计算，如果两个创业企业在知识向量上相似程度的计算结果值越大，则表明它们的知识结构越相近。本章中，创业企业之间知识结构的相似性反映了它们在各个知识领域的交叉程度（Prabhu 等，2005）。基于创业企业之间合作基础的实践分析，企业孵化器通常会帮助两个具有相似知识结构的创业企业建立网络联系。

三　知识转移和网络链接联合服务

根据企业孵化器孵化服务的实例可知，在创业企业的培育过程中，企业孵化器不单单只提供知识转移服务或者网络链接服务，大多数情况下同时提供两种类型服务。因此，企业孵化器面临着如何合理分配资源制定最优孵化服务决策的难题。本章利用知识转移服务中的知识深度服务，假设企业孵化器提供一次知识转移服务需要投入的成本为 λ_1，提供一次网络链接服务需要投入的成本为 λ_2，由此可以得到等式 $\lambda_1 KDN = \lambda_2 KNN$。其中，比值 $\lambda_2/\lambda_1 = KDN/KNN$ 反映了企业孵化器的特点，若该比值较高则代表着企业孵化器在提供网络链接服务时需要投入的成本相对较高。

第三节　仿真模拟和结果分析

企业孵化器中的创业企业数量在短时期内一般保持稳定，例如美国知名孵化器机构 ATDC 内有 79 家创业企业（Rothaermel 和 Thursb，2005），并且在不断变革的情况下创业企业的数量始终在 16—68 之间波动。因此，仿真模拟过程中创业企业的数量取值为 50（$m=50$），在数量级上与企业孵化器的实践数据相一致。另外，本章参考相关文献的研究（Zhang 等，2016）将知识子网络划分为三层（$\omega=3$），共包含 70 个知识点

（$n = 70$），各个层次知识点的数量分别为 5，15 和 50。

先验知识是创业企业学习新知识的基础（Corsi 和 Prencipe，2014），也是创业企业进行知识创造的基础（Ding 和 Huang，2010）。本章中如果创业企业想要成功学习新知识，则它每个先验知识点的知识量阈值必须大于 0.1（$v^* = 0.1$）。创业企业还可以通过知识创造增加已有知识的知识量（Samaddar 和 Kadiyala，2010；Ding 和 Huang，2010）。本章基于相关文献的研究（Zhang 等，2016），将创业企业当前知识的弹性系数赋值为 0.8（$\theta = 0.8$），将知识综合创造水平赋值为 0.1（$A = 0.1$）。另外，创业企业刚开始获得新知识时并不会立刻完全掌握，需要经过长期的学习和实践才能够完全理解和吸收（Zahra 和 George，2002），因此本章将创业企业每次创新得到的创新知识量的最高值赋值为 0.1（$L = 0.1$）。环境因素也会影响创业企业对知识的吸收，本章借鉴相关研究将环境的扰动性取值为 0.1（$\delta = 0.1$）（Zhang 等，2016）。

专利的申请数量能够很好地反映出创业企业的创新情况（Corsi 和 Prencipe，2016），根据文献（Corsi 和 Prencipe，2016）的研究结果，创业企业样本中参与专利活动的平均值为 1.9%。基于此，本章在仿真模拟中将创业企业知识创新取得成功的概率赋值为 0.01（$P_1 = 0.01$）。对于创业企业来说，新知识的转化和吸收往往需要经历比较漫长的时间（Patton，2014），也可能面临着知识学习失败的风险，因此创业企业并不是每一次知识创新都会取得成功。一般来讲，企业孵化器作为创业企业的培育机构，相比于创业企业来讲往往具有更强的知识转移能力（Becker 和 Gassmann，2006）。因此，本章认为某个创业企业从企业孵化器中获得知识比从其他创业企业获得知识更为容易（$P_2 = 0.5$，$P_3 = 0.1$）。根据相关学者的研究（Watts 和 Strogatz，1998），小世界网络结构涌现出来的条件为重连概率介于区间 [0.01,0.1]，本章在仿真模拟中令网络重连概率为 0.05（$P_4 = 0.05$），每个创业企业有两个邻居（$r = 2$）。

创业企业获得孵化服务的次数取值以相关文献的研究为基础，文献（Stokan 等，2015）通过调查得出每个创业企业每年能够得到 0.41 次孵化服务，本章在仿真模拟中将每个时期内企业孵化器提供的孵化服务次数依次取值为 1，5 和 9，经过测算与实践中的数据基本一致。在起始时刻，创业企业拥有的知识点数量在 [5,10] 上随机取值，每个父节点的知识量在 [0.1,0.2] 上随机取值，每个末端叶子节点的知识量在 [0,0.1] 上随机取值。本章在仿真模拟中设计了每个创业企业所能掌握的最大知识点数量为 40。本章在仿真模拟过程中的参数取值如表 4 - 1 所示。

表 4 - 1　　　　　　　　　　　　参数汇总

参数	描述	取值
m	创业企业节点数	50
n	知识节点数	70
ω	知识子网络分层数	3
n_1, n_2, n_3	知识子网络每层知识点数	5,15,50
v^*	学习新知识时先验知识点的知识量阈值	0.1
A	知识创造过程中的知识创造水平	0.1
θ	知识创造过程中的当前知识弹性系数	0.8
L	每次知识创新得到的知识量最高值	0.1
δ	环境扰动性	0.1
P_1	每次知识创新取得成功的概率	0.01
P_2	从孵化器中成功学习到新知识点的概率	0.5
P_3	从创业企业中成功学习到新知识点的概率	0.1
P_4	小世界网络重连概率	0.05
r	创业企业邻居数	2
KDN	每周期接受知识深度服务的创业企业数	1,5,9
KBN	每周期接受知识广度服务的创业企业数	1,5,9
KNN	每周期接受网络链接服务的创业企业数	1,5,9

一　测量指标

创业企业的知识量变化情况能够反映出创业企业知识绩效水平的变化趋势，是需要重点测量的指标，本章用到的指标主要包括平均知识量、知识量方差、知识量变异系数（Lin 和 Li，2010）。在 t 时期，创业企业的平均知识量为：

$$V(t) = \frac{1}{m} \sum_{i=1}^{m} \sum_{x=1}^{n} v_{ix}^{t} \qquad (4-3-1)$$

创业企业平均知识量指标能够反映出创业企业总体的知识增长情况，但是在知识增长过程中每个创业企业的知识增长速度可能具有一定差异，这种差异程度用知识量方差进行衡量：

$$\sigma^2(t) = \frac{1}{m} \sum_{i=1}^{m} \left(\sum_{x=1}^{n} v_{ix}^{t} \right)^2 - V^2(t) \qquad (4-3-2)$$

为进一步消除知识量方差随着知识量增大而不断增加的影响（Cowan 和 Jonard，2004），本章利用知识量变异系数对创业企业之间的知识差异性进行测量：

$$c(t) = \frac{\sigma(t)}{V(t)} \qquad (4-3-3)$$

其中，知识量变异系数的取值范围介于 0 到 1 之间。由于上述指标无法反映出创业企业之间的知识结构，本章参照公式（4-2-2）计算得出创业企业之间知识结构的相似性：

$$S(t) = \frac{1}{m(m+1)/2} \sum_{i<j} s_{ij} \qquad (4-3-4)$$

创业企业之间的知识增长会经历一个相当长的过程，由此可以引入知识增长率指标测量创业企业的整体增长速度：

$$R = \left(\frac{V(t_M)}{V(1)} \right)^{\frac{1}{t_M-1}} - 1 \qquad (4-3-5)$$

上式中，创业企业知识量在不断的增长过程中达到稳定状态的时刻记为 t_M，创业企业在时刻 t_M 的平均知识量为 $V(t_M)$。创业企业知识增长率指标有效避免了知识增长过程短期波动的影响。

二 知识转移服务

企业孵化器在仿真模拟的每个周期都会随机选择一定数量的创业企业进行知识转移服务，在仿真中 $None$ 表示企业孵化器未向创业企业提供任何服务，知识深度服务和知识广度服务的仿真结果如图 4 - 4 所示。第一，根据图 4 - 4（a）和图 4 - 4（a'）可知，创业企业的平均知识量 $V(t)$ 在演化初期迅速增加，但随着时间的推移知识增长速度逐渐下降并最终达到稳定状态。另外，企业孵化器提供的知识转移服务显著提高了创业企业的知识绩效水平，并且提供的孵化服务次数越多，知识绩效水平增长的就越快。第二，根据图 4 - 4（b）和图 4 - 4（b'）可知，创业企业知识量方差 $\sigma^2(t)$ 具有单峰曲线的变化趋势，并且企业孵化器提供的知识转移服务次数越多，对应的峰值就越高。根据图 4 - 4（c）和图 4 - 4（c'）可知，创业企业知识量变异系数 $c(t)$ 呈现出总体下降的趋势，当企业孵化器提供的知识转移服务次数较多时，该指标值呈现出先增大后减小的变化规律。总体来看，创业企业之间的知识差距在知识转移过程中逐渐减小。第三，根据图 4 - 4（d）和图 4 - 4（d'）可知，创业企业之间知识结构的相似性 $S(t)$ 随着时间的推移逐渐增加，并且最终演化到稳定状态，还可以看出企业孵化器提供的知识转移服务次数越多，创业企业之间的知识相似性越低。

为进一步探索企业孵化器两种知识转移行为的差异性，本章对企业孵化器知识深度服务与知识广度服务各个指标值的变化情况进行了对比分析，如图 4 - 5 所示。根据图 4 - 5（a）中创业企业平均知识量的仿真结果，企业孵化器提供知识深度服务比提供知识广度服务更有利于创业企业知识绩效水平的快速提高。根据图 4 - 5（b）和图 4 - 5（c）可知，企业孵化器提供知识深度服务时促使创业企业出现了更高的知识量方差峰值和知识量变异系数峰值。根据图 4 - 5（d）可知，企业孵化器提供知识广度服务时促使创业企业之间出现更高的知识结构相似性。

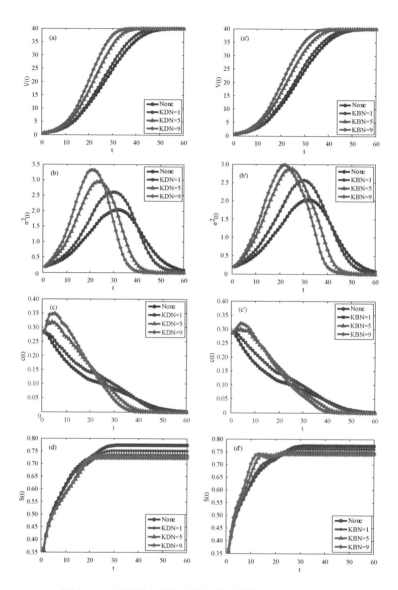

图4-4 知识深度服务和知识广度服务下的知识绩效

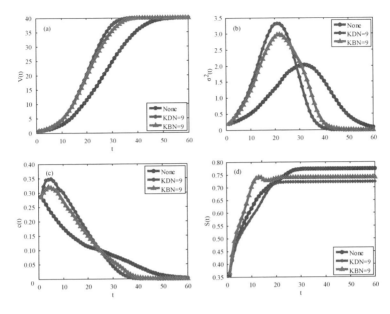

图 4 - 5　知识深度服务和知识广度服务知识绩效变化

三　网络链接服务

企业孵化器在向创业企业提供知识转移服务时，还向创业企业提供网络链接服务，通过开展相互交流活动帮助创业企业之间建立网络联系。根据图 4 - 6（a）中创业企业平均知识量的仿真结果，企业孵化器网络链接服务下创业企业平均知识量具有 S 形曲线的变化规律，并且最终增长到稳定状态。企业孵化器的网络链接服务显著提高了创业企业知识绩效水平的增长速度，在每一仿真周期内提供的网络链接服务次数越多，创业企业平均知识量增长得就越快。根据图 4 - 6（b）中创业企业知识量方差的仿真结果，创业企业知识量方差同样具有单峰曲线的变化趋势，企业孵化器提供的网络链接服务促使创业企业之间在演化的过程中出现了知识量差异性的增加。另外，根据图 4 - 6（c）中创业企业知识量变异系数的仿真结果，创业企业知识量变异系数总体上呈现出下降的变化趋势，当企业孵化器提供的网络链接服务次数分别为 5 和 9 时，创业企业知识量变异系数在演化的过程中出现了短暂上升的变化趋势，并且企业孵化器在每一仿真周期内提供的网络链接次数越多，系统演化初期和后期的知识量变异系数越小。根据图 4－6（d）中创业企业知识结构相似性的仿真结果，创业企业知识结构相似性随着时间的推移逐渐增加，并且最终达到稳定状态。企业孵化器在每一孵化周期内提供的网络链接服务次数越多，创业企业知识结构相似在稳定状态下就越高。

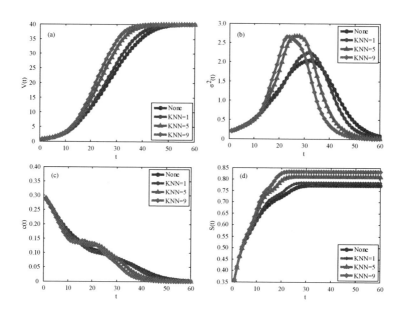

图4－6　网络链接服务下的知识绩效

四　知识转移和网络链接联合服务

通过将 *KDN* 和 *KNN* 的值分别设定为1，5 和9，我们可以得到表4－2中所示的九种情况。与此相对应，图4－7（a）—（i）描述了企业孵化器知识转移服务与网络链接服务不同配比情形下创业企业的知识增长率。图4－7中横轴指的是企业孵化器提供知识转移服务时投入的成本比例，纵轴表示创业企业的知识增长率。例如，图4－7（a）中的 *KDN*＝1 和 *KNN*＝1 分别表示企业孵化器在每一个仿真周期内向创业企业提供一次知识转移和一次网络链接。根据图4－7的仿真结果，在不同情形下企业孵化器知识转移服务与网络链接服务之间存在不同的最佳比例。

表 4 - 2　　　　　　　　　不同情境下参数比值 λ_2/λ_1

KDN \ KNN	1	5	9
1	1.00	0.20	0.11
5	5.00	1.00	0.56
9	9.00	1.80	1.00

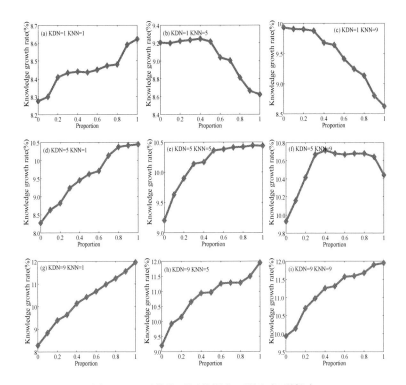

图 4 - 7　两种类型孵化服务下的知识增长率

在 λ_2/λ_1 高于 1 或者基本等于 1 的情形下，企业孵化器在知识转移服务和网络链接服务上投入的成本差异不大，随着企业孵化器在知识转移服务上投入成本比例的增加，创业企业的知识增长率逐渐提高，此时企业孵化器应该选择知识转移服务。在 λ_2/λ_1 相对较小的情形下，企业孵化器在知识转移服务上投入的成本相对较高，此时企业孵化器在知识转移服务与网络链接服务上有一个最佳的成本投入比例，也就是说企业孵化器应该选择知识转移和网络链接的联合服务策略。在 λ_2/λ_1 非常小的情形下，企业孵化器在知识转移服务上投入的成本相对较多，随着企业孵化器在知识转移服务上投入成本比例的增加，创业企业的知识增长率逐渐降低，此时企业孵化器应该选择网络链接服务。

第四节 本章小结

为了更好地展现企业孵化器的孵化服务过程以及创业企业之间的知识传播过程，本章建立了企业孵化器的知识超网络模型，并使用仿真模拟方法分析了孵化器的孵化服务策略。由于知识结构微观层面的研究较少，本章提出了知识节点构成的知识子网络，并给出了知识子网络的生成算法。基于企业孵化器孵化服务的相关研究，本章将企业孵化器的孵化服务划分为知识转移服务和网络链接服务，并进一步对知识转移服务进行了更为详细的划分，将其总结为知识深度服务和知识广度服务两种类型。根据仿真模拟结果，本章发现企业孵化器的知识转移服务和网络链接服务对创业企业的知识量、知识差距以及知识结构都产生了不同的影响，并且企业孵化器的最优策略需要根据其在两种孵化服务上投入的比例决定。总体来看，企业孵化器的知识转移服务和网络链接服务都能够有效提高创业企业的知识绩效水平，表明这两种服务对于培育创业企业都是有效的（Rubin 等，2015；Soetanto 和 Jack，2016；Rothaermel 和 Thursby，2005；Soetanto 和 Geenhuizen，2005）。

本章得出的结论为企业孵化器的管理实践提供了理论指导，企业孵化器可以根据自身特点选择恰当的孵化服务模式，从而获得最高的孵化服务绩效水平。另外，本章的研究过程可以扩展到其他类型的组织机构。尽管本章比较了企业孵化器不同类型孵化服务的效果，并且为企业孵化器提供了如何制定孵化服务决策的建立，但本章的研究仍然需要进一步完善和改进。本章的研究仅仅考虑了企业孵化器的内部网络结构，并未考虑政府机构、金融机构等企业孵化器外部网络资源对创业企业的促进作用。在未来的研究中，企业孵化器的外部网络可以纳入本章提出的模型，同时模型的演化规律和企业孵化器的孵化服务决策机制也将变得更为复杂。

第 五 章

科技企业孵化器竞争
与对策研究

随着我国"大众创业，万众创新"不断向纵深发展，科技企业孵化器作为支持双创发展的平台，发挥着越来越重要的作用。在早期，单一科技企业孵化器的作用和功能有限，需要孵化器之间进行深入的合作，发挥孵化器之间的合力，共同对创业企业进行孵化。经过 20 多年的发展，我国科技孵化器发展相对较为成熟，出现了较多的从"苗圃—孵化—催化—产业化"全链条进行孵化的科技企业孵化器，孵化器也具备了较多的风险投资功能，孵化器之间为了争夺优秀和有潜力的种子企业开始出现竞争的现象。《国家科技企业孵化器"十三五"发展规划》指出，到"十三五"末，全国各类创业孵化载体达到 10000 家，国家级孵化器超过 1500 家，国家备案众创空间超过 3000 家，30% 的国家级孵化器建成科技创业孵化链条，专业孵化器超过 40%，形成一批特色众创集聚区。在这种情形下，科技企业孵化器之间的竞争愈加激烈。

在我国乃至全球，非营利性组织的科技企业孵化器占主导地位。在非营利性属性下，孵化器竞争出现新的特征，例如，孵化器资金具有很大程度上的"软预算约束"。由于非营利性孵化器承担了某些支持和培育中小企业成长以及就业等方面的社会责任，因而当非营利性孵化器面临财务困难时，该孵化器受到大量政府资金的支持，所造成的亏损得到弥补，因此科技企业孵化器资金具有很大程度上的"软预算约束"。因此，研究"软预算"约束下的科技企业孵化器之间的竞争，提出发展策略对于更好发挥科技企业孵化器功能，推动"大众创业，万众创新"具有重要意义。就我们所知，本章的研究是首次探讨"软预算"约束下的科技企业孵化器竞争。本章基于非营利组织的视角，建立软预算约束下的非营利性科技企业孵化器竞争博弈模型，讨论在政府对创业企业征税并对孵化器进行财政返还的基础上，预算柔软度、利润被没收的概率、竞争强度以及孵化收费水平边际变化对孵化质量、成本控制产生的影响；同时研究软预算对社会福利的影响，并进一步探讨如何改善社会福利。另一方面，考虑到目前孵化器主要有两种所有权形式：事业型孵化器（由政府资助）和企业型孵化器。事业型孵化器主要由政府资助，主要目的是扶持创业企业，提高孵化成功率；企业型孵化器的目标是追求利润最大化。据此，本章进一步建立纯企业和混合孵化器双寡头垄断模型，分析两种框架下达到纳什均衡时的均衡质量，并对不同福利（功利主义社会福利和罗尔斯社会福利）体系下孵化器的竞争行为和市场结果进行对比分析，为孵化器间的竞争提供理论支持。

从实践上看，非营利性科技企业孵化器无论在全球还是我国均占主导地位。同时，孵化器管理者也面临着硬件建设、软件建设、品牌建设等多重任务。在非营利性科技企业孵化器具有非营利性组织的一般属性和面临多重任务的条件下，如何设计契约激励孵化器有效配置资源，提升孵化器整体孵化能力和水平是监管者面临的一个重要课题。本章基于非营利性组织视角，将利他主义因素纳入科技企业孵化器工作人员行为中，构建利他主义下科技企业孵化器多任务激励模型，分析了孵化器对创业企业的最优收费价格、次优收费价格与最优孵化质量，探讨了利他程度、税率、财政返还比率、任务的替代与互补性等因素对孵化器激励机制发挥作用的影响。

第一节　软预算约束下的
企业孵化器竞争

一些学者注意到科技企业孵化器之间出现竞争的现象。翁建明（2008）等分析了科技企业孵化器选取竞争战略的内涵和特征。李振华等（2009）认为从生物进化论的角度，研究了科技企业孵化器的竞争选择机制。杨斌、王丽娜（2012）对某区域科技企业孵化器的潜在进入者、替代品、供方、需方以及行业潜在竞争者五种力量进行了分析。

目前，对软预算约束的研究涉及多个领域。Levaggi 与 Montefiori（2013）研究了软预算约束对患者在选择公立或私立医院中的作用。Mykhayliv 与 Zauner（2013）分析了 2003—2007 年乌克兰大型企业的投资行为、所有权和公司治理之间的关系。Kenta Toyofuku（2008）分析了软预算约束对银行在市场货币投放和房贷质量控制方面的作用。Wood（2013）建立局部均衡软预算约束模型来确定救助计划对企业废弃物排放量的影响。Lei Zhu（2009）分析了中国政府、银行和企业在软预算约束的框架下债务对企业投资的影响。Ren 等（2009）探究了软预算约束下的金融体系和经济管理等相关问题。Crivelli 和 Stratmann 等（2010）以经济合作与发展组织中的国家为样本分析软预算约束对国家卫生支出的影响，研究表明与限制地方政府借贷的国家相比，地方政府主要依靠中央政府融资且享有借款自主权的国家需要更高的医疗保健支出。

目前针对软预算约束下科技企业孵化器竞争的研究十分有限，在软预算约束下，非营利性孵化器之间的竞争，非营利性孵化器和营利性孵化器之间的竞争能否提高孵化效率和孵化器经理的努力水平，社会福利水平是否增加，这些都是影响到孵化器可持续发展需要尽快解决的问题。因此，本章建立科技企业孵化器竞争的标准模型，并在该框架下引入软预算约束，旨在解决两个问题：一是孵化器降低成本、提高孵化质量的激励机制；二是在孵化器行业，软预算约束是否可以改善社会福利。因此，本章分析救助政策和没收利润政策对孵化质量和降低成本的影响，并分析在最优、次优策略下软预算对社会福利的影响。

一　模型与假设

假设市场上仅有两个非营利性科技企业孵化器 $i(i = 1,2)$，孵化器 1 位于线段 $S = [0,1]$ 的最左端，孵化器 2 位于线段 S 的最右端，二者可以提供充足的孵化服务。假设创业企业均匀地分布在线段 S 上，并且每个创业企业都需要一个单位的孵化。孵化器 i 提供的孵化服务质量水平为 q_i，孵化器为创业企业提供孵化服务的成本均为 r，创业企业的预期收益为 R。政府对孵化器内创业企业的税收强度为 l，对孵化器的财政返还比率

为 m。软预算约束下，孵化器的利润被管理机构没收的概率为 θ，孵化器的亏损被弥补的概率为 β，β 可以用来衡量孵化器软预算约束的程度。创业企业在孵化器 $i(i=1,2)$ 中孵化后的效用函数如下：

$$
U(x) = \begin{cases} q_1(1-l)R - r - t \cdot x & i = 1 \\ q_2(1-l)R - r - t \cdot (1-x) & i = 2 \end{cases} \quad (5-1-1)
$$

其中 t 为单位距离成本，一般而言，科技企业孵化器间竞争强度越大，单位距离成本越低；科技企业孵化器间竞争强度越小，单位距离成本越大，因此单位距离成本 t 也是科技企业孵化器间竞争强度的逆观测变量。当创业企业位于 $\hat{x}$ 时，创业企业在孵化器 1 和孵化器 2 中进行孵化的效用是相等的：

$$
\hat{x} = 1/2 + (q_1 - q_2)(1-l)R/2t \quad (5-1-2)
$$

假定两个科技企业孵化器均不确定创业企业的总体数量，而创业企业的分布是已知的、给定的，但其数量可能处于两种状态：在状态 L 下，创业企业对孵化器的需求很低，该状态发生的概率为 μ，数量单位化为 1；在状态 H 下，创业企业对科技企业孵化器的需求很高，数量单位化为 $n(n>1)$。因此，创业企业对孵化器 1 的孵化需求为：

$$
D_1 = \begin{cases} \hat{x} & 状态 L \\ n\hat{x} & 状态 H \end{cases} \quad (5-1-3)
$$

创业企业对孵化器 2 的孵化需求为：

$$D_2 = \begin{cases} 1 - \hat{x} & \text{状态 } L \\ n(1 - \hat{x}) & \text{状态 } H \end{cases} \qquad (5-1-4)$$

假定在需求确定之前，两个科技企业孵化器需同时确定相应的孵化质量和成本控制的努力程度，即二者的确定与状态无关。孵化器对创业企业提供孵化服务的收费水平等于孵化成本 r，孵化器的利润为收取的孵化费用减去孵化成本并加上财政返还。在状态 $j(j = L, H)$ 下，孵化器 i 的利润函数为：

$$\pi_i^{\ j} = rD_i^{\ j} - c_i (D_i^{\ j})^2/2 - kq_i^{\ 2}/2 + mq_i lRD_i^j \qquad (5-1-5)$$

c_i 与 k 分别是与产出和孵化质量投入有关的成本参数。虽然两个孵化器的质量投资成本是相同的，但每个孵化器可以事先对成本控制进行投入以降低孵化成本，假定 $c_i = \sigma - e_i$，e_i 是孵化器 i 进行成本控制所付出的努力，这项投资对孵化器产生非货币性的负效应 $we_i^{\ 2}/2$。

由科技企业孵化器的利润函数还可以看出，孵化器的盈亏状况与状态有关。在状态 H 下创业企业对孵化器的孵化需求较高，而单位收费水平保持不变，因此在高需求状态下，孵化器收取的孵化费用增加低于孵化成本的增加；在状态 L 下创业企业对孵化器的孵化需求较低，在固定单位收费水平下，孵化成本的增加低于孵化费用的增加。由此可假设 $\pi_i^{\ L} > 0$，$\pi_i^{\ H} < 0$。

二 均衡分析

（一）纳什均衡解

每个科技企业孵化器选择相应的孵化质量和成本控制的努力程度以使期望利润与成本控制的负效用之差最大化。孵化器 i 的预期收益如下：

$$\Pi_i = \mu(1 - \theta)\pi_i^{\ L} + (1 - \mu)(1 - \beta)\pi_i^{\ H} - we_i^{\ 2}/2 \qquad (5-1-6)$$

将公式（5－1－6）最大化，孵化器 i 的孵化质量 q_i 与成本控制的努力程度 e_i 的纳什均衡解为：

$$q^* = \frac{\mu(1-\theta)\left(r - \dfrac{c^*}{2} + \dfrac{2tml}{1-l}\right) + (1-\mu)(1-\beta)\left(rn - \dfrac{n^2 c^*}{2} + \dfrac{2tml}{1-l}\right)}{2kt(1-\beta+\mu(\beta-\theta))}(1-l)R$$

$$(5-1-7)$$

$$e^* = \frac{\mu(1-\theta) + n^2(1-\mu)(1-\beta)}{8w} \qquad (5-1-8)$$

其中，$c^* = \sigma - e^*$。公式（5－1－7）与公式（5－1－8）的成立，需满足条件公式（5－1－9），并且 $w > (n+1)(\mu(1-\theta) + n^2(1-\mu)(1-\beta))/8(\sigma(n+1)-4r)$。

$$\mu > \frac{(1-\beta)(rn(n-1)(1-l)-2tml(n+1))}{r(n-1)(1-l)[n(1-\beta)+1-\theta]+2tml(n+1)(\beta-\theta)}$$

$$(5-1-9)$$

（二）纳什均衡影响因素

上述模型不仅可用于分析软预算约束对科技企业孵化器的孵化质量和成本控制努力程度的影响，也可分析孵化器市场的制度特性和监管功能，以及它们之间的相互作用。模型中的主要参数如下：财政返还比率 m、软预算约束程度（监管机构对孵化器的救助可能性）β、孵化器利润被没收的概率 θ、孵化器间竞争强度的逆观测变量 t、孵化服务收费水平 r。这一部分，本章将研究每个维度的变化如何影响均衡孵化质量、成本控制的努力程度。

1. 财政返还比率对均衡孵化质量的影响

纳什均衡下孵化器的均衡孵化质量对财政返还比率 m 求偏导，可得：

$$\frac{\partial q^*}{\partial m} = \frac{\mu l(1-\theta) + l(1-\mu)(1-\beta)}{k(1-\beta+\mu(\beta-\theta))} > 0 \qquad (5-1-10)$$

因此，有命题1。

命题1：政府对科技企业孵化器财政返还比率的提高促进均衡孵化质量的提升，但对成本控制的努力程度没有影响。

命题1表明政府对科技企业孵化器财政返还比率的提高对提升孵化器的孵化质量有激励作用，返还比率的提高增加了孵化器的收入，使孵化器有更多的资金进行质量投资，进一步改善孵化质量。

2. 软预算约束程度对均衡孵化质量的影响

孵化器的均衡孵化质量对软预算约束程度 β 求导，可得软预算约束程度对均衡孵化质量的直接影响、间接影响之和：

$$\frac{dq^*}{d\beta} = \frac{\partial q^*}{\partial \beta} + \frac{\partial q^*}{\partial e^*}\frac{\partial e^*}{\partial \beta} \qquad (5-1-11)$$

其中，软预算约束程度对均衡孵化质量的直接影响为：

$$\frac{\partial q^*}{\partial \beta} = \frac{\mu(1-\theta)(1-\mu)(n-1)((n+1)c^* - 2r)(1-l)R}{4kt(1-\beta+\mu(\beta-\theta))^2} > 0$$

$$(5-1-12)$$

同时，软预算还可以通过成本控制的努力程度对均衡孵化质量产生间接影响，均衡成本控制的努力程度对软预算约束程度求偏导，可得：

$$\frac{\partial e^*}{\partial \beta} = -\frac{(1-\mu)n^2}{8w} < 0 \qquad (5-1-13)$$

均衡孵化质量对成本控制的努力程度求偏导，可得：

$$\frac{\partial q^*}{\partial e^*} = \frac{\mu(1-\theta) + n^2(1-\beta)(1-\mu)}{4kt(1-\beta+\mu(\beta-\theta))}(1-l)R > 0 \qquad (5-1-14)$$

由公式（5－1－14）可知，对成本控制努力程度较低的孵化器而言，其均衡孵化质量也较低。由公式（5－1－13）、公式（5－1－14）可得，软预算约束程度对均衡孵化质量的间接影响为：

$$\frac{\partial q^*}{\partial e^*}\frac{\partial e^*}{\partial \beta} = -\frac{\mu(1-\theta)+n^2(1-\beta)(1-\mu)}{32wkt(1-\beta+\mu(\beta-\theta))}(1-\mu)n^2(1-l)R < 0$$

$$(5-1-15)$$

比较公式（5－1－12）与公式（5－1－15）发现，如果 w 足够大，软预算约束程度对均衡质量的总体影响是积极的，即成本控制的努力程度是有限的，那么软预算约束会促使孵化器提供更高的孵化质量。因此，有命题2。

命题2：软预算约束导致科技企业孵化器进行成本控制的努力降低，但对均衡质量的影响不确定。如果孵化器成本控制的努力程度负效用足够高，那么软预算与孵化质量呈正相关关系。

在状态 L 下孵化器的利润 $\pi_i^L > 0$，孵化器处于盈利状态。在状态 H 下 $\pi_i^H < 0$，孵化器可以通过对成本控制进行事前投资来减少亏损。然而孵化器进行事前投资减少亏损的动机越弱，政府就越可能弥补亏损。因此，在均衡状态下，软预算约束会导致科技企业孵化器控制成本的努力程度降低。对于给定的成本控制水平，软预算约束程度的提高降低了状态 H 下的亏损，这意味着质量投资的预期收益增加，提高了科技企业孵化器对孵化质量投资的动机。但科技企业孵化器的成本控制水平通常随软预算约束程度的增加而降低，成本控制水平的降低又进一步促使均衡孵化质量降低，因此软预算约束程度对均衡质量的影响无法确定，只有当科技企业孵化器成本控制努力程度的负效用足够高时，软预算约束程度的提高才能促进孵化质量的提升。

3. 没收利润对均衡孵化质量的影响

在软预算约束下，科技企业孵化器的均衡孵化质量对利润没收的概率求偏导，可得利润没收对均衡孵化质量的直接影响、间接影响之和：

$$\frac{dq^*}{d\theta} = \frac{\partial q^*}{\partial \theta} + \frac{\partial q^*}{\partial e} \frac{\partial e^*}{\partial \theta} \tag{5-1-16}$$

其中，利润没收对均衡孵化质量的直接影响为：

$$\frac{\partial q^*}{\partial \theta} = -\frac{\mu(1-\beta)(1-\mu)(n-1)((n+1)c^* - 2r)(1-l)R}{4kt(1-\beta+\mu(\beta-\theta))^2} < 0 \tag{5-1-17}$$

同时，软预算还可以通过成本控制的努力程度对均衡孵化质量产生间接影响，均衡成本控制的努力程度对利润没收的概率求偏导，可得：

$$\partial e^* / \partial \theta = -\mu/8w < 0 \tag{5-1-18}$$

从公式（5-1-18）可以看出，利润没收概率的增加会使成本控制努力程度降低，又因为成本控制努力程度的降低会进而导致孵化器改善孵化质量的动机减弱。因此，利润没收对均衡孵化质量的直接影响与间接影响同方向变化，可得命题3。

命题3：软预算约束下，科技企业孵化器利润被没收的概率提高，会使科技企业孵化器均衡孵化质量与成本控制的努力程度均降低。

在状态 H 下 $\pi_i^H < 0$，孵化器出现亏损。只有在状态 L 下，孵化器处于盈利状态，而且在该状态下，监管机构对孵化器进行利润没收的可能性较高，对于给定的成本控制水平，没收利润降低了质量投资的边际收益，也使孵化器改善孵化质量的动机变弱。因此没收利润对均衡质量的直接影响是消极的。同时，利润没收的高概率也会降低各孵化器在成本控制方面的投资，因为从高成本效益的产品中所获的利润增益更可能被监管机构没收，这更加削弱了孵化器改善孵化质量的动机，因此没收利润对均衡质量的直接影响与间接影响同方向变动，对均衡孵化质量产生消极影响。

4. 竞争强度和孵化收费水平对均衡孵化质量的影响

软预算约束下，孵化器的均衡孵化质量对竞争强度和孵化价格求偏导，可得：

$$\frac{\partial q^*}{\partial t} =$$

$$- \frac{\mu(1-\theta)(r-\frac{c^*}{2})(1-l)R + n(1-\mu)(1-\beta)(r-\frac{nc^*}{2})(1-l)R}{2kt^2(1-\beta+\mu(\beta-\theta))} < 0$$

$$(5-1-19)$$

$$\frac{\partial q^*}{\partial r} = \frac{n(1-\mu)(1-\beta)+\mu(1-\theta)}{2kt(1-\beta+\mu(\beta-\theta))}(1-l)R > 0 \qquad (5-1-20)$$

另外由式（5-1-8）可知，成本控制的努力程度与竞争强度的增加（即 t 减少）或孵化收费水平 r 无关。由此，结合式（5-1-19）、式（5-1-20），可得命题4。

命题4：孵化器间的竞争强度增加或孵化收费水平提高对成本控制的努力水平没有影响，但是会导致更高的均衡孵化质量。

命题4表明科技企业孵化器成本控制的努力程度均衡水平并不取决于竞争强度或孵化价格，任一维度的改变只会对均衡孵化质量产生直接影响，孵化价格的提高对孵化质量有积极的影响。随着价格的增加，孵化的创业企业越多，孵化器所获得的利润越多，进一步促使孵化器竞相提高孵化质量以吸引创业企业。

三 社会福利

社会福利是由孵化服务的总效用、质量成本、成本控制努力的负效用之和所构成，在不同的状态下，福利表达式不同。

在状态 L 下，

$$W^L = \int_0^{\hat{x}} (q_1(1-l)R - r - t \cdot s)ds +$$

$$\int_{\hat{x}}^1 (q_2(1-l)R - r - t \cdot (1-s))ds - \frac{c_1}{2}(D_1^{\ L})^2$$

$$- \frac{c_2}{2}(D_2{}^L)^2 - \frac{k}{2}q_1{}^2 - \frac{k}{2}q_2{}^2 - \frac{w}{2}e_1{}^2 - \frac{w}{2}e_2{}^2 + mq_1lR + mq_2lR$$

$$(5-1-21)$$

在状态 H 下,

$$W^H =$$

$$n\left(\int_0^{\hat{x}}(q_1(1-l)R - r - t \cdot s)ds + \int_{\hat{x}}^1(q_2(1-l)R - r - t \cdot (1-s))ds\right) - \frac{c_1}{2}(D_1{}^H)^2$$

$$- \frac{c_2}{2}(D_2{}^H)^2 - \frac{k}{2}q_1{}^2 - \frac{k}{2}q_2{}^2 - \frac{w}{2}e_1{}^2 - \frac{w}{2}e_2{}^2 + mq_1lR + mq_2lR$$

$$(5-1-22)$$

因此,预期社会福利函数如下:

$$W = \mu W^L + (1-\mu)W^H \qquad\qquad (5-1-23)$$

通过对预期社会福利函数求偏导,可得最优孵化质量 q^{fb} 和最优成本控制水平 e^{fb}:

$$q^{fb} = \left[(n(1-\mu)+\mu)(1-l)R + 2mlR\right]/(2k) \qquad (5-1-24)$$

$$e^{fb} = (n^2(1-\mu)+\mu)/(8w) \qquad\qquad (5-1-25)$$

比较公式 (5-1-25) 与公式 (5-1-8) 可以看到,令 $\beta = \theta = 0$ 可使成本控制达到最优水平,即利润不会被没收,亏损不会被弥补。当监管机构不能对孵化器实行严格的无救助政策时,那么对于所有的 $\theta \in (0,1)$,成本控制的均衡水平总是低于社会最优水平。因此当 $\beta > 0$ 时,社会最优的成本控制水平只能通过设置 θ 值来实现,此时,

$$\theta = -(1 - \mu)n^2\beta/\mu < 0 \qquad\qquad (5-1-26)$$

这表明当孵化器盈利时不仅不能没收其利润，而且需要对其进行财政奖励。

另一方面，比较公式（5-1-24）与公式（5-1-7）可以看到，孵化质量的最优水平可以通过设置合理的 r 值来确定，这并不会影响成本控制的努力程度。因此有命题5。

命题5：严格的无救助政策、无利润没收政策的实施，以及合理的孵化价格会使最优策略得以实现。

命题5表明，要使最优策略得以实现，科技企业孵化器的孵化质量和成本控制的努力程度均达到最优水平，需要确保孵化器的亏损不被弥补，利润不被没收，使孵化器按照市场机制运行。

第二节　混合寡头垄断下企业
孵化器质量竞争

目前，孵化器主要有两种所有权形式：事业型孵化器（由政府资助）和企业型孵化器。事业型孵化器主要由政府资助，主要目的是扶持创业企业，提高孵化成功率；企业型孵化器的目标是追求利润最大化。据此，本章建立纯企业和混合孵化器双寡头垄断模型，分析两种框架下达到纳什均衡时的均衡质量，并对不同福利（功利主义社会福利和罗尔斯社会福利）体系下孵化器的竞争行为和市场结果进行对比分析，为孵化器间的竞争提供理论支持。

一　模型与假设

假定在该模型中仅有两个孵化器（孵化器1与2），孵化器1代表事业型孵化器，孵化器2代表企业型孵化器，分别位于线段 $S = [0,1]$ 的两端，大量创业企业均匀地分布在该线段上，孵化器可以为每个创业企业提供充分的孵化服务，每次孵化的固定价格为 p。为了简化起见，假定所有的孵化服务均是相同的。

1. 需求

两个孵化器可为创业企业带来不同的效用，效用函数如下：

$$U(q,\Delta) = \begin{cases} q_1(1-l)R - p - \gamma\Delta \\ q_2(1-l)R - p - \gamma(1-\Delta) \end{cases} \tag{5-2-1}$$

其中，q 代表孵化质量，l 代表税率，R 代表收益，p 代表每次孵化价格，γ 代表单位距离成本，Δ 代表创业企业与孵化器的距离，创业企业会选择为其创造较高效用的孵化器。只有创业企业的效用大于等于 0 时，即 $q_1(1-l)R \geqslant p + \gamma\Delta$ 或 $q_2(1-l)R \geqslant p + \gamma(1-\Delta)$，该企业才会选择孵化器进行孵化。当两个孵化器为创业企业提供的效用相同时，该企业位于 $\tilde{\Delta}$：

$$\tilde{\Delta} = \frac{1}{2} + \frac{(q_1 - q_2)(1-l)R}{2\gamma} \tag{5-2-2}$$

根据分布假设，孵化器 1 与 2 的市场占有率分别为 $x_1 = \tilde{\Delta}\theta$，$x_2 = (1-\tilde{\Delta})\theta$，$\theta(\theta > 1)$ 表示市场规模。

2. 成本

为了提高或维持质量水平，孵化器必须花费一定的成本。一方面，提高或维持质量本身会增加开支；另一方面，孵化创业企业也会引起成本增加。成本函数如下：

$$C_i(x_i, q_i) = cq_i^2 + kx_i^2 \quad (i = 1, 2) \tag{5-2-3}$$

其中 $\partial C_i(\cdot)/\partial q_i > 0$，$\partial C_i(\cdot)/\partial x_i > 0$，$\partial^2 C_i(\cdot)/\partial q_i^2 < 0$ 且 $\partial^2 C_i(\cdot)/\partial x_i^2 < 0$。系数 c 代表为达到一定质量水平的恒定的成本参数，k 表示孵化若干创业企业的成本参数。质量和数量的边际成本都在增加，这导致规模报酬递减。

3. 博弈结构

为了比较混合寡头垄断的结果，首先将只追求利润最大化的企业型孵化器作为参考点，然后，将企业型和事业型孵化器的相互竞争看作混合寡头垄断竞争。

在两阶段博弈模型中，监管机构在第一阶段规定孵化价格 p，在第二阶段，根据给定价格，孵化器选择一定的质量水平以使目标函数最大化。本章通过逆推归纳法求解动态博弈的均衡结果，首先需要解决第二阶段的质量选择问题，然后通过预测孵化器的质量选择，来解决监管机构的价格规制问题，该价格的确定取决于目标函数。

二 模型分析

（一）纯企业型双寡头垄断

1. 第二阶段：质量选择

孵化器 i 的利润函数如下：

$$\pi_i = px_i - cq_i{}^2 - kx_i{}^2 + mq_i lR \qquad (5-2-4)$$

可得，达到纳什均衡时的均衡质量为：

$$q_1{}^* = q_2{}^* = \begin{cases} \dfrac{\theta(p-k\theta)(1-l)R}{4c\gamma} + \dfrac{mlR}{2c} & \text{当 } p = \{p \mid \pi_i(p) \geqslant 0\} \\[3mm] 0 & \text{其他} \end{cases}$$

$$(5-2-5)$$

该公式取决于监管机构规定的孵化价格 p。如果 p 足够高或成本足够低，在纳什均衡中，由于对称性和相同的孵化水平，两个孵化器平分市场（$x_i{}^* = \theta/2$）。否则，一部分创业企业的效用可能为负，这部分企业不会被孵化，因而，市场并没有完全被覆盖。公式（5-2-5）中均衡质量水平随着孵化价格 p 的增加而增加，随着市场规模 θ 与成本参数 k 的增加而降低。如果 p 足够高，均衡质量也随单位距离成本 γ 与成本参数 c 的增加而降低。在其他条件不变的情况下，γ 与 θ 越高，孵化器间的竞争程度越低，因此，质量水平越低。

2. 第一阶段：价格规制

为满足目标函数，监管机构通过预计孵化器的质量水平来确定孵化价格。监管机构两个可能的目标为：使罗尔斯主义的社会福利最大化，即孵化器利润与效用最低的创业企业的效用之和最大化；或使功利主义的社会福利最大化，即孵化器与所有创业企业的盈余之和最大化。在这一部分将导出这两种状况下的均衡质量和孵化价格。

3. 功利主义社会福利函数最大化

为使功利主义社会福利函数最大化，监管机构需设定相应的孵化价格，此时，监管机构的目标函数如下：

$$
\max_{p} W =
$$

$$
\theta \left\{ \int_{0}^{\tilde{\Delta}} [q_1(1-l)R - p - \gamma\Delta] d\Delta + \int_{\tilde{\Delta}}^{1} [q_2(1-l)R - p - \gamma(1-\Delta)] d\Delta \right\} + \pi_1 + \pi_2 \qquad (5-2-6)
$$

将功利主义的社会福利 W 最大化，可得该条件下的孵化价格 p^{W}：

$$
p^{W} = \theta k + \gamma \qquad (5-2-7)
$$

根据公式 (5-2-5)，对于给定的 p^{W}，均衡质量为：

$$
q_1^{W} = q_2^{W} = \frac{\theta(1-l)R + 2mlR}{4c} \qquad (5-2-8)
$$

位于 $\tilde{\Delta}$ 的创业企业的效用为：

$$
U_{\tilde{\Delta}}^{W} = \frac{\theta(1-l) + 2ml}{4c}(1-l)R^2 - \left(k\theta + \frac{3\gamma}{2}\right) \qquad (5-2-9)
$$

该效用的正负性是不确定的。如果提高质量的成本过高，那么孵化器改善质量以占领市场的动机会变弱。如果创业企业的边际效用大于等于 0，那么市场会被完全覆盖，即如果

$$c \leqslant \frac{\theta(1-l)+2ml}{4k\theta+6\gamma}(1-l)R^2 \qquad (5-2-10)$$

满足参与约束条件。

4. 罗尔斯社会福利函数最大化

罗尔斯社会福利最大化，是指使孵化器利润与效用最低的创业企业的效用之和最大化，在本章中，位于 $\tilde{\Delta}$ 的创业企业的效用最低，其效用表示为 $U_{\tilde{\Delta}}$，监管机构的目标函数为：

$$R = U_{\tilde{\Delta}} - (\theta-1)p + \pi_1 + \pi_2$$

$$(5-2-11)$$

将罗尔斯主义的社会福利 R 最大化，可得该条件下的孵化价格 p^R：

$$p^R = k\theta + \frac{\gamma}{\theta} \qquad (5-2-12)$$

均衡质量为：

$$q_1^{\ R} = q_2^{\ R} = \frac{1-l+2ml}{4c}R \qquad (5-2-13)$$

位于 $\tilde{\Delta}$ 的创业企业的效用为：

$$U_{\tilde{\Delta}}^{\ R} = \frac{1-l+2ml}{4c}(1-l)R^2 - \frac{\gamma}{2} - \frac{\gamma}{\theta} - k\theta \qquad (5-2-14)$$

同样地，在罗尔斯社会福利最大化的情况下，该效用的正负性是不

确定的，它依赖于成本参数 c。如果

$$c \leqslant \frac{1 - l + 2ml}{4(\gamma/2 + \gamma/\theta + k\theta)}(1 - l)R^2 \qquad (5-2-15)$$

该效用为正。

（二）混合双寡头垄断

在混合寡头垄断市场下，假定其中一个博弈方是非营利性的，追求利润最大化的企业型孵化器与非营利性的事业型孵化器相互竞争。事业型孵化器的目标不是追求利润最大化，而是使市场占有率与利润的加权总和最大，使创业企业得到最好的孵化服务。

1. 第二阶段：质量选择

本部分研究在第二阶段中，相互竞争的孵化器如何确定其质量水平。事业型孵化器的目标函数是市场占有率与利润的加权之和，并分别以 $\alpha(\alpha \in (0,1))$ 和 $1 - \alpha$ 作为权重因子。因此，事业型孵化器的优化问题如下：

$$\max_{q_1} V_1 = \alpha x_1 + (1 - \alpha)\pi_1 \qquad (5-2-16)$$

而企业型孵化器追求利润最大化。因此达到纳什均衡时，事业型孵化器的均衡质量为：

$$q_1{}^* = \frac{\theta(p - k\theta)(1 - l)R}{4c\gamma} + \frac{(4c\gamma^2 + k\theta^2(1 - l)^2 R^2)\alpha\theta(1 - l)R}{8c\gamma(1 - \alpha)(2c\gamma^2 + k\theta^2(1 - l)^2 R^2)} + \frac{mlR}{2c}$$

$$\qquad (5-2-17)$$

企业型孵化器的均衡质量为：

$$q_2{}^* = \frac{\theta(p - k\theta)(1 - l)R}{4c\gamma} + \frac{\alpha k\theta^3(1 - l)^3 R^3}{8c\gamma(1 - \alpha)(2c\gamma^2 + k\theta^2(1 - l)^2 R^2)} + \frac{mlR}{2c}$$

$$\qquad (5-2-18)$$

由于：

$$q_1{}^* - q_2{}^* = \frac{\alpha\gamma\theta(1-l)R}{2(1-\alpha)(2c\gamma^2 + k\theta^2(1-l)^2R^2)} > 0 \qquad (5-2-19)$$

表明在纳什均衡中，事业型孵化器可以提供更高水平的孵化服务。根据公式（5-2-3）、公式（5-2-17）与公式（5-2-18）可以得到事业型孵化器的市场占有率：

$$x_1{}^* = \frac{\theta}{2} + \frac{\alpha\theta^2(1-l)^2R^2}{4(1-\alpha)(2c\gamma^2 + k\theta^2(1-l)^2R^2)} \qquad (5-2-20)$$

企业型孵化器的市场占有率为：

$$x_2{}^* = \frac{\theta}{2} - \frac{\alpha\theta^2(1-l)^2R^2}{4(1-\alpha)(2c\gamma^2 + k\theta^2(1-l)^2R^2)} \qquad (5-2-21)$$

2. 功利主义社会福利函数最大化

类似于公式（5-2-6），为使功利主义社会福利函数最大化，监管机构面临如下的优化问题：

$$\max_p W =$$
$$\theta\left\{\int_0^{\tilde{\Delta}}[q_1(1-l)R - p - \gamma\Delta]d\Delta + \int_{\tilde{\Delta}}^1[q_2(1-l)R - p - \gamma(1-\Delta)]d\Delta\right\} + \pi_1 + \pi_2 \qquad (5-2-22)$$

由该目标函数可以推导出福利最大时的价格：

$$p^W = \theta k + \gamma - \frac{\alpha}{2(1-\alpha)} \qquad (5-2-23)$$

对于给定的价格水平，均衡质量分别为：

$$q_1{}^W = \frac{\theta(1-l)R}{4c} + \frac{\alpha\gamma\theta(1-l)R}{4(1-\alpha)(2c\gamma^2 + k\theta^2(1-l)^2R^2)} + \frac{mlR}{2c}$$

$$(5-2-24)$$

和

$$q_2{}^W = \frac{\theta(1-l)R}{4c} - \frac{\alpha\gamma\theta(1-l)R}{4(1-\alpha)(2c\gamma^2 + k\theta^2(1-l)^2R^2)} + \frac{mlR}{2c}$$

$$(5-2-25)$$

位于 $\tilde{\Delta}$ 的创业企业的效用为：

$$U_{\tilde{\Delta}}{}^W = \frac{\theta(1-l)+2ml}{4c}(1-l)R^2 - \left(k\theta + \frac{3\gamma}{2}\right) + \frac{\alpha}{2(1-\alpha)} \quad (5-2-26)$$

在混合寡头垄断模型中，位于 $\tilde{\Delta}$ 的创业企业的效用不一定为正，因此市场不一定会被完全覆盖。因为孵化质量依赖于成本参数 c，所以当

$$c \leqslant \frac{\theta(1-l)+2ml}{(4k\theta+6\gamma)-2\alpha/(1-\alpha)}(1-l)R^2 \quad (5-2-27)$$

时，该效用大于等于 0。

3. 罗尔斯社会福利函数最大化

在这种情况下，监管机构的目标函数为：

$$\max_{p} R = U_{\tilde{\Delta}} - (\theta-1)p + \pi_1 + \pi_2 \quad (5-2-28)$$

由此推导出福利最大时的孵化价格 p^R：

$$p^R = k\theta + \frac{\gamma}{\theta} - \frac{\alpha}{2(1-\alpha)} \quad (5-2-29)$$

当罗尔斯主义的社会福利最大时，孵化器提供的均衡质量分别为：

$$q_1^{\ R} = \frac{(1-l)R}{4c} + \frac{\alpha\gamma\theta(1-l)R}{4(1-\alpha)(2c\gamma^2 + k\theta^2(1-l)^2R^2)} + \frac{mlR}{2c}$$

$$(5-2-30)$$

和

$$q_2^{\ R} = \frac{(1-l)R}{4c} - \frac{\alpha\gamma\theta(1-l)R}{4(1-\alpha)(2c\gamma^2 + k\theta^2(1-l)^2R^2)} + \frac{mlR}{2c}$$

$$(5-2-31)$$

位于 $\tilde{\Delta}$ 的创业企业的效用为：

$$U_{\tilde{\Delta}}^{\ R} = \frac{1-l+2ml}{4c}(1-l)R^2 - \left(k\theta + \frac{\gamma}{2} + \frac{\gamma}{\theta}\right) + \frac{\alpha}{2(1-\alpha)}$$

$$(5-2-32)$$

当 c 满足下述条件

$$c \leqslant \frac{(1-l+2ml)(1-l)R^2}{4(k\theta + \gamma/2 + \gamma/\theta) - 2\alpha/(1-\alpha)}$$

$$(5-2-33)$$

时，市场被完全覆盖。

三 均衡结果的比较

在搭建好两种寡头垄断竞争框架后，本部分主要对子博弈完美纳什均衡进行分析。首先，通过对比均衡质量、市场占有率、市场覆盖率、孵化价格和社会福利来比较两种市场制度，然后，比较不同福利标准下的相关指标。

1. 均衡质量和市场占有率

纯企业的双寡头垄断竞争模型中，两个孵化器均以追求利润最大化为目标；在混合双寡头垄断竞争模型中，存在事业型和企业型孵化器，事业型孵化器的目标是提供优质的孵化服务，扶持创业企业。为了吸引更多的创业企业，相对于企业型孵化器，事业型孵化器将提供更高的孵化水平。

命题 6：在混合双寡头垄断下，

（ⅰ）事业型孵化器提供的孵化质量高于企业型孵化器，因此 $q_1{}^* > q_2{}^* \ \forall \alpha \in (0,1)$；

（ⅱ）对于任意给定的价格，两种孵化器间的质量差异随着 α 的增加而增大，直到 α 达到临界值，即 $\partial q_1{}^* / \partial \alpha > 0$，$\partial q_2{}^* / \partial \alpha < 0$，其中：

$$\forall \alpha \in (0, (4c\gamma^2 + 2k\theta^2 (1-l)^2 R^2)/(4c\gamma^2 + 2k\theta^2 (1-l)^2 R^2 + \theta))$$

证明：

（ⅰ）由公式（5-2-17）和公式（5-2-18）可得：

$$q_1{}^* - q_2{}^* = \frac{\alpha\gamma\theta(1-l)R}{2(1-\alpha)(2c\gamma^2 + k\theta^2 (1-l)^2 R^2)} > 0 \quad \forall \alpha \in (0,1) \tag{5-2-34}$$

因此 $q_1{}^* > q_2{}^* \ \forall \alpha \in (0,1)$ 成立。

（ⅱ）当两个孵化器为创业企业提供的效用相同时，该企业位于 $\tilde{\Delta}$：

$$\tilde{\Delta} = \frac{1}{2} + \frac{\alpha\theta (1-l)^2 R^2}{4(1-\alpha)(2c\gamma^2 + k\theta^2 (1-l)^2 R^2)} \tag{5-2-35}$$

要使 $\tilde{\Delta} \leq 1$，α 必须位于区间 $(0, (4c\gamma^2 + 2k\theta^2 (1-l)^2 R^2)/(4c\gamma^2 + 2k\theta^2 (1-l)^2 R^2 + \theta))$ 内。如果 α 超过临界值，那么孵化质量将不再变化，因为此时孵化器已经服务于整个市场，它们不再有动机去改善孵化质量。

由于两种孵化器间的质量差异随 α 的增加而增大，根据公式（5-2-20）和公式（5-2-21），对于 $\forall \alpha \in (0,1)$，事业型孵化器占有更高的市场份额。而且事业型孵化器的市场占有率与 α 正相关，企业型孵化器的市场占有率与 α 负相关。这意味着随 α 的增加，事业型孵化器的市场占有率增加。当 $\alpha \geqslant (4c\gamma^2 + 2k\theta^2 (1-l)^2 R^2)/(4c\gamma^2 + 2k\theta^2 (1-l)^2 R^2 + \theta)$，事业型孵化器已经服务于整个市场，因此，即使 α 继续增加，其孵化质量也不会改善。对于企业型孵化器，当 $\alpha \geqslant (4c\gamma^2 + 2k\theta^2 (1-l)^2 R^2)/(4c\gamma^2 + 2k\theta^2 (1-l)^2 R^2 + \theta)$，即使孵化水平为正值，其市场占有率依旧为 0，因此，该孵化器不会提供正向的孵化水平。

命题 7：在混合寡头垄断模型中改善孵化质量的边际成本高于纯企业体系中的边际成本时，市场覆盖率也可达到 100%。

证明：

纯企业寡头垄断中，在功利主义社会福利最大的条件下，当

$$c \leqslant \frac{\theta(1-l) + 2ml}{4k\theta + 6\gamma}(1-l)R^2 \tag{5-2-36}$$

或在罗尔斯社会福利最大的条件下，当

$$c \leqslant \frac{1-l+2ml}{4(\gamma/2 + \gamma/\theta + k\theta)}(1-l)R^2 \tag{5-2-37}$$

时，市场可被完全覆盖。

混合寡头垄断中，在功利主义社会福利最大的条件下，当

$$c \leqslant \frac{\theta(1-l)+2ml}{(4k\theta+6\gamma)-2\alpha/(1-\alpha)}(1-l)R^2 \tag{5-2-38}$$

或在罗尔斯社会福利最大的条件下，当

$$c \leqslant \frac{(1-l+2ml)(1-l)R^2}{4(k\theta+\gamma/2+\gamma/\theta)-2\alpha/(1-\alpha)} \tag{5-2-39}$$

时，市场中的创业企业全部接受孵化。

在这两种情况下，混合寡头垄断中的成本上限高于纯企业垄断中的

成本上限，因此，在混合寡头垄断中，即使提高质量的成本很高，市场也可被完全覆盖。

2. 价格、利润和效用

由于相对于纯企业的双寡头垄断，事业型孵化器可接受较低的利润率，能以较低的价格达到一定的质量水平，这表明混合双寡头垄断中的孵化价格较低。

命题8：独立于监管机构的目标函数，

（ⅰ）纯企业的双寡头垄断中的孵化价格高于混合双寡头垄断中的价格；

（ⅱ）价格差随着非营利性系数的增加而增大，即 $\partial(p_{priv}-p_{mix})/\partial\alpha>0$。

证明：

（ⅰ）两种寡头垄断下的价格差异为：

$$dp = p_{priv} - p_{mix} = \frac{\alpha}{2(1-\alpha)} > 0 \quad \forall\alpha\in(0,1) \qquad (5-2-40)$$

（ⅱ）价格差对 α 的一阶导数为：

$$\frac{\partial\,dp}{\partial\alpha} = \frac{1}{2(1-\alpha)^2} > 0 \qquad (5-2-41)$$

这些结果表明，将孵化器私有化可在短期内降低社会成本，因为孵化器不再需要承担损失。但是，从长远来看，这可能导致较高的孵化费用，因此，这只是将财政负担从纳税人转向被保险人。

虽然在混合寡头垄断中，可用较低的价格获得较高的孵化质量，但是对社会福利的影响是不明确的。

命题9：在两个目标函数中，

（ⅰ）如果 $c > \theta(1-l)^2R^2(\gamma-2k\theta)/2\gamma^2$，那么纯企业寡头垄断下的社会福利高于混合寡头垄断下的社会福利；

（ⅱ）但不存在严格的帕累托减值。

证明：

（ⅰ）在两种寡头垄断下的福利差异为：

$$dW = W_{priv} - W_{mix} =$$

$$\frac{\theta^2\alpha^2(2c\gamma^2 + 2k\theta^2(1-l)^2R^2 - \gamma\theta(1-l)^2R^2)(1-l)^2R^2}{16(2c\gamma^2 + k\theta^2(1-l)^2R^2)^2(1-\alpha)^2} \quad (5-2-42)$$

当 $c > \theta(1-l)^2R^2(\gamma - 2k\theta)/2\gamma^2$ 时，dW 的值为正。

（ⅱ）因为对于任意 $\alpha \in (0,1)$，

$$d\pi = \sum \pi_{priv} - \sum \pi_{mix} =$$

$$\frac{\alpha\theta}{2(1-\alpha)}\Big[1 + \frac{(c\gamma^2\alpha\theta + \alpha k\theta^3(1-l)^2R^2)(1-l)^2R^2}{4(2c\gamma^2 + k\theta^2(1-l)^2R^2)^2(1-\alpha)}\Big] > 0 \quad (5-2-43)$$

恒成立，因此纯企业寡头垄断下的利润高于混合寡头垄断下的利润。但是，由于对于任意 $\alpha \in (0,1)$，

$$dU = \int U_{priv}d\Delta - \int U_{mix}d\Delta =$$

$$-\frac{\alpha\theta}{2(1-\alpha)}\Big[1 + \frac{\alpha\gamma\theta^2(1-l)^4R^4}{8(2c\gamma^2 + k\theta^2(1-l)^2R^2)^2(1-\alpha)}\Big] < 0 \quad (5-2-44)$$

恒成立，因此混合寡头垄断下创业企业的效用高于纯企业寡头垄断下的效用。

在混合寡头垄断下，较低的价格和较高的孵化水平导致成本变高、收入减少，由此导致利润降低。尽管价格较低，但是较高的孵化质量为创业企业带来了较高的效用。因子 c 对利润和创业企业的效用均产生影响，如若 c 足够大，使混合寡头垄断下的社会福利高于纯企业寡头垄断下的福利，那么就不存在严格的帕累托减值。

而且，在混合寡头垄断下，如果 α 足够小，事业型孵化器的利润比企业型孵化器的利润高。该结论在两种社会福利体系下均成立：当功利主义的社会福利最大时，需满足条件 $\alpha < \gamma/(\gamma + 1)$；当罗尔斯主义的社

会福利最大时，$\alpha < \gamma/(\gamma + \theta)$。

3. 功利主义与罗尔斯主义福利标准的对比

市场制度的不同导致均衡结果发生改变，同时，福利标准也对均衡结果产生影响。功利主义社会福利函数中包含了孵化器的利润和所有创业企业的效用，而罗尔斯主义社会福利函数只考虑孵化器的利润和效用最低的创业企业。

命题 10：在纯企业和混合寡头垄断竞争下，

（ⅰ）对于任意 $\theta > 1$，功利主义的孵化价格均高于罗尔斯主义的价格；

（ⅱ）但是，涉及位于 $\tilde{\Delta}$ 的创业企业的效用和孵化器的利润时，功利主义并不总是高于罗尔斯主义。

证明：

（ⅰ）在两种市场制度下，功利主义与罗尔斯主义下的价格差为：

$$dp = p^W - p^R = \frac{\gamma(\theta - 1)}{\theta} > 0 \quad \forall \theta > 1 \tag{5-2-45}$$

（ⅱ）位于 $\tilde{\Delta}$ 的创业企业的效用之差为：

$$dU = U_{\tilde{\Delta}}^W - U_{\tilde{\Delta}}^R = \frac{(\theta - 1)(\theta(1 - l)^2 R^2 - 4c\gamma)}{4c\theta} < 0$$

$$\theta \in \left(1, \frac{4c\gamma}{(1 - l)^2 R^2}\right) \tag{5-2-46}$$

利润之差为：

$$d\pi = \sum \pi^W - \sum \pi^R = \frac{(\theta - 1)(8c\gamma - (\theta + 1)(1 - l)^2 R^2)}{8c} > 0$$

$$\theta \in \left(1, \frac{8c\gamma}{(1 - l)^2 R^2} - 1\right) \tag{5-2-47}$$

命题 5 表明罗尔斯目标函数最大化可以降低孵化价格。当 $\theta \in (1, 4c\gamma/(1-l)^2 R^2)$，$dU$ 为负，$d\pi$ 为正，因此相对功利主义，罗尔斯目标函数对创业企业更有利，对孵化器不利。当 $\theta \in (8c\gamma/(1-l)^2 R^2 - 1, \infty)$ 时正相反。当 $\theta \in \left(\begin{array}{c} 4c\gamma/(1-l)^2 R^2, \\ 8c\gamma/(1-l)^2 R^2 - 1 \end{array} \right)$ 时，在功利主义社会福利最大时对创业企业和孵化器均有利。

第三节　利他主义下企业孵化器 多任务激励

非营利性组织，特别是在医疗保健和教育市场，往往由于监管下的利润限制或非营利地位，被视为对消费者是利他的（Altruistic）。在卫生保健供给方面的文献，一种被广泛应用的假设认为，医疗保健的提供者（例如医生和护士）至少在一定程度上是利他的。经验证据也表明，利他主义动机是医护人员工作的重要组成部分，其中工作满意度取决于金钱与非金钱方面的组合运用。尽管科技企业孵化器分类有很多种，其中最有效的一种分类是将孵化器分为四类：公共非营利性孵化器、私人独立营利性孵化器、大学孵化器、私人公司营利性质孵化器。世界上最大一类的孵化器是非营利性组织，美国运营的孵化器甚至 94% 是非营利性的，营利性的孵化器只占 6%。Totterman 等认为，孵化器要以非营利为目的，这样才能形成"鼓励创业、宽容失败"的文化氛围，推动创业创新文化的健康发展。从我国的实践来看，占主导地位的也是非营利性孵化器，《国家科技企业孵化器"十二五"发展规划》明确指出要"坚持孵化服务的社会公益目标"，"鼓励社会资本投资兴办孵化器，在保持孵化器公益性基础上，探索孵化器可持续发展的运营模式"，"进一步发挥孵化器平台的公益性、普惠性和持续性作用，并体现公共财政投入的实效性"。从《国家科技企业孵化器"十二五"发展规划》可以看出，我国强调孵化器的公益性（非营利性）。因此，作为非营利性组织的孵化器，利他主义因素是孵化器激励中应考虑的一个重要因素。

Holmstrom 和 Milgrom 在 1987 年提出了线性委托代理模型，在此基础上，于 1991 年构建了多任务委托代理模型。该模型证明在代理人从事多项工作时，从简单的委托代理模型得出的结论是不适用的，这为多任务委托代理模型下孵化器激励机制研究提供了分析工具。Besley 和 Ghatak 研究了政府公共机构和私人非营利性组织机构的激励问题，强调委托人与代理人使命偏好匹配以促进组织的效率。作者整合了非营利性组织和政府的多任务激励模型，研究了组织目标非一致性下如何发挥制度设计作用。公共部门代理人的激励问题也得到广泛研究（Besley 和 Ghatak，Halonen-Akatwijuka 和 Propper，Makris），基于利他主义的医疗机构激励研究受到重视，Kaarboe 和 Siciliani 提出了考虑利他主义下医疗机构有两种质量维度的激励模型。Gstraunthaler 讨论了孵化器经理在面临公共和私人股东双重压力下，孵化器的任务、行为和激励问题。

一方面，非营利性科技企业孵化器应具有非营利性组织的一般属性，即可认为非营利性孵化器的工作人员是利他的；另一方面，科技企业孵化器面临着多重任务，主要有硬件建设（扩大孵化规模，为更多的创业企业提供服务，是服务数量方面的要求）、软件建设（提升孵化服务水平，培养更多成功的创业企业和企业家，是服务质量方面的要求）、品牌建设（吸引社会资本和创投为创业企业成长提供支持）。在多元资本和多元管理体制下，需要综合考虑孵化器非营利性组织属性和多任务行为，设计孵化器经理的激励契约。

一　利他主义下孵化器多任务激励模型

在科技企业孵化器运营过程中，孵化器经理面临着多重的任务，主要有硬件建设、软件建设、品牌建设等，硬件建设的努力容易观测到，而软件建设和品牌建设的努力不易观测到。孵化器经理的不同任务具有替代性或互补性。扩大孵化规模（数量）与提升孵化成功率（质量）间具有一定的替代性，扩大孵化规模与孵化器品牌建设间也具有一定的互补性，提升孵化成功率与孵化器品牌建设间也具有一定的互补性。上述各项任务都为一个目的：提升孵化器的整体孵化质量。这里孵化器经理的任务简化为两类，其质量分为可测量与不可测量两个维度，分别用 q_1 和 q_2 表示，这两个质量维度可能互补，也可能相互替代，孵化器对创业企业的收费价格与所提供的服务相匹配，创业企业的效益随孵化质量的提高而增加。

1. 科技企业孵化器

假设孵化器经理提高孵化质量的努力程度负效用为 $\varphi(q_1,q_2)$，负效用函数是质量单调递增的严格凸函数：$\varphi_{q_i} > 0, \varphi_{q_iq_i} > 0$　$i = 1,2$，其中 $\varphi_{q_i} = \partial\varphi_i/\partial q_i, \varphi_{q_iq_i} = \partial^2\varphi_i/\partial q_i^2$。如果两个质量维度相互替代（互补），那么可观测的质量维度 q_1 的提高会导致不可观测的质量维度 q_2 的边际负效用增加（降低），即 $\varphi_{q_2q_1} > 0$（$\varphi_{q_2q_1} < 0$），并假定 $\varphi_{q_1}(0,q_2) = \varphi_{q_2}(q_1,0) = 0$。创业企业进入孵化器进行孵化，其效益函数为 $B(q_1,q_2)$，它是随质量单调递增的凹函数：$B_{q_i} > 0, B_{q_iq_i} \leqslant 0$　$i = 1,2$。如果 $B_{q_1q_2} < 0$（$B_{q_1q_2} > 0$），那么可观测的质量维度 q_1 的增加会使不可观测的质量维度 q_2 的边际效益降低（增加），表明两个质量维度相互替代（互补）。为简化起见，假定孵化器负效用函数和创业企业效益函数的三阶导数为0。

假设孵化器的激励机制仅依赖于可测量的质量维度 q_1，即创业企业支付的报酬仅取决于 q_1（孵化器提供的可测量服务），而孵化器进行品牌建设吸引创投对其内的创业企业进行投融资的服务属于不可测量的质量维度，创业企业不必缴费。进一步假设可测量质量 q_1 的单位价格为 p（$p \geqslant 0$），创业企业在孵化器内的税率为 t，政府对孵化器进行财政返还比率为 l，根据孵化器的非营利组织属性，假设孵化器是半利他性的，利他程度以参数 α 衡量。孵化器的效用来源于四个方面：收取创业企业缴纳的各种费用和创业企业成功后上缴利税的财政返还，并加上创业企业成功后由于利他主义因素导致的孵化器效用，减去孵化器努力的负效用。因此，孵化器的效用函数可写为：

$$U = pq_1 + (\alpha + tl)B(q_1,q_2) - \varphi(q_1,q_2) \tag{5-3-1}$$

公式（5-3-1）中，孵化器的边际效用随某项服务的增加而降低，即 $U_{q_1q_1} < 0$，$U_{q_2q_2} < 0$。若孵化器提供的两种服务是替代的，则 $U_{q_1q_2} < 0$，若孵化器提供的两种服务是互补的，则 $U_{q_1q_2} > 0$。

假设达到均衡状态时 $q_1 > 0$ 且 $q_2 > 0$，令 U 对 q_1、q_2 的一阶导数为0，有：

$$p + (\alpha + tl)B_{q_1}(q_1, q_2) = \varphi_{q_1}(q_1, q_2) \tag{5-3-2}$$

$$(\alpha + tl)B_{q_2}(q_1, q_2) = \varphi_{q_2}(q_1, q_2) \tag{5-3-3}$$

由公式（5-3-2）和公式（5-3-3）可以得到最优孵化质量。当 $U_{q_1q_1}U_{q_2q_2} - U_{q_2q_1}^2 > 0$ 时，有：

$$\frac{\partial q_1}{\partial p} = \frac{-(\alpha + tl)B_{q_2q_2} + \varphi_{q_2q_2}}{U_{q_1q_1}U_{q_2q_2} - U_{q_2q_1}^2} > 0 \tag{5-3-4}$$

$$\frac{\partial q_2}{\partial p} = \frac{(\alpha + tl)B_{q_1q_2} - \varphi_{q_1q_2}}{U_{q_1q_1}U_{q_2q_2} - U_{q_2q_1}^2} \tag{5-3-5}$$

$$\frac{\partial q_1}{\partial \alpha} = \frac{U_{q_1q_2}B_{q_2} - U_{q_2q_2}B_{q_1}}{U_{q_1q_1}U_{q_2q_2} - U_{q_2q_1}^2} \tag{5-3-6}$$

$$\frac{\partial q_2}{\partial \alpha} = \frac{U_{q_1q_1}B_{q_2} - U_{q_2q_1}B_{q_1}}{U_{q_1q_1}U_{q_2q_2} - U_{q_2q_1}^2} \tag{5-3-7}$$

定义1：如果 $\varphi_{q_1q_2} > 0$ 且 $B_{q_1q_2} < 0$，科技企业孵化器提供两个服务质量互为替代品；如果 $B_{q_1q_2} = \varphi_{q_1q_2} = 0$，二者相互独立；如果 $\varphi_{q_1q_2} < 0$ 且 $B_{q_1q_2} > 0$，二者为互补品。

由公式（5-3-4）可以看出，可观测的服务质量维度 q_1 随着孵化器对创业企业服务的收费价格 p 的增加而增加。以硬件建设为例，若收费价格 p 上涨，孵化器会加强对硬件建设的投入，使硬件建设的质量提升。这种现象往往发生于孵化器的初创阶段，此时孵化器的主要任务是进行硬件建设，扩大孵化规模，因此，应大力激励孵化器管理者进行硬件建设，努力引入创业企业的行为。

若两个质量维度为替代品（互补品），结合定义1，公式（5-3-5）中 $\partial q_2/\partial p < 0$（$\partial q_2/\partial p > 0$），此时孵化器对创业企业服务收费价格 p 的增加会使不可观测的服务质量维度 q_2 降低（提高）。假如两个质量维度 q_1 与 q_2 间有一定的替代性，以硬件建设和软件建设为例，当收费价格 p 增加时，硬件建设水平增加，由于硬件建设与软件建设两种任务具有一定的替代性，软件建设质量下降，这一现象常见于孵化器的初创阶段，在该阶段硬件水平的提升某种程度上是以牺牲一定的软件建设水平为代价的。从公式（5-3-5）还可以看出，$(\alpha + tl)B_{q_1q_2} - \varphi_{q_1q_2}$ 决定了两个质量维度的关系：如果 $B_{q_1q_2} > 0$ 且 $\varphi_{q_1q_2} > 0$，那么 $(\alpha + tl)B_{q_1q_2} - \varphi_{q_1q_2}$ 的正负由 $B_{q_1q_2}$ 与 $\varphi_{q_1q_2}$ 的相对大小来衡量。

由公式（5-3-6）和公式（5-3-7）可以看出，当两个质量维度可相互替代时，无法确定 $\partial q_1/\partial \alpha$ 与 $\partial q_2/\partial \alpha$ 的正负，其正负由分子来决定。当两个质量维度相互补时，公式（5-3-6）的分子 $U_{q_1q_2}B_{q_2} - U_{q_2q_2}B_{q_1} > 0$，可得 $\partial q_1/\partial \alpha > 0$；公式（5-3-7）的分子 $U_{q_1q_1}B_{q_2} - U_{q_2q_1}B_{q_1} < 0$，可得 $\partial q_2/\partial \alpha < 0$。表明随利他程度 α 的增加，可观测的孵化器提供服务质量维度 q_1 增加，不可观测的孵化器提供服务质量维度 q_2 减少。以硬件建设与品牌建设为例，当利他性程度 α 增加时，会使硬件质量提升，品牌建设的质量水平下降。由于硬件建设与品牌建设两种任务具有一定的互补性，硬件建设水平的提升有助于孵化器管理者进行品牌建设，品牌建设的下降同样会降低孵化器的硬件建设水平。因此孵化器监管者应综合考虑孵化器利他程度与任务的互补性，促使孵化器保持适当利他程度，使孵化器的硬件建设与品牌建设水平达到均衡状态，进而使孵化器的资源配置达到最优水平。

引理1：假定 $\varphi_{q_1q_2} > 0$ 且 $B_{q_1q_2} < 0$，或 $(\alpha + tl)B_{q_1q_2} - \varphi_{q_1q_2} < 0$，那么 $\partial q_2/\partial p < 0$，并且 $\exists p = \bar{p}$ 使得 $q_2 = 0$（$\forall p \geqslant \bar{p}$）。

证明：由于 $(\alpha + tl)B_{q_1q_2} - \varphi_{q_1q_2} < 0$，由公式（5-3-5）可以看出 $\partial q_2/\partial p < 0$，即不可观测的质量维度 q_2 随着孵化器对创业企业服务的收费价格 p 的增加而降低，所以当收费价格 p 足够高时，$q_2 = 0$。

该引理表明，如果孵化器对创业企业服务的收费价格 p 足够高并且两个质量维度为替代品，那么 $q_2 = 0$。以硬件建设和软件建设为例，如果孵化器的服务价格足够高，那么孵化器没有进行软件建设的动力，这也启示孵化器监管者应适度降低孵化器提供服务的价格水平，激励孵化器进行提升服务水平的软件建设。

2. 创业企业

创业企业的效用函数为在孵化器内上缴利税的收益减去支付给孵化器提供服务的费用，创业企业的效用函数可以写为 $(1 - t)B(q_1, q_2)$

$-pq_1$，要使创业企业的效用最大化，必须同时满足孵化器的参与约束条件 U≥0，因此问题转变为如何最大化孵化器与创业企业的期望效用之和：

$$\max_{p \geq 0} W = (1 + \alpha + tl - t)B(q_1(p), q_2(p)) - \varphi(q_1(p), q_2(p))$$

$$(5-3-8)$$

并满足条件：

$$p + (\alpha + tl)B_{q_1}(q_1, q_2) - \varphi_{q_1}(q_1, q_2) \leq 0 \quad q_1 \geq 0 \qquad (5-3-9)$$

$$(\alpha + tl)B_{q_2}(q_1, q_2) - \varphi_{q_2}(q_1, q_2) \leq 0 \quad q_2 \geq 0 \qquad (5-3-10)$$

如果 $q_2 \geq 0$ 不受严格等式的约束，令 W 对 p 的一阶导数为 0，有：

$$\frac{dW(q_1(p), q_2(p))}{dp} = [(1 + \alpha + tl - t)B_{q_1} - \varphi_{q_1}] \frac{\partial q_1}{\partial p} +$$

$$[(1 + \alpha + tl - t)B_{q_2} - \varphi_{q_2}] \frac{\partial q_2}{\partial p} = 0 \qquad (5-3-11)$$

由公式（5-3-11），可以得到孵化器提供的最优服务价格水平：

$$p^* = (1 - t)B_{q_1} + (1 - t)B_{q_2} \frac{\partial q_2/\partial p}{\partial q_1/\partial p} \qquad (5-3-12)$$

利用式（5-3-4）和公式（5-3-5），可以将公式（5-3-12）改写为：

$$p^* = (1 - t)B_{q_1} - (1 - t)B_{q_2} \frac{\varphi_{q_1 q_2} - (\alpha + tl)B_{q_1 q_2}}{\varphi_{q_2 q_2} - (\alpha + tl)B_{q_2 q_2}} \qquad (5-3-13)$$

公式（5-3-13）表明，如果科技企业孵化器提供的两个服务质量互为替代品，那么 $p^* < (1-t)B_{q_1}(q_1(p^*), q_2(p^*))$；如果两个维度相互独立，那么 $p^* = (1-t)B_{q_1}(q_1(p^*), q_2(p^*))$；如果两个质量维度互补，那么 $p^* > (1-t)B_{q_1}(q_1(p^*), q_2(p^*))$。

利用引理 1，可得：

$$\frac{dW(q_1(p), q_2(p))}{dp}\Big|_{p \geq \bar{p}} = [(1+\alpha+tl-t)B_{q_1} - \varphi_{q_1}](\partial q_1/\partial p) \begin{matrix} > \\ < \end{matrix} 0 \tag{5-3-14}$$

公式（5-3-14）表明当 $p > \bar{p}$，$q_2 = 0$ 时，可观测的质量维度 q_1 对创业企业的边际收益大于边际负效用时，若 $\alpha > t - tl$，此时价格的增加可以增加总效用；可观测的质量维度 q_1 对创业企业的边际收益小于边际负效用时，若 $\alpha < t - tl$，此时价格的增加将降低总效用。这也反映出孵化器利他程度 α 间接影响着价格对总效用的作用方向。设 $p = \bar{p}$ 为总效用函数的不动点，则 $\bar{p}$ 满足以下公式：

$$\tilde{p} = \arg_{p \geq \bar{p}}\left\{\frac{dW(q_1(p), q_2(p) = 0)}{dp}\right\} = 0 \tag{5-3-15}$$

二 孵化器激励机制发挥作用的条件

孵化器最优收费价格 p^* 满足公式（5-3-13），基于 p^* 对孵化器激励机制作用强弱进行定义。

定义 2：如果 $p < (1-t)B_{q_1}$，孵化器激励机制的激励作用很弱；如果 $p \geq (1-t)B_{q_1}$，孵化器激励机制的激励作用很强；如果 $p = 0$，激励机制无效。

由于孵化器提供服务质量维度 q_2 不可测量，定义 p^{sb} 为次优价格。命题 11—13 阐明了激励作用强或弱的发生条件。

命题 11：假定（ⅰ）可观测的质量维度 q_1 与不可观测的质量维度 q_2 可相互替代；（ⅱ）$dW(q_1(p), q_2(p) = 0)/dp \mid_{p = \bar{p}} < 0$，则：

$$p^{sb} = \max\left\{0, p^* = (1-t)B_{q_1} - (1-t)B_{q_2}\frac{\varphi_{q_1q_2} - (\alpha + tl)B_{q_1q_2}}{-(\alpha + tl)B_{q_2q_2} + \varphi_{q_2q_2}}\right\} <$$

$$(1-t)B_{q_1} \tag{5-3-16}$$

此时激励机制的激励作用很弱或无效。

证明：由于：

$$\frac{dW(q_1(p), q_2(p))}{dp}\Big|_{p < \bar{p}} = [(1 + \alpha + tl - t)B_{q_1} - \varphi_{q_1}]\frac{\partial q_1}{\partial p} +$$

$$[(1 + \alpha + tl - t)B_{q_2} - \varphi_{q_2}]\frac{\partial q_2}{\partial p} \tag{5-3-17}$$

并且

$$p + (\alpha + tl)B_{q_1}(q_1, q_2) = \varphi_{q_1}(q_1, q_2) \tag{5-3-18}$$

$$(\alpha + tl)B_{q_2}(q_1, q_2) = \varphi_{q_2}(q_1, q_2) \text{ z} \tag{5-3-19}$$

可以得到：

$$\frac{dW(q_1(p), q_2(p))}{dp}\Big|_{p < \bar{p}} = ((1-t)B_{q_1} - p)\frac{\partial q_1}{\partial p} + (1-t)B_{q_2}\frac{\partial q_2}{\partial p}$$

$$\tag{5-3-20}$$

令 $\dfrac{dW(q_1(p), q_2(p))}{dp}\Big|_{p < \bar{p}} = 0$， $\tag{5-3-21}$

得到 $p^* = (1-t)B_{q_1} - (1-t)B_{q_2}\dfrac{\varphi_{q_1q_2} - (\alpha + tl)B_{q_1q_2}}{\varphi_{q_2q_2} - (\alpha + tl)B_{q_2q_2}}$。 $\tag{5-3-22}$

命题 11 表明条件（ⅰ）（ⅱ）同时满足时，最优激励机制的激励作用很弱。条件（ⅱ）说明当 $p = \bar{p}$，$q_2 = 0$ 时，孵化器提供服务收费价格 p 与提供服务质量 q_1 的增加会降低总效用，这种情况下，服务收费价格水平对孵化器的激励作用较弱，因为过高的孵化器服务价格会挤出不可测量的服务质量 q_2，而且无法保证

$$B_{q_1} > B_{q_2} \frac{\varphi_{q_1 q_2} - (\alpha + tl) B_{q_1 q_2}}{-(\alpha + tl) B_{q_2 q_2} + \varphi_{q_2 q_2}} \tag{5-3-23}$$

即有可能：

$$B_{q_1} < B_{q_2} \frac{\varphi_{q_1 q_2} - (\alpha + tl) B_{q_1 q_2}}{-(\alpha + tl) B_{q_2 q_2} + \varphi_{q_2 q_2}} \tag{5-3-24}$$

在这种情况下，最优激励机制无效（最优价格等于 0）。

引理 1 以软硬件建设为例，说明了如果孵化器对创业企业服务的收费价格 p 足够高并且两个服务质量维度为替代品，那么孵化器没有进行软件建设的动力。在命题 11 中，总效用函数随着收费价格 p 与硬件建设水平 q_1 的增加而降低，此时孵化器缺少提升硬件建设与软件建设的动力，孵化器激励机制的激励作用很弱，这启示孵化器监管者要合理控制孵化器提供孵化服务的价格水平，促使孵化器对软硬件建设的投资维持在合理水平，进一步提升孵化器的整体质量水平。

由命题 11 还可以看出，税率和财政返还比率也会对最优激励机制产生影响。当其他条件保持不变时，孵化器服务价格对财政返还比率与税率求偏导，有：

$$\frac{\partial p}{\partial l} = -t(1-t) B_{q_2} \frac{B_{q_2 q_2} \varphi_{q_1 q_2} - B_{q_1 q_2} \varphi_{q_2 q_2}}{U_{q_2 q_2}{}^2} \tag{5-3-25}$$

$$\frac{\partial p}{\partial t} = -B_{q_1} + B_{q_2} \frac{U_{q_1 q_2}}{U_{q_2 q_2}} + l(1-t) B_{q_2} \frac{B_{q_2 q_2} U_{q_1 q_2} - B_{q_1 q_2} U_{q_2 q_2}}{U_{q_2 q_2}{}^2} \tag{5-3-26}$$

　　由公式（5－3－25）可以看出，孵化器提供服务收费价格 p 与财政返还比率 l 间的变动关系主要取决于 $B_{q_2q_2}\varphi_{q_1q_2} - B_{q_1q_2}\varphi_{q_2q_2}$ 的大小。当两个质量维度间有一定的替代性时，$B_{q_2q_2}\varphi_{q_1q_2} > B_{q_1q_2}\varphi_{q_2q_2}$ 的情形往往发生于不可测量的质量维度 q_2 对创业企业不太重要，但提高 q_2 的努力水平对孵化器的负效用又很大时，此时 $\partial p/\partial l < 0$，即孵化器对创业企业的收费价格 p 随财政返还比率 l 的增加而减少。以硬件建设和软件建设为例，当软件建设对创业企业不太重要且提升软件建设的努力水平的负效用较高时，孵化器没有进行软件建设的动力，而是着力于提升硬件建设水平，若财政返还比率增加，将降低孵化器的孵化成本，因此收费价格降低。而 $B_{q_2q_2}\varphi_{q_1q_2} < B_{q_1q_2}\varphi_{q_2q_2}$ 的情形往往发生于不可测量的服务质量维度 q_2 对创业企业很重要，且提高 q_2 的努力水平对孵化器的负效用不大时，此时 $\partial p/\partial l > 0$，即孵化器对创业企业的收费价格 p 随财政返还比率 l 的增加而增加。以硬件建设和软件建设为例，当软件建设水平对创业企业很重要，且提高软件建设水平的负效用不大时，孵化器将着力于提升软件建设水平，由于硬件建设与软件建设间有一定的替代性，软件建设水平的提升是以牺牲一定的硬件水平为代价的，此时若财政返还比率增加会使孵化器资金增加，增加的资金将有助于提升硬件建设水平，因此孵化器对创业企业的收费价格提升。

　　由公式（5－3－26）可以看出，当 $B_{q_2q_2}\varphi_{q_1q_2} > B_{q_1q_2}\varphi_{q_2q_2}$ 且孵化器激励机制的激励作用不大时，有 $\partial p/\partial t < 0$，即孵化器对创业企业的收费价格 p 随税率 t 的增加而减少。以硬件建设和软件建设为例，当软件建设对创业企业不太重要且提升软件建设的努力水平的负效用较高时，孵化器没有进行软件建设的动力，当孵化器激励机制的激励作用不大时，也会降低孵化器对硬件建设的积极性，若此时提高税率 t，降低了创业企业的收益，一定程度上打击了创业者的积极性，为了提升创业企业努力水平，孵化器将降低服务收费价格以补偿因税率增加导致的创业企业收益损失。

　　命题12：假定：（ⅰ）可观测的质量维度 q_1 与不可观测的质量维度 q_2 可相互替代；（ⅱ）$dW(q_1(p),q_2(p) = 0)/dp\,|_{p=\bar{p}} > 0$；（ⅲ）$W(\tilde{p}) > W(p^*)$ 或 $W(\tilde{p}) > W(p = 0)$，那么 $p^{sb} = \tilde{p} = (1-t)B_{q_1}$。此时激励机制的激励作用很强。

证明：由于

$$\frac{dW(q_1(p),q_2(p))}{dp}\Big|_{p\geqslant \tilde{p}} = [(1+\alpha+tl-t)B_{q_1} - \varphi_{q_1}](\partial q_1/\partial p) \tag{5-3-27}$$

$$p + (\alpha+tl)B_{q_1}(q_1,q_2) = \varphi_{q_1}(q_1,q_2) \tag{5-3-28}$$

可以得到：

$$\frac{dW(q_1(p),q_2(p))}{dp}\Big|_{p\geqslant \tilde{p}} = [(1-t)B_{q_1} - p](\partial q_1/\partial p) \tag{5-3-29}$$

$$\diamondsuit \frac{dW(q_1(p),q_2(p))}{dp}\Big|_{p\geqslant \tilde{p}} = 0, \tag{5-3-30}$$

可以得到：

$$\tilde{p} = (1-t)B_{q_1} \tag{5-3-31}$$

命题12中条件（ⅱ）确保了当 $q_2 = 0$，$p \in (\tilde{p},\tilde{\tilde{p}}]$ 时，总效用随价格的增加而增加。条件（ⅲ）确保了 $p = \tilde{p}$ 是最大值。相对于 q_1、q_2 较小，且 $p < (1-t)B_{q_1}$ 的方案，当 $q_2 = 0$，q_1 很大，且 $p = (1-t)B_{q_1}$ 时的方案对创业企业更有利。

命题12中 $q_2 = 0$，总效用函数随着收费价格 p 与硬件建设水平 q_1 的增加而增加，此时孵化器会提高收费价格，将全部资金投入硬件建设，因而孵化器激励机制的激励作用很强。这一现象往往发生于孵化器的初创阶段，在该阶段孵化器有效资金不足，无法兼顾对硬件建设水平与软件建设水平的提升，只能以牺牲软件建设水平为代价，提升硬件建设水平，促进总效用的提升。

命题13：假定两个质量维度互补，那么：

$$p^{sb} = p^* = (1-t)B_{q_1} + (1-t)B_{q_2} \frac{-\varphi_{q_1q_2} + (\alpha + tl)B_{q_1q_2}}{\varphi_{q_2q_2} - (\alpha + tl)B_{q_2q_2}} > (1-t)B_{q_1}$$

$$(5-3-32)$$

此时激励机制的激励作用很强。

证明：由于 $q_2 > 0$ ，所以 $p \neq \tilde{p}$ ，可以得到：

$$p^{sb} = p^* = (1-t)B_{q_1} + (1-t)B_{q_2} \frac{-\varphi_{q_1q_2} + (\alpha + tl)B_{q_1q_2}}{\varphi_{q_2q_2} - (\alpha + tl)B_{q_2q_2}} > (1-t)B_{q_1}$$

$$(5-3-33)$$

在命题 13 中，由于孵化器提供两个服务质量互补，收费价格上涨会促使 q_1 与 q_2 同时增加，而且总效用也得到改善。以硬件建设和品牌建设为例，孵化价格提高有助于孵化器资金的改善，孵化器有资金能力提高硬件建设与品牌建设的质量，而质量的提高增加了边际收益，这促使价格进一步上涨。若仅从两个互补的质量维度来考虑，孵化器监管者应尽可能地提高收费价格，以使总效用增加，但由于具有一定替代性的质量维度的存在，价格的过分提高将导致替代性的质量维度被挤出，损害整体效用，孵化器对创业企业的收费价格应控制在合理范围内，不宜过高或过低。

第四节　本章小结

一　软预算约束下的科技企业孵化器竞争

本章探析了科技企业孵化器之间出现竞争的新现象，探讨了科技企业孵化器这样一种具有非营利性组织和科技中介组织具有的软预算约束特点，深入分析科技企业孵化器之间的竞争特点，建立了基于软预算约束的非营利性科技企业孵化器竞争模型，研究了纳什均衡中财政返还比率、软预算约束程度、没收利润、竞争强度和孵化价格对均衡孵化质量、均衡成本控制努力程度的影响，并分析了科技企业孵化器的最优策略。

通过模型推导，得出以下结论。

政府对科技企业孵化器财政返还比率的提高促进均衡孵化质量的提升，但对科技企业孵化器成本控制的努力程度没有影响。软预算约束导致科技企业孵化器成本控制的努力降低，但对均衡质量的影响不确定。如果科技企业孵化器成本控制努力程度的负效用足够高，那么软预算与孵化质量呈正相关关系。软预算约束下，科技企业孵化器利润被没收的概率提高，会使孵化器均衡孵化质量与成本控制的努力程度均降低。科技企业孵化器间的竞争强度增加或孵化收费水平提高对成本控制的努力水平没有影响，但是会导致更高的均衡孵化质量。严格的无救助政策、无利润没收政策的实施，以及合理的孵化价格会使最优策略得以实现。

二　混合寡头垄断下科技企业孵化器质量竞争

在混合寡头垄断下科技企业孵化器质量竞争研究中，本章建立了孵化器竞争的两阶段博弈模型。在第一阶段，监管机构根据不同的福利标准确定相应的价格；在第二阶段，两个孵化器同时选择各自的孵化质量。

首先分析了纯企业和混合孵化器竞争时的利润和市场占有率。在混合寡头垄断的情况下，事业型孵化器不仅使利润最大化，而且最大限度地提高了市场占有率。结果表明事业型孵化器降低了孵化价格，而且，其均衡质量高于企业型孵化器。随着事业型孵化器目标函数中利润的权重降低（α增加），均衡质量的差值增加。均衡质量的差值随着α的变化而变化，同样地，α对市场占有率也产生影响。当α足够高时，市场上将只存在事业型孵化器，因为此时二者质量相差很大，足以使事业型孵化器完全占领市场。

然后，分析了两种垄断制度下的市场覆盖率。在混合寡头垄断下，市场覆盖率更容易达到100%，即质量成本达到一定水平时，市场可被完全覆盖，但是在该成本下，纯企业寡头垄断下仍有创业企业没有得到孵化。在两种垄断制度下，社会福利的高低是不明确的。但即使混合垄断制度下的社会福利较低也是因为其消费者剩余较高，而纯企业孵化器垄断下，生产者剩余更大。

最后，分析了不同的福利标准。在功利主义社会福利函数下，监管机构的目标是使孵化器和创业企业的盈余之和最大；而罗尔斯主义的社会福利最大,是孵化器利润与效用最低的创业企业的效用之和最大。结果表明,罗尔斯目标函数可使孵化费用降低,但是,较低的孵化费用导致孵化质量也下降,因此,这对创业企业效用和孵化器利润的影响都是不确定的。该影响依赖于市场规模 θ,在不同的福利体系下,分别产生较高的创业企业效用或较高的孵化器利润。

三 利他主义下科技企业孵化器多任务激励

从实践上看,非营利性科技企业孵化器无论在全球还是我国均占主导地位。基于这一事实基础,本章将利他主义因素纳入科技企业孵化器工作人员行为中,构建利他主义下科技企业孵化器多任务激励模型,研究其最优契约,探讨了利他程度、税率、财政返还比率、任务的替代与互补性等因素对孵化器激励机制发挥作用的影响。研究结果表明:

当孵化器提供的可测量的服务质量维度与不可测量的服务质量维度间有一定的替代性,并且不可测量的服务质量维度比可测量的服务质量维度重要时,孵化器监管者不应引入激励机制,并且孵化器对创业企业的收费价格随财政返还比率的增加而增加。

当孵化器提供的可测量的服务质量维度与不可测量的服务质量维度间有一定的替代性,可测量的服务质量维度很重要,并且孵化器对创业企业的收费价格过高(激励机制过强)会导致总效用降低时,低效的激励机制是最优的,此时孵化器对创业企业的收费价格随财政返还比率、税率的增加而降低。孵化器监管者应合理控制孵化服务的收费价格,力求孵化器的资源配置达到最优。

当孵化器提供的可测量的服务质量维度与不可测量的服务质量维度间有一定的替代性,可测量的服务质量维度很重要,并且随着孵化器对创业企业的收费价格的上涨,总效用持续增加时,高效的激励机制是最优的。此时,孵化器监管者应引入高效的激励机制。

当孵化器提供的可测量的服务质量维度与不可测量的服务质量维度互补时,高效的激励机制是最优的,此时孵化器监管者应引入高效的激励机制,提高孵化器对创业企业的收费价格和两个服务质量的水平,但过高的价格可能挤出替代性的服务质量,因此孵化器对创业企业的收费价格应控制在合理范围内,不宜过高或过低。

　　本章的研究仍有不足之处。本章的研究假定孵化器不可以根据需求的波动调节质量和成本控制的努力程度，在实际中，当市场需求发生较大波动时，通常伴随着孵化质量和成本控制努力程度的调整。而且，在软预算约束下科技企业孵化器竞争模型中假定孵化器利润最大化，该假设虽然便于分析，但可能无法全面反映非营利孵化器的特点。在实际中，非营利孵化器已逐渐占据主导地位，非营利孵化器的特点是需要进一步深入研究的问题。另外，孵化器对创业企业的收费价格与所提供的服务不相匹配的情况，还需要进一步研究。

第 六 章

企业孵化器和风险投资的知识
合作机制研究

　　企业孵化器是培育中小企业的机构。它们提供基础设施、技术和相关服务，以促进技术创新，并帮助新创企业在早期阶段生存（Salvador，2011）。企业孵化器起源于20世纪50年代，孵化器的数量和能力不断增加（Mian 等，2016）。Schwartz（2013）比较了371家孵化企业"毕业"后的生存率和371家未孵化企业的生存率。结果表明，孵化企业的生存率高于孵化器以外的企业。大量研究表明，孵化器在降低新创企业失败率方面具有重要意义，因为它们从孵化器中获得了必要的资源（Colombo 和Delmastro，2002；Somsuk 等，2012；Mas-Verdú 等，2015；Albort-Morant 和Oghazi，2016）。

　　到目前为止，已经有许多企业孵化器为新创企业提供服务，并成功地将许多新创企业孵化出来。然而，在调查和采访了新创企业的管理者之后，Tang 等（2014）发现孵化器擅长提供有形基础设施和行政支持，但在提供资金、战略或其他无形资源方面无效。因此，新创企业需要寻求风险投资等金融帮助。风险投资公司为新创企业提供资金，支持新创企业的增值活动（Sapienza 和 Gupta，1994；Croce 等，2013）。

　　如上所述，孵化器的资源支持和风险投资者的资金支持有助于新创企业的发展。一般来说，孵化器越来越有可能与风险投资者合作，在这一领域建立新的业务关系。《国家科技企业孵化器"十三五"发展规划》提出：到"十三五"末，国家级孵化器和国家备案众创空间中，50%以上具有创业投资功能；并且鼓励各类孵化器充分利用政府创业投资引导基金、科技成果转化引导基金等各类母基金建立子基金，积极与专业投资机构、金融机构等外部资本合作设立各类子基金。

然而，只有少数学者探讨了孵化器与风险投资者的关系。为了使新创企业获得更多的投资机会，并尽早与企业建立联系，一些风险投资者为这项业务提供了资金。Avnimelech 等（2007）建议孵化器从虚拟资本家那里获得资金，这样做可以带来更高的孵化绩效。然而，孵化器获得风险投资者资金支持的关系并不是合作关系。Cumming（2012）认为孵化器和风险投资者之间的关系应该更加合理。Callegati 等（2005）认为，企业孵化器在与风险投资者合作时会更成功，尽管孵化器将面临更多挑战。因此，企业孵化者和风险投资者之间的合作对新创企业的未来成功具有重要意义。应进一步研究企业孵化器与风险投资者的合作机制。

此外，大多数企业孵化器都是非营利组织，旨在帮助初创企业，但并未获得更多利润（Klavans 和 Boyack，2014）。这些非营利性的孵化器往往表现出无私的行为，以支持新创企业的发展。因此，研究应考虑企业孵化器的利他特性，这将显著影响孵化绩效。

本章建立了企业孵化器与风险投资者的三种合作机制模型：收益共享机制、成本分担机制和知识共享机制。收益共享机制反映了风险投资家为新创企业提供资金，孵化器为新创企业提供咨询的情况。在这种情况下，它们分享新创企业的收益。相比之下，在成本分担机制下，风险投资者不仅为新的风险投资提供资金，而且还承担一定的成本。孵化器和风险投资者共同承担孵化过程中的收益和成本。在知识共享机制下，孵化器和风险资本家既提供知识，又分享收益。最后，利用博弈论方法，得到了不同机制的均衡解。此外，我们将孵化器的利他主义加入机制中，并确定这些解决方案。最后，我们比较了上述三种机制的解决方案和孵化器的收益，并评估了利他主义的效果。

本章回顾了企业孵化器、风险投资者和合作机制的相关文献，建立了孵化器与风险投资者之间的三种合作机制，包括收益共享机制、成本分担机制和知识共享机制，并确定了不同机制之间的均衡，进一步扩展了基于个体利他主义的模型，并比较了有利他主义因素和无利他主义因素的解。

第一节 文献回顾

自 20 世纪 50 年代企业孵化器出现以来，它们一直被广泛认为是为新创企业提供服务的有用机构。Morant 和 Ribeiro（2015）指出，孵化器不仅提供设施，还提供经验丰富的监控技能、营销计划和技术知识方面的建议。知识作为企业发展的重要资源，在孵化器和孵化企业中都得到了广泛的研究（Mian，1996）。Rothaermel 和 Thursby（2005）建议孵化器，特别是大学企业孵化器，应该加强孵化器和孵化企业之间的知识流动。Cooper 等（2012）还强调孵化企业与企业孵化器之间的知识转移。

尽管得到了孵化器的帮助，但新创企业可能会因为资金不足而倒闭。因此，来自风险投资者的资金支持使新创企业得以生存。风险投资者在早期为新创企业提供资金，帮助其发展（Wang 等，2016）。Ding 等（2015）通过用新创企业的创业者建立合作与非合作模型，研究风险投资者的最优投资决策。同时，风险投资者可以为新创企业提供管理方面的知识。Christian（2002）提出了一个风险投资者和创业者的模型来讨论风险投资者如何促进更好的创新。在这种模式下，风险投资者不仅提供资金，而且为初创企业提供建议。

三者之间的关系可以描述为：孵化器提供有形资源，风险投资者为新创企业提供资金支持。孵化器和风险投资者都为新创业企业的发展做出了贡献。目前，孵化器和风险投资者之间的合作对于推动高科技企业的发展至关重要。孵化器与风险投资者的合作机制在现有的研究中很少受到重视。Gaspar（2009）证实，孵化器的网络和风险投资者的资金使新创企业进一步发展。Avnimelech 等（2007）通过实证检验孵化器与风险投资者之间的互动是否有利于新创企业的发展。结果表明，相互作用提高了孵化成功率。Wu 等（2011）通过建立一个三边博弈模型，考察孵化器、风险投资者和新创企业的努力程度。他们的结论是，在合作中，每一方都尽了最大的努力。相反，如果三方不合作，它们的利润就无法达到平衡。

另外，在过去的十年里，企业之间的合作变得越来越重要。许多公司与其他公司合作以提高竞争力，许多研究都检验了这种合作。Ge 等

（2014）研究供应链中企业的研发合作。研究结果表明，供应链中的企业既有利于研发，也有利于合作。Bonte 和 Keilbach（2005）对企业间的正式和非正式创新合作进行了调查，他们指出，大企业更有可能进行正式合作，而研发创新的非正式合作在中小企业中更为普遍。

　　企业间的合作机制一般可分为三类：收益共享机制、成本分担机制和知识共享机制。纯收益分享合同通常用于供应链协调（Cachon 和 Lariviere，2005）。供应链中的收益共享机制是指零售商与制造商分享部分收入。Sang（2016）在制造商和零售商之间建立收入分成合同，以协调供应链。通过收益共享机制，可以实现整个供应链的预期利润。在其他领域可以采用收益分享机制来协调这种关系。成本分担机制也普遍存在于供应链中。Ghosh 和 Shah（2015）建立了成本分担合同模型，分析了其对供应链价格和利润的影响。他们假设供应链中的双方共同承担制造安装成本和最终收益，从而鼓励制造商创造和最大化整个供应链的利润。Roma 和 Perrone（2016）比较了两家公司基于结果的和基于事前的成本分担机制。在成本分担机制中，两个企业共同承担成本，结果发现基于成果的成本分担机制可以带来更多的福利。

　　除了收益共享和成本分担机制外，知识共享机制也是近年来研究的一个课题。知识转移理论对企业管理产生了巨大的影响。随着社会的巨大进步，个人和组织之间的知识流动和交流日益重要。知识流是指知识从一代转移到下一代（Babnik 和 Sirca，2014）。应考虑人为因素、利益相关者角色、权力关系、知识来源、组织因素和外部影响，以改进知识交流（Miller 等，2013）。知识网络可以用来反映孵化者和孵化企业之间的知识互动。此外，专业化和多样化的企业孵化器都可以加强网络结构（Zhang 等，2016）。Bhaskaran 和 Krishnan（2009）认为，鉴于技术的日益成熟和产品成本的不断上升，企业之间的合作是重要的。他们为两家公司新产品开发的努力、收入和成本分担机制建模。由此可见，这三种共享机制对孵化器与风险投资者的合作具有一定的借鉴意义。

　　然而，很少有研究者考虑过企业孵化器的利他主义。孵化器作为一种非营利组织，其行为往往是利他的。利他主义，与自私相反，是指帮助他人或从事互惠的活动。Sibly 和 Curnow（2011）研究了个人的利他主义和自私，其他文献研究了公司的利他主义。Dur 和 Tichem（2015）研究了公司经理和员工的利他主义对激励合同的影响。Haynes 等（2015）研究管理者贪婪和利他行为的影响，他们发现公司得益于利他主义。Guinot 等（2015）也注意到，利他主义促进了企业的学习能力。哲学家认为利他主义是个人的道德义务，而一些经济学家认为利他主义是家庭内部的而不是公司内部的非市场行为（Wilson，2016）。事实上，企业孵化器经常会有利他行为。Grimaldi 和 Grandi（2005）将企业创新中心和大学企业孵化器定义为非营利机构，而一些私人孵化器是营利机构。他们指出，孵化器的主要模式是非营利性的。Markman 等（2005）对 128 家高校企业孵化器进行调查，发现绝大多数孵化器是非营利性的。帮助新创企业和鼓励创新是非营利性孵化器的目标。因此，孵化器的利他主义影响了孵化器在三方之间的决策和合作。

面对日益激烈的竞争，许多企业都在寻求与他人合作的机会，并从中受益。一般而言，有三种典型的合作机制：收益共享机制、成本分担机制和知识共享机制。同时，孵化器的服务优势与风险投资者的财务优势是互补的。孵化器与风险投资者之间的合作越来越受到重视，但很少有人研究探讨孵化器与风险投资者之间的合作机制。本章探索采用三种机制加强孵化器与风险投资者的合作及其效果，并且在合作机制中考虑了孵化器的利他主义因素。我们分析这些安排对各方的后果，看结果是否真的如预期的那样有益。

第二节　企业孵化器和风险投资的知识合作模型

在这一部分中，我们对孵化器和风险投资者在孵化过程中的合作机制进行了建模。在我们的模型中，风险投资者投资于高科技新创企业以及孵化器孵化的新创企业。

假设新创企业的原始价值为 α（$\alpha \geq 0$），在获得孵化器和风险投资者的帮助后，价值将得到提升。企业孵化器对在孵企业进行孵化，并决定对其质量改进 θ（$\theta \geq 0$）。假设 v 是转换效率参数，那么新创企业的增值可记为 $v\theta$。经过孵化，新创企业的最终价值可以记为 $\alpha + v\theta$。政府的税率为 l（$0 < l < 1$），则新创企业的税后利润为 $(1 - l)(\alpha + v\theta)$。为了讨论企业孵化器和风险投资之间的合作机制，我们假设它们达成了共享新创企业

收入的协议。根据收益分享参数 x 和 y，将收益分成三方，我们假设 x 是孵化器分享收益的比例，y 是新创企业的收益分享参数。一旦孵化成功，孵化器的利润是 $x(1-l)(\alpha+v\theta)$，新创企业的利润是 $y(1-l)(\alpha+v\theta)$，风险投资者的利润是 $(1-x-y)(1-l)(\alpha+v\theta)$。实际上，孵化器可以从政府获得与新创企业税收成比例的财政返还。我们假设政府对新创企业的税率为 R（$0<R<1$）。那么，孵化器增加的收入是 $lR(\alpha+v\theta)$。最后，在不考虑成本的情况下，孵化器、风险投资和新创企业的收益函数分别如下。

孵化器的收入是：

$$U_1^{NC} = x(1-l)(\alpha+v\theta) + lR(\alpha+v\theta) \tag{6-2-1}$$

风险投资的收入是：

$$U_2^{NC} = (1-x-y)(1-l)(\alpha+v\theta) \tag{6-2-2}$$

新创企业的收入是：

$$U_3^{NC} = y(1-l)(\alpha+v\theta) \tag{6-2-3}$$

此外，我们还考虑了孵化器支持企业的成本，这与新创企业的质量改进水平有关。我们假设前期成本为 $I\theta^2$（设 I 为成本参数）。除了前期费用外，孵化器还将在孵化过程中为新创企业投入资源。与质量改进 θ 和孵化时间 t 成正比的其他成本可以表示为 $c\theta t$（c 是一个固定参数）。孵化时间与孵化速度 λ 成反比。为了简化功能，我们使用 θ/λ 替换 t，最终的孵化成本为 $I\theta^2 + c\theta^2/\lambda$。那么，孵化器、风险投资和新创企业的利润函数如下。

孵化器的利润函数是：

$$\pi_1^{RS} = x(1-l)(\alpha+v\theta) + lR(\alpha+v\theta) - I\theta^2 - c\theta^2/\lambda \tag{6-2-4}$$

风险投资的利润函数是：

$$\pi^{RS} = (1 - l)(1 - x - y)(\alpha + v\theta)$$ (6 - 2 - 5)

新创企业的利润函数是：

$$\pi_3^{RS} = y(1 - l)(\alpha + v\theta)$$ (6 - 2 - 6)

第三节　决策模型和解决方案

本章建立了孵化器与风险投资之间的三种共享机制：收益共享机制、成本分担机制和知识共享机制。在本节中，我们将确定解决方案并比较共享机制之间的差异。根据不同共享机制的作用，利用纳什讨价还价博弈得到了最优共享协议的解。在纳什讨价还价博弈中，孵化器和风险投资合作决策。决策顺序是孵化器选择共享机制，然后孵化器和风险投资根据纳什讨价还价博弈确定收益共享参数。最后，确定新创企业的最佳质量改进水平。

一　收益共享机制

在收益共享条件下，我们假设风险投资提供资金支持，孵化器提供设备、实验室和研究设施等要素。在孵化过程中，孵化器承担所有费用。因此，收入分享机制下的利润与式（6 - 2 - 4）、式（6 - 2 - 5）、式（6 - 2 - 6）相同。基于上述函数，我们得到了收益分享机制的纳什均衡 x^{RS}，这在命题 1 中给出。

命题 1 收入分享机制的一个解决方案是：

$$x^{RS} \in \left(\frac{1 - y}{2} - \frac{1}{2}\frac{lR}{1 - l}, \frac{3(1 - y)}{4} - \frac{lR}{4(1 - l)} \right)$$ (6 - 3 - 1)

证明：孵化器、风险投资与新创企业的利润函数如式（6 - 2 - 4）至式（6-2-6）所示。为了使孵化器的利润最大化，令一阶条件为 0。也就是说 $d\pi_1^{RS}/d\theta = 0$ ，这意味着 $lRv + (1-l)vx - 2I\theta - 2c\theta/\lambda = 0$。计算孵化器的最佳孵化水平如下：

$$\theta^{RS} = \frac{v\lambda[lR + (1-l)x]}{2(c + I\lambda)} \tag{6-3-2}$$

然后，确定纳什讨价还价问题的解。根据博弈理论，孵化器的最优利润是该问题的解：

$$\max_{0 \le x \le 1} \pi^{RS} = \pi_1 \pi_2 \tag{6-3-3}$$

把式（6-3-2）代入式（6-3-3），得到：

$$\pi^{RS} = \pi_1 \pi_2$$
$$=$$
$$\frac{2(1-l)(1-x-y)\alpha(c + I\lambda) + v^2\lambda(1-l)(1-x-y)[x(1-l) + lR]}{2(c + I\lambda)}$$
$$* \frac{4\alpha(c + I\lambda)[lR + (1-l)x] + v^2\lambda[lR + (1-l)x]^2}{4(c + I\lambda)} \tag{6-3-4}$$

式（6-3-4）的一阶条件是：

$$d\pi^{RS}/dx = \frac{(1-l)}{8(c + I\lambda)^2}\{8\alpha^2(c + I\lambda)^2[(1-l)(1-x-y) - [(1-l)x + lR]]$$
$$+ 6\alpha(c + I\lambda)v^2\lambda[lR + x(1-l)][(1-l)(2-3x-2y) - lR]] + (v^2\lambda)^2$$
$$[x(1-l) + lR]^2[(1-l)(3-4x-3y) - lR]\} \tag{6-3-5}$$

当 $0 \le x \le 1$，

$$(1-l)(1-x-y) - [(1-l)x + lR] < (1-l)(2-3x-2y) - lR <$$

$(1-l)(3-4x-3y)-lR$

当 $0 < x < \dfrac{1-y}{2} - \dfrac{lR}{2(1-l)} < \dfrac{1}{2}$, $(1-l)(1-x) - [(1-l)x + lR]$ > 0 , 有 $d\pi^{RS}/dx > 0$。

当 $1 > x > \dfrac{3(1-y)}{4} - \dfrac{lR}{4(1-l)}$, $(1-l)(3-4x-3y) - lR < 0$, 有 $d\pi^{RS}/dx < 0$。

另外, $d\pi^{RS}/dx$ 是连续的。因此, 当 $\dfrac{1-y}{2} - \dfrac{1}{2}\dfrac{lR}{1-l} < x < \dfrac{3(1-y)}{4} -$ $\dfrac{lR}{4(1-l)} < \dfrac{3}{4}$, 这就是使得 $x^{RS}\, d\pi^{RS}/dx = 0$。我们得到了纳什讨价还价问题存在一个解的结论, 即 $\dfrac{1-y}{2} - \dfrac{1}{2}\dfrac{lR}{1-l} < x^{RS} < \dfrac{3(1-y)}{4} - \dfrac{lR}{4(1-l)}$。命题 1 被证明。

命题 1 表明, 在收益共享机制下, 孵化器的最优利润分成率大于 $\dfrac{1-y}{2} - \dfrac{1}{2}\dfrac{lR}{1-l}$, 但小于 $\dfrac{3(1-y)}{4} - \dfrac{lR}{4(1-l)}$。在这种情况下, 孵化器和风险投资合作支持新创企业的发展。当孵化器的收益分享参数为 x^{RS} 时, 风险投资的收益分享率为 $(1-x^{RS}-y) \in (\dfrac{(1-y)}{4} + \dfrac{lR}{4(1-l)}, \dfrac{1-y}{2} + \dfrac{1}{2}$ $\dfrac{lR}{1-l})$。

二 成本分担机制

在支持新创企业的同时, 孵化器承担了设备、实验室和研究设施的使用等成本。如果风险投资同意承担部分成本, 孵化器的财务压力就会减轻, 孵化器可以为新创企业的成功提供更好的服务。在与收益分享机制不同的成本分担机制中, 风险投资在与孵化器合作的过程中承担部分成本, 以鼓励孵化器提供更好的服务。我们假设孵化器承担的孵化成本比例为 k , 风险投资承担剩余成本 $k(c+I\lambda)\theta^2/\lambda$。因此, 风险投资承担的成本是 $(1-k)(c+I\lambda)\theta^2/\lambda$。

根据式（6-2-4）至式（6-2-6）, 成本分担机制下三方的利润函数如下。

孵化器的利润函数是：

$$\pi_1^{CS} = \left[(1 - l)x + lR \right](\alpha + v\theta) - k * \frac{c + I\lambda}{\lambda}\theta^2 \qquad (6-3-6)$$

风险投资的利润函数是：

$$\pi_2^{CS} = (1 - x - y)(1 - l)(\alpha + v\theta) - (1 - k)\frac{c + I\lambda}{\lambda}\theta^2 \qquad (6-3-7)$$

新创企业的利润函数是：

$$\pi_3^{CS} = y(1 - l)(\alpha + v\theta) \qquad (6-3-8)$$

通过对三方利润函数的建模，可以得到成本分担机制下的均衡解。与收益分享机制不同，孵化器和风险投资必须决定成本的比例，而不仅仅是收益分享参数。x^{CS} 和 k^{CS} 分别表示孵化器的收益和成本分担率。成本分担机制的均衡解如命题 2 所示。

命题 2（i）在成本分担下，纳什问题的均衡解可以是：

$$x^{CS} = \frac{1 - y}{2} - \frac{lR}{2(1 - l)} , \; k^{CS} = 1/2 \qquad (6-3-9)$$

（ii）$x^{CS} < 1 - x^{CS} - y^{CS}$. 孵化器的利润分成率低于风险投资的分成率。

证明：根据式（6-3-6）至式（6-3-8）中的利润函数，当 $d\pi_1^{CS}/d\theta = 0$ 时，新创企业质量改进的最佳水平是 $\theta^{CS} = \dfrac{[x(1 - l) + lR]v\lambda}{2k(c + I\lambda)}$。将 $\theta^{CS} = \dfrac{[x(1 - l) + lR]v\lambda}{2k(c + I\lambda)}$ 加入 $\pi = \pi_1\pi_2$，得到：

$$\pi^{CS} = \left\{ \begin{aligned} &4k^2(c + I\lambda)\alpha(1 - x - y)(1 - l) + v^2\lambda[x(1 - l) \\ &+ lR][2k(1 - l)(1 - x - y) - (1 - k)[x(1 - l) + lR]] \end{aligned} \right\}$$
$$\times \quad \{4k(c + I\lambda)\alpha[x(1 - l) + lR] + v^2\lambda[x(1 - l) + lR]^2\} \quad /[16k^3$$

$(c + I\lambda)^2]$ $\hspace{4cm}$ (6 – 3 – 10)

当 $\partial \pi^{CS}/\partial x = 0$, $\partial \pi^{CS}/\partial k = 0$ 时,

$16k^3 (c + I\lambda)^2 \alpha^2 [(1 - l)(1 - x - y) - [x(1 - l) + lR]]$

$+ 4k(c + I\lambda)\alpha v^2 \lambda [x(1 - l) + lR] * 3[2k(1 - x - y)(1 - l) - [x(1 - l) + lR]]$

$+ (v^2\lambda)^2 [x(1 - l) + lR]^2 [6k(1 - x - y)(1 - l) - 2[x(1 - l) + lR](2 - k)]] = 0$

当 $x^{CS} = \dfrac{1 - y}{2} - \dfrac{1}{2}\dfrac{lR}{1 - l}$ 且 $k^{CS} = 1/2$,则一阶条件是 0。

而且 $1 - x - y = 1 - \dfrac{1 - y}{2} + \dfrac{lR}{2(1 - l)} - y = \dfrac{1 - y}{2} + \dfrac{lR}{2(1 - l)} > x$。命题 2 被证明。

从命题 2 可知,孵化器在成本分担机制中的收益比例是 $x^{CS} = \dfrac{1}{2} - \dfrac{lR}{2(1 - l)} - \dfrac{y(1 + b)}{2}$, x^{CS} 小于 $(1 - x^{CS} - y)$ 。研究结果表明,采用成本分担机制时,孵化器的利润比例小于风险投资家。换句话说,风险投资在承担成本时需要更多的利润。解决方案 $k^{CS} = 1/2$ 意味着它们平均分担相同的成本。当孵化器采用成本分担机制时,协调的最佳结果是承担一半的成本。

三 知识共享机制

企业孵化器对新创企业的帮助,包括实验室、研究设施、网络和管理服务,对新创企业的创新能力和有效管理具有重要意义。然而,如上所述,风险投资在市场信息、商业计划和其他知识方面更加专业。因此,在知识共享机制中,我们考虑了孵化器、风险投资和新创企业之间的知识流动。在这一部分中,我们建立了一个模型:风险投资不仅提供金融方面的知识,而且还提供市场和管理方面的知识。在这种情况下,企业孵化器和风险投资都为新创企业提供了更好发展新创企业的知识。此外,孵化器和风险投资在分享知识时,必须合理地协调和分配工作。同时,相互协调会产生额外的成本。

让 θ 表示新创企业质量改进的水平。让 θ_1 表示新创企业从孵化器的知识输入中提升质量，让 θ_2 表示新创企业从风险投资的知识输入中提升质量。另外，$\theta = \theta_1 + \theta_2$，而且成本的增加是 $C = m(\theta_1{}^2 + \theta_2{}^2)$。最后，孵化器、风险投资和新创企业在知识共享机制下的利润函数分别如下。

$$\pi_1^{KS} = \big[(1-l)x + lR\big](\alpha + v\theta) - \frac{c+I\lambda}{\lambda}\theta_2{}^2 - m(\theta_1{}^2 + \theta_2{}^2)$$

$$(6-3-11)$$

$$\pi_2^{KS} = (1-x-y)(1-l)(\alpha + v\theta) - \frac{c+I\lambda}{\lambda}\theta_1{}^2 - m(\theta_1{}^2 + \theta_2{}^2)$$

$$(6-3-12)$$

$$\pi_3^{KS} = y(1-l)(\alpha + v\theta) \qquad\qquad (6-3-13)$$

基于利润函数式（6-3-11）至式（6-3-13），命题3中给出了最优知识共享安排。θ_1^{KS} 和 θ_2^{KS} 分别为孵化器和风险投资的最优知识共享水平。

命题3（i）知识共享的最佳水平是：

$$\theta_1^{KS} = \frac{v\lambda\big[x(1-l)+lR\big]}{2(c+I\lambda+m\lambda)}, \; \theta_2^{KS} = \frac{v\lambda(1-x-y)(1-l)}{2(c+I\lambda+m\lambda)} \quad (6-3-14)$$

（ii）孵化器的最佳收益比例为：$x^{KS} = \dfrac{1}{2} - \dfrac{lR}{2(1-l)} - \dfrac{y(1+b)}{2}$

$$(6-3-15)$$

（iii）$x^{KS} < 1 - x^{KS} - y$。孵化器的收益分成率低于风险投资的分成率。

证明：为了使利润最大化，将式（6-3-13）和式（6-3-14）的一阶条件设为0。此外，知识共享的最佳水平是：

$$\theta_1^{KS} = \frac{v\lambda\big[x(1-l)+lR\big]}{2(c+I\lambda+m\lambda)}, \qquad\qquad (6-3-16)$$

$$\theta_2^{KS} = \frac{v\lambda(1-x-y)(1-l)}{2(c+I\lambda+m\lambda)}, \qquad\qquad (6-3-17)$$

$$\theta^{KS} = \theta_1^{KS} + \theta_2^{KS} = \frac{[(1-l)(1-y)+lR]vr\lambda}{2(c+I\lambda+m\lambda)} \qquad (6-3-18)$$

同时，还可以获得孵化器和风险投资的利润：

$$\pi_1^{KS} = \frac{4\alpha[x(1-l)+lR](c+I\lambda+m\lambda)^2}{4(c+I\lambda+m\lambda)^2}$$

$$+ \frac{v^2\lambda(c+I\lambda+m\lambda)[x(1-l)+lR][(1-l)(2-2y-x)+lR]}{4(c+I\lambda+m\lambda)}$$

$$- \frac{v^2\lambda \times m\lambda(1-l)^2(1-x-y)^2}{4(c+I\lambda+m\lambda)} \qquad (6-3-19)$$

$$\pi_2^{KS} = \frac{4\alpha(1-x-y)(1-l)(c+I\lambda+m\lambda)^2}{4(c+I\lambda+m\lambda)^2}$$

$$+ \frac{v^2\lambda \times 2(c+I\lambda+m\lambda)(1-x-y)(1-l)[(1-l)(1-y)+lR]}{4(c+I\lambda+m\lambda)^2} -$$

$$\frac{v^2\lambda \times [(c+I\lambda+m\lambda)(1-l)^2(1-x-y)^2 - m\lambda(x(1-l)+lR)^2]}{4(c+I\lambda+m\lambda)^2}$$

$$(6-3-20)$$

$$\pi = \pi_1\pi_2 \qquad (6-3-21)$$

为了得到纳什解，假设 $d\pi/dx = 0$，它等于：

$$16\alpha^2(c+I\lambda+m\lambda)^4(1-l)[(1-l)(1-2x-y)-lR]$$

$$+ 4\alpha v^2\lambda(c+I\lambda+m\lambda)^2$$

$$\times (c+I\lambda+m\lambda)[x(1-l)+lR][(-2-x+2y)(1-l)-3lR]$$

$$+ 4\alpha v^2\lambda(c+I\lambda+m\lambda)^2$$

$$\times (c+I\lambda+m\lambda)(1-l)(1-x-y)[(3-x-3y)(1-l)+2lR]$$

$$+ 4\alpha v^2\lambda(c+I\lambda+m\lambda)^2 \times 3m\lambda[(1-x-y)^2(1-l)^2 -$$

$$[x(1-l)+lR]^2]$$

$$+ (v^2\lambda)^2(1-l) \times [-2(c+I\lambda+2m\lambda)][(1-l)x+lR]$$

$$+ (v^2\lambda)^2(1-l) \times [(c+I\lambda+m\lambda)[x(1-l)+lR][(2-2y-x)(1-$$

$$l)+lR] - m\lambda(1-x-y)^2(1-l)^2] + (v^2\lambda)^2(1-l) \times (c+I\lambda+m\lambda)(1$$

$$-x-y)(1-l)[(1-l)(1+x-y)+2lR]$$

$$- (v^2\lambda)^2(1-l) \times m\lambda \left[x(1-l) + lR \right]^2 \times 2(c + I\lambda + 2m\lambda)(1-l)(1 - x - y)$$

$$= 0$$

也就是 $(1-l)(1-2x-y) - lR = 0$ $\qquad\qquad$ (6-3-22)

因此，均衡收益共享为 $x^{KS} = \dfrac{1-y}{2} - \dfrac{lR}{2(1-l)}$。 $\qquad$ (6-3-23)

命题 3 提出在知识共享机制下，孵化器和风险投资都为企业提供知识以提高价值。孵化器的最优知识共享水平是 $\theta_1^{KS} = \dfrac{v\lambda\left[x(1-l) + lR \right]}{2(c + I\lambda + m\lambda)}$，风险投资的最优知识共享水平是 $\theta_2^{KS} = \dfrac{v\lambda(1-x-y)(1-l)}{2(c + I\lambda + m\lambda)}$。在这种情况下，孵化器的最佳收益比例是 $\dfrac{1}{2} - \dfrac{lR}{2(1-l)} - \dfrac{y(1+b)}{2}$，这与成本分担机制中的均衡是相同的。同样，孵化器的收入比例也低于新创企业的收入比例。因此，在知识共享机制中，孵化器降低其利润比例，以鼓励风险投资为新创企业提供知识。

第四节　基于孵化器利他主义的均衡

利他主义被定义为一种基于社会道德有利于他人的行为。利他主义者不仅考虑自己的利润，而且考虑别人的利润。在本节中，我们将利他主义考虑进孵化器的决策中。然后，当企业孵化器、风险投资和新创企业分享收益时，收益函数发生变化。考虑孵化器的利他主义，上述三种共享机制将发生变化。

一　孵化器利他主义下的收益分享机制

当企业孵化器、风险投资和新创企业分享收益时，将孵化器的利润比例设为 x，新创企业设为 y，风险投资设为 $1-x-y$，在这一部分中，我们将孵化器的利他主义因素加入合作机制中。用 b 来衡量企业孵化器的利他主义程度。孵化成功后，孵化器的利润会增加。最后，在基于利他主义的收益分享机制下，孵化器、风险投资和新创企业的利润函数分别如下所示。

孵化器的利润函数：

$$\pi_1^{RSA} = (x + by)(1 - l)(\alpha + v\theta) + lR(\alpha + v\theta) - I\theta^2 - c\theta^2/\lambda \quad 134$$

$$(6 - 4 - 1)$$

风险投资家的利润函数：

$$\pi_2^{RSA} = (1 - x - y)(1 - l)(\alpha + v\theta) \quad\quad (6 - 4 - 2)$$

新创企业的利润函数：

$$\pi_3^{RSA} = y(1 - l)(\alpha + v\theta) \quad\quad (6 - 4 - 3)$$

在确定三方的利润函数后，我们可以得到纳什讨价还价问题的解。

命题4 在基于孵化器利他主义的收益分享机制下，纳什讨价还价问题有一个解决方案：

$$x^{RSA} \in \left(\frac{1}{2} - \frac{lR}{2(1 - l)} - \frac{(1 + b)y}{2}, \frac{3}{4} - \frac{lR}{4(1 - l)} - \frac{3y + by}{4} \right)$$

$$(6 - 4 - 4)$$

证明：在纯收益分享的情况下，如果 $d\pi_1^{RSA}/d\theta = 0$，可以计算出新创企业改进质量的最佳水平为 $\theta^{RSA} = \dfrac{vr\lambda[lR + (1 - l)(x + by)]}{2(c + I\lambda)}$。然后，用 θ 代替收益函数，得到：

$$\pi_1^{RSA} =$$

$$\frac{4\alpha(c + I\lambda)[lR + (1 - l)(x + by)] + v^2 r^2 \lambda[lR + (1 - l)(x + by)]^2}{4(c + I\lambda)}$$

$$(6 - 4 - 5)$$

$$\pi_2^{RSA} = \frac{(1-l)(1-x-y)}{2(c+I\lambda)} \times [2\alpha(c+I\lambda) + v^2 r^2 \lambda(lR + (x +$$

$$by))(1-l)] \tag{6-4-6}$$

$$\pi^{RSA} = \pi_1 \pi_2 \tag{6-4-7}$$

用同样的方法，可计算出纳什讨价还价的解决方案。如果 $d\pi^{RSA}/dx$ $= 0$，

$$8\alpha^2(c+I\lambda)^2[(1-l)(1-2x-y-by)-lR]$$

$$+2\alpha(c+I\lambda)v^2\lambda[lR+(x+by)(1-l)]\times 3[(1-l)(2-3x-2y-by) -lR]$$

$$+ (v^2\lambda)^2[(x+by)(1-l)+lR]^2[(1-l)(3-4x-3y-by)-lR] = 0$$

如我们所知，$[(1-l)(1-2x-y-by)-lR] < [(1-l)(2-3x-2y -by)-lR]$

$< [(1-l)(3-4x-3y-by)-lR]$，因此，如果 $[(1-l)(1-2x - y-by)-lR] > 0$，$x < \frac{1}{2} - \frac{lR}{2(1-l)} - \frac{(1+b)y}{2}$，则等式的左侧是大于 0，这意味着 π 随着 x 增加。

当 $x > \frac{3}{4} - \frac{lR}{4(1-l)} - \frac{3y+by}{4}$，$[(1-l)(3-4x-3y-by)-lR] <$ 0，方程的左边小于 0。另外，二阶导数：

$$d^2\pi/dx^2 = -8\alpha^2(c+I\lambda)^2 \times 2 + 2\alpha v^2\lambda(c+I\lambda)\times 3[2(1-l)(1-3x -y-2by)-4lR]$$

$$+ (v^2\lambda)^2[(x+by)(1-l)+lR]\times 2(1-l)\times 3[(1-l)(1-2x-y -by)-lR] < 0$$

因此，有一个解决办法就是令 $d\pi/dx = 0$。得到纳什解为：

$$\frac{1}{2} - \frac{lR}{2(1-l)} - \frac{(1+b)y}{2} < x^{RSA} < \frac{3}{4} - \frac{lR}{4(1-l)} - \frac{3y+by}{4}$$

参数 x^{RSA} 为收益共享机制下孵化器的最优收益分享率。在这种机制下，孵化器和风险投资进行讨价还价以获取更多利润。从解决方案中，

我们知道孵化器的利润比例将大于 $\dfrac{1}{2} - \dfrac{lR}{2(1-l)} - \dfrac{(1+b)y}{2}$，但小于 $\dfrac{3}{4} - \dfrac{lR}{4(1-l)} - \dfrac{3y+by}{4}$。孵化器利他主义的程度也会影响均衡。孵化器利他主义程度越高，最优分享比例的范围越大。

二　孵化器利他主义下的成本分担机制

类似地，可以建立基于孵化器利他主义的成本分担机制模型。假设孵化器的成本分担比例为 k，那么孵化器承担的成本为 $k(c+I\lambda)\theta^2/\lambda$，风险投资承担的成本为 $(1-k)(c+I\lambda)\theta^2/\lambda$。在基于孵化器利他主义的成本分担机制下，孵化器、风险投资和新创企业的利润函数分别如下。

孵化器的利润函数：

$$\pi_1^{CSA} = \left[(1-l)(x+by)+lR\right](\alpha+v\theta) - k * \frac{c+I\lambda}{\lambda}\theta^2 \quad (6-4-8)$$

风险投资的利润函数：

$$\pi_2^{CSA} = (1-x-y)(1-l)(\alpha+v\theta) - (1-k)\frac{c+I\lambda}{\lambda}\theta^2 \quad (6-4-9)$$

新创公司的利润函数：

$$\pi_3^{CSA} = y(1-l)(\alpha+v\theta) \quad (6-4-10)$$

同样，可以得到成本分担机制的解，如命题 5 所示。

命题 5（i）在孵化器利他主义的成本分担机制下，收益分享率是 $x^{CSA} = \dfrac{1}{2} - \dfrac{lR}{2(1-l)} - \dfrac{y(1+b)}{2}$，成本分担率为 $k^{CSA} = 1/2$。

（ii）$x^{CSA} < 1 - x^{CSA} - y$。

证明：根据式（6-4-8），可以计算出新创企业提升的最佳质量水平为 $\theta = \dfrac{\left[(x+by)(1-l)+lR\right]v\lambda}{2k(c+I\lambda)}$。将 $\theta = \dfrac{\left[(x+by)(1-l)+lR\right]v\lambda}{2k(c+I\lambda)}$ 代

入 $\pi = \pi_1\pi_2$ ，可以得出：

$$\pi^{CSA} = \{16k^3 (c + I\lambda)^2\alpha^2 [(1 - 2x - y - by)(1 - l) - lR]$$
$$+ 4\alpha k(c + I\lambda) \times 3v^2\lambda [(x + by)(1 - l) + lR][2k(1 - x - y)(1 - l)$$
$$- [(x + by)(1 - l) + lR]]$$
$$+ 2 (v^2\lambda)^2 [(1 - l)(x + by) + lR]^2[3k(1 - l)(1 - x - y) - [(1 - l)(x + by) + by](2 - k)]\} / [16k^3 (c + I\lambda)^2] \qquad (6 - 4 - 11)$$

当 $\partial \pi/\partial x = 0$ ，$\partial \pi/\partial k = 0$ ，得出 $x^{CSA} = \dfrac{1}{2} - \dfrac{lR}{2(1 - l)} -$

$\dfrac{y(1 + b)}{2}, k^{CSA} = 1/2$ 。

命题 5 被证明。

当我们考虑孵化器的利他主义时，新创企业成功后，孵化器的利润会增加。另外，孵化器的利润比例低于风险投资，这意味着孵化器将降低收益比例，以实现合作。成本比例 k 为 1/2 ，说明孵化器和风险投资承担同样的成本。均衡结果表明，在成本分担机制中，孵化器希望风险投资承担成本时，会降低其利润比例。在为自己讨价还价之后，孵化器和风险投资各承担一半的成本。此外，孵化器的利润比例随着利他主义程度的增加而降低。当利他主义程度较高时，孵化器将要求较低的利润分享比例，这与利他主义的定义相对应。当利他主义程度降低时，孵化器需要更多的利润来支持新创企业。

三 基于利他主义的知识共享机制

基于孵化器的利他主义，利润函数在知识共享机制下也会发生改变。记 π^{KSA} 为知识共享机制下的利润。θ_1, θ_2 是因为孵化器和风险投资的知识共享而提高了新创企业的质量。基于孵化器利他主义的三方利益函数如下。

$$\pi_1^{KSA} = [(1 - l)(x + by) + lR](\alpha + v\theta) - \frac{c + I\lambda}{\lambda}\theta_1^2 - m(\theta_1^2 + \theta_2^2) \qquad (6 - 4 - 12)$$

$$\pi_2^{KSA} = (1 - x - y)(1 - l)(\alpha + v\theta) - \frac{c + I\lambda}{\lambda}\theta_2{}^2 - m(\theta_1{}^2 + \theta_2{}^2) \qquad (6 - 4 - 13)$$

$$\pi_3^{KSA} = y(1-l)(\alpha + v\theta) \tag{6-4-14}$$

在知识共享机制中，孵化器和风险投资都与新创企业进行知识分享，我们可以得到了纳什讨价还价问题的解。

命题6 孵化器知识共享的质量提升是 $\theta_1^{KSA} = \dfrac{[(x+by)(1-l)+lR]v\lambda}{2(c+I\lambda+m\lambda)}$，

风险投资知识共享的质量提升是 $\theta_2^{KSA} = \dfrac{(1-x-y)(1-l)v\lambda}{2(c+I\lambda+m\lambda)}$。纳什解决

方案是 $x^{KSA} = \dfrac{1}{2} - \dfrac{lR}{2(1-l)} - \dfrac{y(1+b)}{2}$。

证明：在知识共享机制中，由孵化器和风险投资的知识投入提高新创企业的质量分别是：

$\theta_1^{KSA} = \dfrac{[(x+by)(1-l)+lR]v\lambda}{2(c+I\lambda+m\lambda)}$ 和 $\theta_2^{KSA} = \dfrac{(1-x-y)(1-l)v\lambda}{2(c+I\lambda+m\lambda)}$，当

式（6-4-12）和式（6-4-13）的一阶条件是0。

$\pi = \pi_1\pi_2$，如果 $d\pi/dx = 0$，

$16\alpha^2(c+I\lambda+m\lambda)^4(1-l)[(1-l)(1-2x-y-by)-lR]$

$+4\alpha v^2\lambda(c+I\lambda+m\lambda)^3 \times [(x+by)(1-l)+lR][(-2-x+2y-3by)(1-l)-3lR]$

$+4\alpha v^2\lambda(c+I\lambda+m\lambda)^3 \times (1-l)(1-x-y)[(3-x-3y+2by)(1-l)+2lR]$

$+4\alpha v^2\lambda(c+I\lambda+m\lambda)^2 \times 3m\lambda[(1-x-y)^2(1-l)^2 - [(x+by)(1-l)+lR]^2]$

$+(v^2\lambda)^2(1-l) \times \{-2(c+I\lambda+2m\lambda)[(1-l)(x+by)+lR]$

$\times [(c+I\lambda+m\lambda)[(x+by)(1-l)+lR][(2-2y+by-x)(1-l)+lR] - m\lambda(1-x-y)^2(1-l)^2]\} + (v^2\lambda)^2(1-l) \times (c+I\lambda+m\lambda)(1-x-y)(1-l)[(1-l)(1+x-y+2by)+2lR]$

$-(v^2\lambda)^2(1-l) \times 2m\lambda[(x+by)(1-l)+lR]^2](c+I\lambda+2m\lambda)(1-l)(1-x-y) = 0$

公式可简化为 $(1-l)(1-2x)-lR = 0$，均衡解为 $x^{KSA} = \dfrac{1}{2} - \dfrac{lR}{2(1-l)} - \dfrac{y(1+b)}{2}$。

命题6被证明。

在命题6中，我们得到了与成本分担机制的解相同的解。因此，成本分担机制和知识分享机制的孵化器利润率是相同的。

四　不同机制的比较

上面已经讨论了孵化器有利他主义和无利他主义的纳什解。表6-1列出了无利他主义和有利他主义的三种机制下孵化器的最优收益分享率。表6-2显示了三种机制下孵化器的利润。

表6-1　　　　　　　　共享机制的解决方案

孵化器的利润分成率	无利他主义	有利他主义
收益共享机制	$x^{RS} \in \left(\dfrac{1-y}{2} - \dfrac{1}{2} \dfrac{lR}{1-l}, \right.$ $\left. \dfrac{3(1-y)}{4} - \dfrac{lR}{4(1-l)} \right)$	$x^{RSA} \in \left(\dfrac{1}{2} - \dfrac{lR}{2(1-l)} - \dfrac{(1+b)y}{2}, \right.$ $\left. \dfrac{3}{4} - \dfrac{lR}{4(1-l)} - \dfrac{3y+by}{4} \right)$
成本分担机制	$x^{CS} = \dfrac{1-y}{2} - \dfrac{1}{2} \dfrac{lR}{1-l}$	$x^{CSA} = \dfrac{1}{2} - \dfrac{lR}{2(1-l)} - \dfrac{y(1+b)}{2}$
知识共享机制	$x^{KS} = \dfrac{1}{2} - \dfrac{1}{2} \dfrac{lR}{1-l} - \dfrac{y}{2}$	$x^{KSA} = \dfrac{1}{2} - \dfrac{lR}{2(1-l)} - \dfrac{y(1+b)}{2}$

表6-2　　　　　　　　不同机制下孵化器的利润

孵化器的利润	无利他主义	有利他主义
收益共享机制	$\pi^{RS} = \alpha\left[lR + x^{RS}(1-l) \right]$ $+ \dfrac{v^2\lambda\left[lR + x^{RS}(1-l) \right]^2}{4(c+I\lambda)}$	$\pi^{RSA} = \alpha\left[lR + (x^{RSA} + by)(1-l) \right]$ $+ \dfrac{v^2\lambda\left[lR + (x^{RSA} + by)(1-l) \right]^2}{4(c+I\lambda)}$

孵化器的利润	无利他主义	有利他主义
成本分担机制	$\pi^{CS} = \alpha * \dfrac{1 - l + lR - y(1 - l)}{2}$ $+ \dfrac{v^2 \lambda \left[(1 - l)(1 - y) + lR \right]^2}{8(c + I\lambda)}$	$\pi^{CSA} = \alpha * \dfrac{1 - l + lR - y(1 - b)(1 - l)}{2}$ $+ \dfrac{v^2 \lambda \left[1 - l + lR - y(1 - b)(1 - l) \right]^2}{8(c + I\lambda)}$
知识共享机制	$\pi^{KS} = \alpha * \dfrac{(1 - l)(1 - y) + lR}{2}$ $+ \dfrac{v^2 \lambda \left[(1 - l)(1 - y) + lR \right]^2}{16(c + I\lambda + m\lambda)^2}$ $* \left[3(c + I\lambda) + 2m\lambda \right]$	$\pi^{KSA} = \alpha * \dfrac{1 - l + lR - y(1 - l)(1 - b)}{2}$ $+ \dfrac{v^2 \lambda \left[1 - l + lR - y(1 - l)(1 - b) \right]^2}{16(c + I\lambda + m\lambda)^2}$ $* \left[3(c + I\lambda) + 2m\lambda \right]$

从表6-1和表6-2可以得出企业孵化器和风险投资在不同条件下进行共享的结论。

命题7 $x^{RS} > x^{CS} = x^{KS}$，$x^{RSA} > x^{CSA} = x^{KSA}$。孵化器在收益共享机制中的收益分享比例大于有利他主义和无利他主义的孵化器的其他两种分享机制。

命题7表明，如果企业孵化器提供帮助并承担所有成本，这意味着风险投资只为新创企业提供资金，那么孵化器将需要更多的收入分享比例。如果孵化器寻找风险投资承担部分成本或提供知识，将降低其收入比例，以便更好地合作。另外，风险投资由于承担成本或提供知识而需要更多的利润。此外，成本分担下孵化器的最优利润比例与知识共享下的最优利润比例相同。

命题8 对于孵化器的利润比例，$x^{CS} > x^{CSA}$ 且 $x^{KS} > x^{KSA}$。对于孵化器的最终利润，$\pi^{CS} < \pi^{CSA}$ 且 $\pi^{KS} < \pi^{KSA}$。

命题8表明，在成本分担和知识共享机制中考虑孵化器利他主义时，孵化器的收益比例会降低。由于利他主义，孵化器将降低其利润比例，以帮助新创企业。另外，根据利润函数，当加入利他主义因素时，孵化器的利润增加。孵化器的利他主义会降低其收入分成率，但当新创企业成功时，最终利润会增加。

命题9 随着政府税率的增加，孵化器的收入分成比例 x 降低。此外，x 随政府财政返还比例的增加而降低。

命题 9 表明，当新创企业税率增加时，孵化器的收入比例下降。这表明孵化器的重点是为新创企业提供更好的服务，而不是为了获得更多的利润。同时，较高的财政返还水平将鼓励孵化器要求较低的收入分成比例。

第五节　基于学习的孵化器与创投协同知识创造资源共享

从全球范围来看，越来越多的国家经济增长依赖于创业企业的成长。科技企业孵化器作为服务科技型中小企业的重要载体，能够有效培育创业企业和企业家，正受到越来越多国家和学者的重视。创业投资机构（创投）作为新创企业成长的重要因素，近年来也获得了飞速发展。科技企业孵化器和创投的合作也被认为是一种多赢的结果。

科技企业孵化器与创投合作的可能性、必要性以及模式受到了众多学者的关注。在孵化器与创投合作的可能性方面，研究表明，孵化器管理者对孵化器设施的管理和运营产生重大影响，孵化器也能成为创业企业和风险资本的纽带。不过创业企业在成长过程中不仅需要设施和资金的支持，还需要管理、技术等知识来保证自身运行和健康发展。因此，科技企业孵化器不仅要为在孵企业提供资金、设施等外部支持，还应与创投等外部机构共同向在孵企业提供知识服务，孵化器的知识服务最近几年也开始受到更多关注。Studdard 研究了创业企业从孵化器管理者获取知识对新产品开发、提升技术能力和降低销售成本产生积极影响的原因。Bergek 等指出孵化器通过孵化网络向在孵企业提供知识。尤获等发现，在孵化器知识服务的互动过程中，一个主要方面在于孵化器和创投等外部知识资源间的互动。李文博从孵化器创业知识服务的运营模式角度，认为孵化器应加强与创投等网络的协同创新。同时，创投对创业企业提供的咨询等知识服务也获得了重视。

由于科技企业孵化器能够深入密切接触其内的创业企业，孵化器对创业项目更为了解，科技企业孵化器提供的知识对在孵企业的新产品开发、提升技术能力、提高声誉和降低销售成本有积极影响；创投对于创业项目的市场信息和商业运营更为专业，对创业项目扩大市场及做大做强更为重要。在实践过程中，孵化器和创投不充分合作导致创业企业不熟悉双方各自的特点，从而使创业企业无法很好地利用孵化器和创投资源提升绩效。因此，科技企业孵化器和创投需要与对方进行充分的知识和信息合作，在孵化器与创投组织联盟框架下进行知识（信息）协同创造，以更高效的培育创业企业和企业家。不过目前科技企业孵化器与创投协同知识（信息）创造资源共享的研究文献还很少见。吴文清等研究了孵化器与创投单一阶段获取知识的投资水平和知识共享水平，由于创业企业的成长是一个较长的过程，所以孵化器与创投在知识协同创造与共享中是一个动态博弈过程，并且应考虑学习的因素。

其他组织间的协同知识创造资源共享获得了广泛的关注。Samaddar 等建立了组织间协同知识创造资源共享的主从博弈分析框架，研究表明组织间知识创造的领导者依据双方的边际收益确定最佳的参与度对于保持联盟合作和延续是非常重要的。Ding 等在此基础上进一步研究了知识外溢对于组织间知识协同创造资源共享的影响。王建宇等进一步研究了在有一个领导者和多个跟随者的组织联盟中，合作知识创新中的跨组织资源共享及合作维系的条件。Jiang 等研究了主从博弈下的技术创新联盟知识转移决策。吴丙山等研究了高新技术企业中知识分享的主从博弈微观机制。张旭梅等研究了供应链环境下的客户知识协同获取决策模型。联盟成员的学习是影响联盟绩效的一个重要因素。Ding 等认为满意的相互关系对于学习型联盟是非常重要的，并将组织联盟成员的学习区分为公开学习和隐藏学习，组织学习对知识转移绩效有显著的正向影响。

综上所述，科技企业孵化器与创投进行协同知识（信息）创造具有必要性和可行性，尽管已有组织间协同知识创造资源共享的研究文献，不过在组织间协同知识创造共享的机制研究中未考虑知识协同创造双方的学习因素对维系双方知识（信息）合作的影响，并且目前的研究主要考虑的是组织间协同知识创造资源共享的单阶段合作，与本章研究的重点有较大差异。另外，孵化器与创投的合作作为一种对新创企业的培育形式，其利润构成不同于一般的组织间合作。基于此，本节研究科技企业孵化器与创投学习因素下的多阶段协同知识创造资源共享决策。本节将学习因素纳入科技企业孵化器与创投协同知识创造资源共享的微观机制，考虑孵化器与创投的利润构成，建立孵化器与创投协同知识创造资源共享的多阶段重复主从博弈模型，研究学习因素、税收强度、财政返还、创投股权对维系孵化器与创投协同知识（信息）创造的作用，以及孵化器的最佳参与度和总的投入。

一　研究假设与模型建立

（一）孵化器与创投协同知识创造绩效

科技企业孵化器与创投各自掌握着创业项目的不同优势知识（信息），双方组成联盟进行协同知识创造，分享知识（信息），共同培育创业项目。这里假设孵化器为领导者，创投为追随者。孵化器与创投对创业项目的协同知识创造合作分为 $N(N \geqslant 1)$ 期完成，是一个重复博弈的过程，每期博弈分两阶段进行，构成 Stackelberg 动态博弈模型。孵化器和创投在协同知识（信息）创造过程中的每期都有投入，孵化器在第一阶段确定最优参与水平（参与度）$\theta(0 \leqslant \theta \leqslant 1)$，创投在第二阶段确定总的最优投入 a。结合文献的研究，孵化器与创投在第 t 期协同知识创造后创业项目收益可表示为：

$$P_t = \alpha - a_t^{-\gamma} + \varepsilon \tag{6-5-1}$$

其中，α 表示孵化器和创投进行协同知识创造后项目的理论最高收益。$\gamma(0 < \gamma \leqslant 1)$ 表示孵化器与创投协同知识（信息）创造中总的投入对创业项目收益 P_t 变化的比率，γ 值越大则合作投入对项目收益的影响越大。ε 是随机误差项，表示外部环境对项目收益的不确定性影响。

（二）学习下的孵化器与创投多阶段博弈

孵化器和创投在第 t 期合作后创业项目收益 P_t 是公共信息，而合作后创业项目理论最高价值 α 不可直接观测，孵化器和创投在知识（信息）协同创造中依据创业项目的理论最高价值确定各自的投入，并根据前期合作后创业项目收益对 α 进行估计。令 $D_{t-1} = \{P_1, P_2, \ldots, P_{t-1}\}$ 表示前 $t-1$ 期孵化器与创投合作后的创业项目收益，$E(\alpha \mid D_{t-1})$ 为孵化器和创

投根据 D_{t-1} 对 α 作出的估计值。当 $t = 1$ 时，$E(\alpha \mid D_0) = \alpha_0$；当 $t > 1$，根据式（6 – 5 – 1）可得：

$$\alpha + \varepsilon = P_t + a_t^{-\gamma} \qquad\qquad (6-5-2)$$

假设合作后创业项目最高价值 α 和随机误差项 ε 均服从正态分布。孵化器和创投合作投入的努力不可观测，$\bar{a}_{t-1}$ 为孵化器和创投对 $t - 1$ 期合作投入的估计值，$P_{t-1} + \bar{a}_{t-1}^{-\gamma}$ 表示孵化器与创投知识（信息）合作后传递的创业项目收益最高值的信号。根据学习行为理论，在第 t 期，孵化器和创投对创业项目最大值 α 的估计值 $E(\alpha \mid D_{t-1})$ 可表示为前期对创业项目的估计值 $E(\alpha \mid D_{t-2})$ 和前期创业项目收益最高值信号的加权平均，即：

$$E(\alpha \mid D_{t-1}) = (1 - \tau_t)E(\alpha \mid D_{t-2}) + \tau_t(P_{t-1} + \bar{a}_{t-1}^{-\gamma}) \quad (6-5-3)$$

$\tau_t(t \geqslant 2)$ 是学习因素，决定了孵化器和创投对创业项目最高收益以往估计值和前期信号依赖性的权重分配。在上述假设下，结合文献的研究，学习因素满足如下递推公式：

$$\tau_{t+1} = \frac{\tau_t}{1 + \tau_t} \qquad\qquad (6-5-4)$$

式（6 – 5 – 4）表明，随着多阶段博弈的进行，学习因素逐步降低最终趋于 0。因此，孵化器和创投对创业项目理论最高价值的估计，更加依赖于以往建立起来的估计值，而对前期传递出信号的依赖性越来越弱。

（三）孵化器与创投的利润

在科技企业孵化器内，创业项目的收益需要向政府缴纳一定的税收，设政府对项目收益的税收强度为 $l(0 < l < 1)$。孵化器在与创投知识协同创造合作后获取的收益为政府提供的创业项目税收财政返还，政府对孵化器的财政返还比例设为 $k(0 < k < 1)$。另外，孵化器在培育项目的过程中还会收取一定的物业费用，设孵化器在每期博弈过程中收取的物业费

用相同为 $F(F > 0)$。创投通过在创业项目中所占股份获取收益，创投在创业项目中所占的股份比例设为 $s(0 < s < 1)$。孵化器与创投协同知识（信息）创造重复博弈过程中，考虑到创业项目收益的时间价值，设贴现系数为 $\delta = 1/(1 + \lambda)$，其中 $\lambda(\lambda > 0)$ 为市场利率，本章假设市场利率不变。

孵化器和创投在第 t 期的目标函数分别为：

$$\pi_{B,t} = \sum_{i=0}^{N-t} \delta^i E(klP_{t+i} - \theta_{t+i}a_{t+i} + F \mid D_{t+i-1}) \qquad (6-5-5)$$

$$\pi_{V,t} = \sum_{i=0}^{N-t} \delta^i E((1-l)sP_{t+i} - (1-\theta_{t+i})a_{t+i} \mid D_{t+i-1}) \qquad (6-5-6)$$

式（6 - 5 - 5）、式（6 - 5 - 6）的目标函数表明孵化器和创投在重复博弈过程中，不能仅仅把在第 t 期当前阶段的收益作为策略选择的依据，还要从逆向归纳法的角度考虑后期的所有收益。

二　模型分析

（一）学习因素下模型的均衡解

本节中，科技企业孵化器和创投协同知识（信息）创造资源共享是一个有限次重复博弈过程，而阶段博弈是由一个动态博弈构成，因此可用逆向归纳法求出模型的均衡解。在阶段博弈的第二阶段，创投确定孵化器和自身共同投入的最优投入水平，可由其目标函数的一阶条件得出：

$$\frac{\partial \pi_{V,t}}{\partial a_t} = \sum_{i=0}^{N-t} (1-l)s\delta^i \frac{\partial E(P_{t+i} \mid D_{t+i-1})}{\partial a_t} - (1-\theta_t) = 0 \quad (6-5-7)$$

求解式（6 - 5 - 7），需要知道 $\dfrac{\partial E(P_{t+i} \mid D_{t+i-1})}{\partial a_t}$ 的表达式，根据式（6 - 5 - 1）可以得出：

$$\begin{cases} \mathrm{E}(P_t \mid D_{t-1}) = E(\alpha \mid D_{t-1}) - a_t^{-\gamma} \\ \mathrm{E}(P_{t+1} \mid D_t) = E(\alpha \mid D_t) - a_{t+1}^{-\gamma} \\ \mathrm{E}(P_{t+2} \mid D_{t+1}) = E(\alpha \mid D_{t+1}) - a_{t+2}^{-\gamma} \end{cases} \quad (6-5-8)$$

根据式 (6-5-3) 可以得出:

$$\begin{cases} \mathrm{E}(\alpha \mid D_{t-1}) = (1 - \tau_t)E(\alpha \mid D_{t-2}) + \tau_t(P_{t-1} + \bar{a}_{t-1}^{\ -\gamma}) \\ \mathrm{E}(\alpha \mid D_t) = (1 - \tau_{t+1})E(\alpha \mid D_{t-1}) + \tau_{t+1}(P_t + \bar{a}_t^{\ -\gamma}) \\ \mathrm{E}(\alpha \mid D_{t+1}) = (1 - \tau_{t+2})E(\alpha \mid D_t) + \tau_{t+2}(P_{t+1} + \bar{a}_{t+1}^{\ -\gamma}) \end{cases} \quad (6-5-9)$$

根据式 (6-5-8) 和式 (6-5-9) 可以得出递推公式:

$$\begin{cases} \mathrm{E}(P_t \mid D_{t-1}) = E(\alpha \mid D_{t-1}) - a_t^{-\gamma} \\ \mathrm{E}(P_{t+1} \mid D_t) = (1 - \tau_{t+1})E(\alpha \mid D_{t-1}) + \tau_{t+1}(P_t + \bar{a}_t^{\ -\gamma}) - a_{t+1}^{-\gamma} \\ \mathrm{E}(P_{t+2} \mid D_{t+1}) = (1 - \tau_{t+2})\begin{bmatrix} (1 - \tau_{t+1})E(\alpha \mid D_{t-1}) \\ + \tau_{t+1}(P_t + \bar{a}_t^{\ -\gamma}) \end{bmatrix} \\ \quad + \tau_{t+2}(P_{t+1} + \bar{a}_{t+1}^{\ -\gamma}) - a_{t+2}^{-\gamma} \end{cases}$$

$$(6-5-10)$$

通过式 (6-5-10) 归纳出:

$$\frac{\partial\, \mathrm{E}(P_t \mid D_{t-1})}{\partial\, a_t} = \gamma a_t^{-\gamma-1}, \ \frac{\partial\, \mathrm{E}(P_{t+i} \mid D_{t+i-1})}{\partial\, a_t} = \tau_{t+i}\gamma a_t^{-\gamma-1} \quad (6-5-11)$$

将式 (6-5-11) 带入式 (6-5-7) 中可以得到创投在阶段博弈的第二阶段确定的最优总投入水平:

$$a_t^* = \left(\frac{(1-l)s\gamma(1 + \sum_{i=1}^{N-t}\delta^i\tau_{t+i})}{1-\theta_t} \right)^{\frac{1}{\gamma+1}} \quad (6-5-12)$$

在阶段博弈中的第一阶段，孵化器根据创投确定的二者总投入水平 a_t^*，决定自身的最优参与度，由式（6-5-5）孵化器目标函数的一阶条件得出均衡解 θ_t^*：

$$\frac{\partial \pi_{B,t}}{\partial \theta_t} = \sum_{i=0}^{N-t} \delta^i \left(kl \frac{\partial E(P_{t+i} \mid D_{t+i-1})}{\partial a_t} \frac{\partial a_t}{\partial \theta_t} \right) - a_t - \theta_t \frac{\partial a_t}{\partial \theta_t} = 0$$

$$(6-5-13)$$

将式（6-5-12）得出的均衡解带入式（6-5-13）中可以得到孵化器的最优参与度 θ_t^*，将 θ_t^* 代回式（6-5-12）可以求出创投确定的最优总投入水平 a_t^*，如下所示：

$$\theta_t^* = \begin{cases} \dfrac{kl - (\gamma+1)(1-l)s}{kl - \gamma(1-l)s} & \dfrac{kl}{(1-l)s} > \gamma+1 \\ 0 & \text{其他} \end{cases} \qquad (6-5-14)$$

$$a_t^* = \left(\gamma[kl - \gamma(1-l)s](1 + \sum_{i=1}^{N-t} \delta^i \tau_{t+i}) \right)^{\frac{1}{\gamma+1}} \qquad (6-5-15)$$

（二）学习因素下的均衡分析

1. 孵化器最优参与度分析

由式（6-5-14）孵化器的最优参与度可知，只有在 $kl > (\gamma+1)(1-l)s$ 时，即孵化器与创投进行知识（信息）协同创造后从创业项目获取收益的比例要高于创投时，孵化器才与创投进行知识（信息）的协同创造共同培育创业项目，其程度具体取决于合作投入的弹性系数 γ。这也表明，孵化器引入创投并与创投进行知识（信息）协同创造是有条件的，否则会在合作过程中停止投入，导致合作破产。另外，孵化器的最优参与度与孵化器和创投的学习因素、市场利率和博弈阶段并无关系，表明参与度在各个博弈阶段的均衡解都不变。

在孵化器与创投进行知识（信息）协同创造合作时，孵化器的最优参与度分别对税收强度 l、财政返还比例 k、创投所占股份 s 求一阶偏导，可得 $\partial\, \theta_t^* / \partial\, l > 0$，$\partial\, \theta_t^* / \partial\, k > 0$，$\partial\, \theta_t^* / \partial\, s < 0$，表明孵化器的最优参与度与政府税收强度正相关，与财政返还比例正相关，与创投在创业项目中所占股份的比例负相关。

在实践中，孵化器主管部门往往制定较低的孵化企业税收水平，支持创业企业的发展。上述分析表明，过低的孵化器税收水平不利于提升孵化器在与创投协同知识创造中的参与度。但是，过高的税收水平增加了在孵企业的财务负担，不利于孵化企业的成长。因此，需要制定一个适度的低水平税收，促进孵化器与创投协同知识创造的参与度。另外，较高的财政返还比例将提升孵化器与创投协同知识创造的参与度，对孵化企业和创投都没有利益损失，只不过政府损失了部分税收。从促进孵化器参与度的角度考虑，应制定一个较高的财政返还比例。上述分析也表明，孵化器的最优参与度与创投在创业项目所占股份负相关，这与本章假设的孵化器为领导者、创投为追随者的博弈结构是一致的，较高的创投股份将导致创投为领导者、孵化器为追随者的博弈结构。换句话说，孵化器为领导者、创投为追随者的博弈结构适用于创投所占股份较低的情形，此时，孵化器的最优参与度随着创投在创业项目所占股份的降低而增加，而创投为领导者、孵化器为追随者的情形也可用本章的方法进行相应讨论。

2. 孵化器与创投总的最优投入水平分析

由式（6-5-15）可以得到 $\partial\, a_t^* / \partial\, l > 0$，$\partial\, a_t^* / \partial\, k > 0$，$\partial\, a_t^* / \partial\, s < 0$，表明孵化器和创投总的最优投入水平与税收强度和财政返还比例正相关，与创投在项目中所占股份的比例负相关。如同孵化器最优参与度的分析，孵化器与创投总的最优投入水平与税收强度和财政返还比例的关系也表明，孵化器主管部门应制定适度的孵化器税收水平和较高的财政返还比例，提升孵化器与创投协同知识创造的总投入。

根据式（6-5-4），$1 + \sum_{i=1}^{N-t} \delta^i \tau_{t+i} = 1 + \sum_{i=1}^{N-t} \dfrac{\delta^i \tau_2}{(t+i-2)\tau_2 + 1}$，由此在第 t 期时有 $\partial\, (1 + \sum_{i=1}^{N-t} \delta^i \tau_{t+i}) / \partial\, \tau_2 > 0$，$\partial\, (1 + \sum_{i=1}^{N-t} \delta^i \tau_{t+i}) / \partial\, t < 0$，

$\partial\,(1\,+\,\sum_{i=1}^{N-t}\delta^{i}\tau_{t+i})/\partial\,\lambda\,<\,0$。从而 $\partial\,a_{t}^{*}/\partial\,\tau_{2}\,>\,0$ ，$\partial\,a_{t}^{*}/\partial\,t\,<\,0$ ，$\partial\,a_{t}^{*}/\partial\,\lambda\,<\,0$ ，表明孵化器和创投在第 t 期总的最优投入水平与初始学习因素正相关，与博弈阶段长度和市场利率负相关。因此较高的初始学习因素将促进孵化器和创投在知识协同创造中进行更多的投入，由式（6 – 5 – 3）可知，较高的初始学习因素意味着孵化器和创投在协同知识创造初期获得了较多的创业项目最高理论值真实信息，从而赋予较大的学习因素权重。所谓"万事开头难"，这启示孵化器与创投在协同知识创造初期应开诚布公、坦诚相见，促使合作后传递出创业项目真实的最高理论价值信息，提升双方知识协同创造全过程的总投入。

总的最优投入水平与学习阶段长度呈负相关，表明孵化器与创投随着时间的推移所付出的总投入逐渐减小。市场利率的变化也会影响每期的总投入水平，市场利率越高，每期总的最优投入水平值越小，所实现的项目收益越少。当 t = N 时，$a_{N}^{*}\,=\,(\gamma[\,kl\,-\,\gamma(1\,-\,l)s\,])^{\frac{1}{\gamma-1}}$ ，说明最后一期总的最优投入水平与学习因素和市场利率无关，因为之后不会再有孵化器和创投的学习，对以后的策略选择不会再产生影响，同时也不会有后期收益的折现。

三　数值仿真分析

根据学习因素下孵化器和创投重复博弈过程中各个博弈阶段孵化器最优参与度和总的最优投入水平的均衡解，运用 Matlab 软件进行仿真分析，能够更加直观地展示参与度和总的投入水平随时间以及其他各个参数的变化情况。

（一）孵化器参与度变化的仿真结果

考察政府的税收政策和财政政策对孵化器参与度的影响，即孵化器参与度随税收强度、财政返还比例的变化情况，如图 6 – 1 所示（ s = 0.1， γ = 0.1）。可以看出，孵化器的最优参与度随政府对创业项目收益税收强度、政府对孵化器的财政返还比例的增加而增加，并且增加的幅度逐渐减小。

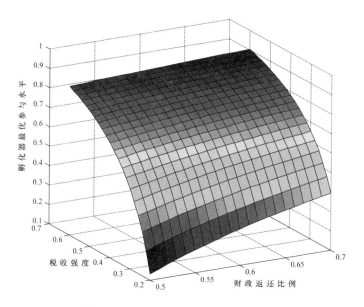

图 6-1 税收强度 l、财政返还比例 k 对孵化器参与度影响

（二）总的最优投入水平变化的仿真结果

1. 总的最优投入水平随博弈阶段变化的仿真结果

令 $N = 20$，$l = 0.3$，$k = 0.4$，$s = 0.1$，$\gamma = 0.2$，$\tau_2 = 0.8$，$\lambda = 0.02$。通过计算可以得到孵化器的最优参与度 $\theta_t^* = 0.34$，而创投在各个博弈阶段所确定总的投入如图 6-2 所示。从图 6-2 可以看出，总投入、孵化器的投入、创投的投入随着博弈的进行均呈下降趋势，并且前期投入下降较快，而后期投入下降较为缓慢。这是因为学习因素和贴现因子随时间的推移逐渐变小，结合式（6-5-3）可以看出孵化器和创投对项目理论最高价值的评估越来越精确，而上期传递出的可依赖信号越来越少，因此孵化器和创投更依赖于以往对项目理论最高价值建立起来的评估信念。孵化器和创投对项目理论最高价值建立起的评估信念，随着时间的推移逐渐趋于稳定并接近理论最高值，使得后期总的最优投入水平也逐渐趋于稳定。

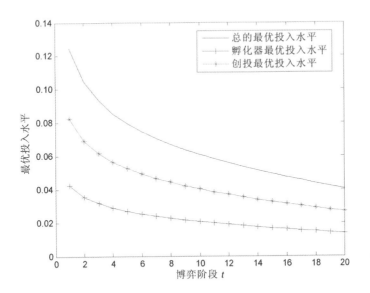

图6-2 孵化器投入、创投投入和总投入随时间变化情况

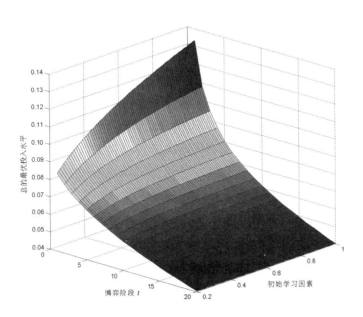

图6-3 总的最优投入水平随初始学习因素和博弈阶段的变化

2. 总的最优投入水平随初始学习因素变化仿真结果

根据前面分析可知，学习因素下总的最优投入水平随初始学习因素的增加而增加，下面针对不同的初始学习因素对每期总的最优投入水平影响进行仿真。令 $N = 20$，$l = 0.3$，$k = 0.4$，$s = 0.1$，$\gamma = 0.2$，$\lambda = 0.02$，仿真结果如图 6 – 3 所示。从图 6 – 3 可以看出，初始学习因素的增加提高了每期总的最优投入水平。另外，不管初始学习因素如何变化，孵化器和创投最后一期总的最优投入水平相等。通过式（6 – 5 – 15）可知某期博弈所确定的总的最优投入与后期的学习因素相关，而最后一期博弈结束就意味着整个博弈过程的终止，因此最后一期总的最优投入水平中不含学习因素，所以不会随初始学习因素的变化而改变。

四   研究启示

科技企业孵化器与创投分别掌握着创业项目的不同优势知识（信息），双方进行知识协同创造有利于更为高效地培育创业项目和企业家。本章将学习因素纳入孵化器与创投协同知识创造资源共享的微观机制，建立孵化器与创投协同知识创造资源共享的多阶段重复主从博弈模型，研究学习因素、税收强度、财政返还、创投股权对维系孵化器与创投协同知识（信息）合作的作用，以及孵化器的最优参与度和双方总的最优投入。本章研究发现，孵化器与创投进行知识（信息）协同创造后从创业项目获取收益的比例要高于创投时，孵化器参与与创投的合作，其程度取决于投入弹性系数的大小。在满足孵化器与创投合作条件下，孵化器的最优参与度与政府税收强度和财政返还比例正相关，与创投在创业项目中所占股份的比例负相关。孵化器和创投总的最优投入水平与税收强度、财政返还比例、初始学习因素正相关，与创投在项目中所占股份的比例、博弈阶段长度和市场利率负相关。研究启示孵化器监管部门应制定适度的孵化器税收水平和较高的财政返还比例，促进孵化器与创投知识协同创造的参与度以及双方总的投入。孵化器与创投在知识协同创造初期进行坦诚相待的合作，传递出合作后创业项目最高理论价值的真实信息，可提升双方在合作的整个阶段的总投入。

第六节　本章小结

本章讨论了在孵化器有利他主义和无利他主义的情况下，孵化器与风险投资之间的合作机制。本章创造性地将收益分享机制和成本分担机制运用到孵化器与风险投资的合作中。鉴于企业内部的知识流动对新创企业的发展具有重要意义，本章设计了知识共享机制，讨论了孵化器和风险投资向新创企业的知识流动。而且，在三种机制中加入了孵化器的利他主义，并确定了合作决策。在此基础上，建立了孵化器、风险投资和新创企业在不同分享机制下的利润函数。根据纳什讨价还价博弈得到均衡解。通过比较解决方案，分析了合作机制。

本章研究结果表明，当风险投资在收益共享或知识分享机制上能够分担一部分成本或为新创企业提供一些知识时，孵化器将降低其利润比例。在成本分担机制和知识分享机制中，孵化器的利润比例低于风险投资的比例。此外，考虑到孵化器利他主义，即使孵化器的收入分成比例降低，孵化器的最终利润也会增加。同时，当风险投资向新创企业提供知识时，风险投资需要更多的利润分享。在成本分担机制和知识共享机制中考虑孵化器利他主义时，孵化器的收益比例会降低。由于利他主义，孵化器将降低其利润比例，以帮助新创企业。根据利润函数，当加入利他主义因素时，孵化器的利润增加，这表明孵化器的利他主义会降低其收入分成率，但当新创企业成功时，最终利润会增加。当新创企业税率增加时，孵化器的收入比例下降。同时，较高的财政返还水平将鼓励孵化器要求较低的收入分成比例。

总之，本章研究了孵化器与风险投资的三种合作机制，取得了一些对实践中的合作具有重要意义的成果。然而，这项研究还需要更多的探索。例如，孵化器的努力可能会影响孵化过程，努力因素也应该考虑在内。

第七章

在孵企业跨界搜索、众筹互动
和创新绩效

众筹已经成为一种新的融资工具，成为传统融资方式的一种替换（Hemer，2011）。众筹通过网络媒介，允许企业家从公众手中筹集资金（Belleflamme 等，2014）。众筹与传统融资方式的差异主要表现在：一是众筹项目投资人仅仅为一个项目贡献一小部分资金，而传统投资人通常会在一个项目上投资大量资金；二是与传统的投资者相比，众筹投资人通常是大众，缺乏相关的专业知识；三是互联网在众筹项目运营过程中起着巨大的作用，而传统融资方式对互联网没有这么大的要求（Li 等，2017）。2016 年，Massolutions 发布的"2015 CF—Crowdfunding Industry Report"中提到，全球众筹行业项目融资规模达到 340 亿美元。尽管众筹行业呈现爆炸式的增长，但是低成功率对企业家而言仍然是一个巨大的挑战。即使是在 Kickstarter 和 Indiegogo 两大国际众筹平台上，平均项目的成功率也只有44%和10%。所以，对于众筹项目发起人而言，提高项目的成功率是极其重要的事情。除此之外，众筹还有其他的目标。尽管筹集资金是发起众筹项目的一大动力，但是其他目标同样重要，比如促进用户创新和获得用户反馈（Belleflamme 等，2010）。Stanko 和 Henard（2016）指出，成功的众筹项目必须通过收集各种数据促进产品升级而不是仅仅为了筹集资金。一般来说，发起人通常在产品初期发起众筹项目，他们需要更加关注产品的后续改进和创新，所以众筹创新绩效对于众筹项目来讲非常重要。

在众筹研究领域，一些学者已经研究了个人网络、社会媒体、项目质量、服务和宣传效应对众筹融资绩效的影响（Koch和Siering，2015）。Kuppuswamy和Bayus（2015）以Kickstarter众筹平台发起的项目为研究对象，验证了社会信息对众筹项目成功的影响。众筹创新绩效是指一个众筹项目如何通过降低成本和提高生产率成为市场化的产品或服务。Prajogo和Ahmed（2006）以及Yi等（2017）提出，技术、内部关系和所有权性质对创新绩效的影响。用户互动也是产品成功的一个重要影响因素（Gruner和Homburg，2000；Bosch-Sijtsema和Bosch，2015）。Sofka和Grimpe（2010）以欧洲5000个公司为研究样本，提出了具体的公司外部资源收集的策略。Ter Wal等（2017）提出，个人从外界识别和吸收知识有利于他们实现更好的创新绩效。以上表明，创新绩效对于众筹项目产品或服务的成功很重要，但是现有文献很少研究影响众筹创新绩效的因素。

此外，众筹发生在一个开放的网络环境中，Web 2.0使用户互动更加便利，项目发起人可以很容易接触到投资人（Remneland等，2013）。在众筹背景下，互动是指发起人和投资人之间的交流过程，是嵌入整个众筹过程中的（Lambert和Schwienbacher，2010；Lee等，2008）。Zheng（2016）提出众筹互动对众筹绩效有显著影响。由此可以看出，发起人和投资人之间的互动交流对提高众筹绩效起到重要的作用。

众筹的发起离不开众筹平台，在众筹平台上，发起人可以获得广泛的外部资源（Remneland等，2013）。跨界搜索可以帮助企业获得与现有技术密切相关的最有价值的技术、产品、产品生产过程和方法。Van der Bergh（2008）提出技术多样性作为应对市场需求不确定性的一种手段，是企业进行创新必不可少的。大部分众筹项目都是创新型的，所以技术的先进性是影响创新绩效的一个重要的因素，技术跨界搜索可以给企业带来相关的资源，进而提高企业的创新绩效。

尽管发起人和投资人互动以及技术跨界搜索对众筹创新绩效起到了重要的作用，但是它们之间的关系还不清晰。Arvanitis等（2015）和Magnusson（2009）曾检验了用户互动和企业创新绩效之间的正相关关系。但是却没有文章研究众筹背景下的技术跨界搜索和互动的影响。Sidhu等（2007）认为技术跨界搜索在一定范围内对创新绩效有正的影响，但是过度的技术跨界搜索却会产生相反的影响。而且，尽管多样的知识可以避免企业知识的重复组成，但并不是所有的外部知识都可以被企业内化，转化为企业的实际生产活动（Wu 和 Wu，2014）。所以，跨界搜索可能对众筹创新有复杂的影响。

本章基于中国三大众筹平台的实证数据，探究了在孵创业企业技术跨界搜索的作用机制，强调了众筹互动和知识共享的作用。本章的第一个目标是通过实证数据检验在孵创业企业跨界搜索和创新绩效的关系。第二个目标是探究众筹互动是否会缩小在孵创业企业技术跨界搜索的范围，降低搜索成本，影响在孵创业企业创新绩效。换言之，本章检验众筹互动是否在技术跨界搜索和创新绩效之间发挥中介作用。Page（2008）提出当个人在组织中分享信息和接受反馈，有利于增强他们理解问题的能力，并且降低犯错的可能性。这意味着在不同的知识共享水平下，在孵创业企业众筹团队可能表现出不同的知识转化能力。所以本章的第三个目标是检验知识共享水平是否会影响在孵创业企业技术跨界搜索对创新绩效的作用。

第一节　文献综述和假设演绎

一　技术跨界搜索和众筹创新绩效

跨界搜索起源于探索性搜索。Stuart 和 Podolny（1996）指出，跨界搜索涉及跨公司、跨时间和跨行业的交流。跨界搜索包括技术跨界搜索和市场跨界搜索（Sofka 和 Grimpe，2010）。考虑到技术对众筹项目非常重要，所以本章研究在孵创业企业技术跨界搜索对众筹绩效的影响。在孵创业企业的众筹技术跨界搜索是指众筹项目从外部环境和资源中搜索和识别对现有技术最有价值的技术、产品、生产过程和方法。奖励型众筹和传统的公司有相似之处体现在产品上，二者都会生产出可以供消费者使用的产品，它们都需要为新产品的研发整合内部和外部的资源。外部资源可以扩大现有的知识，同时也会带来威胁（Bierly 和 Chakrabarti，1996；Danneels，2008）。与非跨界搜索相比，跨界搜索可以帮助企业避免核心技术僵化和竞争力陷阱（Rosenkopf 和 Nerkar，2001）。在孵创业企业众筹项目是基于互联网平台，所以它们很容易接触到外部资源，通过将它们整合到现有的知识中以增强它们的创新绩效。根据 Laursen 和 Salter（2006）的研究，高市场绩效是指能够以更低的成本和更高的生产效率将商业创意转化为市场化的产品。而开放性的网络平台为持续创新提供了一个良好的环境（Stanko 和 Henard，2016）。基于以上分析，本章提出以下假设：

H1：在孵创业企业技术跨界搜索对众筹创新绩效有显著的正向作用。

二　众筹互动的中介作用

一些文献研究了跨界搜索和互动之间的正相关关系（Laursen 和 Salter，2006；Cruz-González 等，2014）。Tsai 和 Ghoshal（1998）表示有频率的、密切的互动可以使参与者之间的界限变得模糊，能够使他们获得和融合外部的相关资源。互动包括互动的宽度和互动的深度（Fang 等，2008）。互动宽度指的是参与者的范围，互动的深度指的是价值共创的深度。

众筹为项目发起人提供了一个可以依靠投资人进行筹资、创造、发起项目的机会。投资人参与到众筹产品的共创中通常被视为众筹过程的一种奖励（Stanko 和 Henard 2017；Agrawal 等，2014）。众筹互动指的是众筹的项目发起人和投资人在众筹平台上互相分享彼此的创意（Kuo 和 Gurber，2012）。参考 Fang 等（2008），本章从众筹互动宽度和众筹互动深度两个维度，探讨众筹互动的中介作用。众筹互动宽度主要测量参与互动的人的数量和互动渠道的多样性，互动的深度是指众筹互动的频率。

Feng 和 Wang（2013）提出生产者和消费者之间的互动对新产品发展的速度和成本有重要的作用。而且 Andries 和 Czarnitzki（2014）也认为参与到互动中的员工数量与公司的创新绩效成正比。除此之外，一些学者指出更多的人参与到众筹互动中来可以降低投资人的感知风险。而当他们通过互动获得发起人关注的时候，投资人会感受到更多的自信和安全感，这也有利于加速创新（Lin，2008；Zhu 等，2012）。Salge 等（2013）认为互动的深度与消费者的需求密切相关，频率越高，越有利于加速产品产出。Stanko 和 Henard（2017）指出当众筹项目中的知识储存太低时，是无法进行深度互动的，会对绩效产生不利的影响。而且，根据 Stanko 和 Henard（2016）的研究，越多的发起人通过诸如不断更新产品信息等的方式与项目的投资人交换信息，越有利于产品的创新。一方面，如果投资人认同发起人的项目，这意味着这个产品有较高市场吸引力，会鼓励发起人积极进行产品创新。另一方面，当投资人与发起人交换创意和意见，会促进发起人重新思考或改进他们的创意，使他们的创意和产品更加符合市场的需求。而且，发起人和投资人之间的互动会给投资人提供一个信号，帮助投资人确认项目运行的状态，当发起人确认他们的资金被高效使用，他们会更好地支持项目（Read，2013）。当更多的投资人参加到众筹项目中，项目产品就有可能更快地市场化。基于以上分析，本章提出以下假设：

H2a：在孵创业企业技术跨界搜索对众筹互动宽度有显著的正向作用。

H2b：在孵创业企业技术跨界搜索对众筹互动深度有显著的正向作用。

H3a：在孵创业企业众筹互动宽度对众筹创新绩效有显著的正向作用。

H3b：在孵创业企业众筹互动深度对众筹创新绩效有显著的正向作用。

H4a：在孵创业企业众筹互动宽度在技术跨界搜索与创新绩效之间的关系中起到中介作用。

H4b：在孵创业企业众筹互动深度在技术跨界搜索与创新绩效之间的关系中起到中介作用。

三　知识共享的调节作用

知识共享是指知识从一个个体或团队转移或者传递到另一个个体或团队。根据知识共享理论，知识共享同时发生在个人层面和团队层面。当个人知识上升到团队知识，那么团队知识的储量和团队的知识共享水平将会增加，进而带动创新。在团队层面上，知识共享是指转移、获取、组织和储存各种各样的知识。而在个人层面上，知识共享是指彼此之间交流学习能够高效解决问题的方法（Bock 等，2005；Lam 和 Lambermont，2010）。

一些研究表明知识共享和创新绩效之间有密切的联系（Wu，2016；

Kuo 等，2014）。Barne（1991）认为知识共享可以增强公司的持续竞争优势和创新绩效。根据 Reychav 和 Weisberg（2010）的研究，创新绩效不仅受到显性知识的影响，同时受到隐性知识的影响。众筹项目的筹资过程，离不开团队内部的交流学习，所以知识共享在众筹中的作用不可忽视。当团队内的知识共享水平较低时，意味着团队搜索和吸收知识的能力较低，这时技术跨界搜索和创新绩效之间的正向关系将被削弱；当团队内的知识共享水平较高时，意味着团队整合和吸收各种各样知识的能力较强，这会正向影响技术跨界搜索和创新绩效之间的关系。所以，众筹团队应该营造一个较高的知识共享水平以最大限度地利用外部资源对创新绩效的积极作用。除此之外，一些学者也研究了知识共享和互动行为之间的关系。Sloan 等（2015）提出知识共享有利于营造一种基于社交网络的社区归属感，为消费者的共创行为提供更多的机会。一方面，高水平的知识共享可以增加个人的知识储量（Reychav 和 Weisberg，2010），有助于帮助众筹发起人更加广泛地与投资人进行交流。同样地，高水平的知识共享也会影响到个人知识储量，可以增加个人之间的深入互动。另一方面，当项目发起人共享更多通过众筹互动从投资人那里获得的知识时，会提高众筹的创新绩效。

本章指出高水平的知识共享不仅会增强在孵创业企业技术跨界搜索和众筹互动之间的关系，也会增强在孵创业企业众筹互动和创新绩效之间的关系。基于以上分析，本章提出以下假设：

H5a：在孵创业企业知识共享可以调节技术跨界搜索和众筹互动宽度之间的关系。

H5b：在孵创业企业知识共享可以调节众筹互动宽度和创新绩效之间的关系。

H5c：在孵创业企业知识共享可以调节技术跨界搜索和众筹互动深度之间的关系。

H5d：在孵创业企业知识共享可以调节众筹互动深度和创新绩效之间的关系。

四　控制变量

Ahuja 和 Katila（2001）检验了时间和规模对创新绩效的影响。考虑到规模越大、组织越好的众筹团队往往有更强的能力去搜索和整合外部资源，能够做到更高效地与投资人互动，本章将在孵创业企业众筹团队的成立时间和规模作为控制变量。除此之外，Fabrizio（2008）提出专利数量显著影响创新的速度。众筹团队拥有的专利数量越多，越有可能表现出更好的创新绩效。为了避免分析偏差，本章基于以往研究，将成立时间、成员规模和专利数量作为控制变量。图 7 - 1 是本章的研究框架。

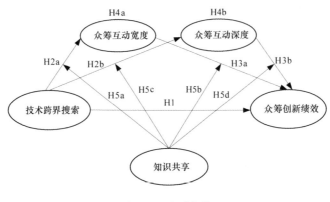

图 7 - 1 研究框架

第二节　研究方法

一　样本和数据收集

本章收集了中国三大众筹平台——京东金融、淘宝众筹和众筹网——从 2015 年 2 月到 6 月的数据，通过邮件的形式调查了 500 家以科技为导向的创新性众筹项目。为了提高收回率，我们资助每个参与调查的众筹项目 30 元人民币。共收回 367 份问卷，回收率为 73.4%，删除 25 份不完整的问卷，共得到有效问卷 342 份，整体回收率是 68.4%。样本的描述统计如表 7 - 1 所示。

表 7 - 1　　　　　　　　　　　描述统计

样本特征	类别	频率	百分比
成立时间	0—3 月	11	3.33
	4—6 月	23	6.67
	7—9 月	80	23.33
	10—12 月	123	36
	13—15 月	67	19.67
	16—18 月	26	7.67
	超过 18 月	11	3.33
专利数量	0	21	6
	1	28	8.33
	2	70	20.33
	3	95	27.67
	4	66	19.33
	5	40	11.67
	6	14	4
	超过 6	9	2.67
团队规模	2	6	1.67
	3	7	2
	4	13	3.67
	5	33	9.67
	6	60	17.67
	7	105	30.67
	大于或等于 8	116	34

二　测量题项

本章基于以往的文献研究，选择成熟的量表进行问卷设计。题项采用李克特量表（1 = "非常同意"，4 = "表示中立"，7 = "非常不同意"）。问卷由五部分组成：技术跨界搜索、知识共享、众筹互动宽度、众筹互动深度和众筹创新绩效。题项列表见表 7 - 2。

表 7 - 2　　　　　　　　　　　　　题项测量

题项	类别	内容	平均值	标准差
技术跨界搜索	TBS1	本众筹团队非常了解所在行业的技术发展情况	5.04	1.17
	TBS2	本众筹团队收集与我们使用同类技术的所有行业的信息	5.11	1.17
	TBS3	本众筹团队时刻关注在技术上与我们相关的行业	5.13	1.14
	TBS4	本众筹团队很关注如何将现有生产设备用于生产新产品	5.16	1.15
	TBS5	本众筹团队密切关注那些在我们产品领域不是领导者，但是拥有与我们相似的技术的公司	5.49	1.14
知识共享	KS1	当众筹团队中的某个或某些成员学习了新的知识或技术，他们会与团队中其他成员分享	4.78	1.12
	KS2	当众筹团队中的某个或某些成员需要其他成员的知识或技术，其他成员会与他们分享	4.99	1.23
	KS3	本众筹团队成员之间进行知识交流轻松且次数多	5.05	1.13
	KS4	本众筹团队中各成员都允许彼此观察、学习或效仿	4.98	1.08
众筹互动宽度	CIB1	本众筹团队发起的众筹项目获得的关注人数很多	4.80	1.22
	CIB2	本众筹团队为众筹者提供的互动平台数量很多（包括 QQ、邮箱、微信、微博、电话等）	4.37	1.37
	CIB3	本众筹团队会与众筹者保持长时间互动	3.64	1.17
	CIB4	本众筹团队可以从众筹者之间的互动中获得有效信息	3.85	1.24
众筹互动深度	CID1	本众筹团队会对众筹者的提问及时做出回应	4.89	1.23
	CID2	本众筹团队与众筹者进行交流的频率很高	4.63	1.24
	CID3	本众筹团队与众筹者沟通轻松灵活	4.91	1.22

题项	类别	内容	平均值	标准差
众筹创新绩效	CIP1	与其他组织相比，本众筹团队新产品的开发速度很快	5.05	1.25
	CIP2	与其他组织相比，本众筹团队创新产品的成功率很高	5.02	1.26
	CIP3	本众筹团队大大缩短了从产品开发到销售的时间	4.97	1.22
	CIP4	本众筹团队开发新产品的原材料和能源消耗大大降低	4.80	1.24

三　信度和效度检验

本章在假设检验前运用 SPSS22.0 对变量的信度和效度进行分析。信度分析是对测度稳定性和一致性的检验，采用 Cronbach's alpha 系数和 CR 来评价多条目构念的信度。其中分量表的 Alpha 系数在 0.6 以上就是可以接受的。本研究中所有构念的测量量表 Alpha 系数在 0.656 到 0.762 之间，CR 的值在 0.795 到 0.86 之间，其余构念的信度均超过 0.7，表示变量的信度通过了检验。效度可分为内容效度、构想效度和预测效度。本章通过与同行的交流确定题项的内容效度，采用验证性因子分析 CFA 检验构想效度和预测效度（Fornell 和 Larcker，1981）。CFA 的检验结果 χ^2 （170） = 472.835，RMSEA = 0.058，NFI = 0.93，IFI = 0.902，CFI = 0.899。表 7 - 3 是题项的因子分析，所有的因子载荷都在 0.5 以上。方差的平方根（AVE）如表 7 - 4 所示，均大于相关系数。结果表示题项通过了有效性检验。

第三节　数据分析和结果

本章用多元回归分析进行模型检验，为了降低多元共线性，所有组成交叉项的变量都进行去中心化（Aiken 和 West，1991）。最大的方差膨胀因子是 6.874，低于 10.0，所以，数据不存在多元共线性的担忧。回归结果如表 7 - 5 所示，表 7 - 5 中的数据都是非标准化数据。

表 7 - 3 信度和效度检验

题项	类别	因子载荷	Cronbach's α	CR
技术跨界搜索	TBS1	0.699	0.715	0.816
	TBS2	0.688		
	TBS3	0.681		
	TBS4	0.651		
	TBS5	0.709		
知识共享	KS1	0.680	0.656	0.795
	KS2	0.744		
	KS3	0.699		
	KS4	0.682		
众筹互动宽度	CIB1	0.808	0.726	0.831
	CIB2	0.722		
	CIB3	0.666		
	CIB4	0.771		
众筹互动深度	CID1	0.880	0.762	0.865
	CID2	0.691		
	CID3	0.895		
众筹创新绩效	CIP1	0.659	0.711	0.822
	CIP2	0.767		
	CIP3	0.759		
	CIP4	0.741		

表 7-4 均值、相关系数和 AVE 检验

题项	TBS	KS	CIB	CID	CIP	成立时间	专利数量	团队规模
技术跨界搜索（TBS）	.686							
知识共享（KS）	.221**	.702						
众筹互动宽度（CIB）	.107*	.119**	.744					
众筹互动深度（CID）	.201**	.490***	.496***	.764				
众筹创新绩效（CIP）	.211**	.229**	.147**	.223***	.733			
成立时间	-.162***	-.100	-.080	-.071	-.075	- - -		
专利数量	-.023	-.171	-.114	-.061	-.062	.590**	- - -	
团队规模	-.090	-.179***	-.183*	-.053	-.086	.563**	.649**	- - -
平均值	5.187	4.953	4.162	4.910	4.960	4.00	4.02	5.66
标准差	0.792	0.846	0.877	0.917	0.909	1.264	1.599	1.381

注：表中斜体字指变量的 AVE 值，* $p<0.1$；** $p<0.05$；*** $p<0.01$。

表7-5 回归结果

变量	众筹互动宽度			众筹互动深度			众筹创新绩效				
	模型1	模型2	模型3	模型4	模型5	模型6	模型7	模型8	模型9	模型10	模型11
成立时间	0.024	0.038	0.037	-0.038	-0.007	-0.031	-0.029	0.002	0.00	-0.004	0.001
专利数量	-0.004	-0.011	-0.006	-0.015	-0.031	0.007	0.003	-0.013	-0.007	0.001	0.000
团队规模	-0.126	-0.122	-0.013**	-0.005	0.004	0.045	-0.044	-0.035	-0.024	-0.016	-0.023
TBS		0.108**	0.088		0.229***	0.108*		0.237***	0.187***	0.186***	0.145**
CIB									0.089*		
CID									0.171***		0.112*
KS			0.061			0.500***				0.180***	0.165**
TBS×KS			0.085			0.118*				0.139*	0.097
CID×KS											0.078**
调整R^2	0.025	0.032	0.035	-0.003	0.032	0.247	0.000	0.038	0.075	0.076	0.093
R^2	0.034	0.043	0.052	0.006	0.043	0.261	0.008	0.050	0.091	0.092	0.114
F值	3.973	3.811	3.071	0.635	3.824	19.672	0.957	4.390	5.587	5.654	5.346

注: * $p<0.1$; ** $p<0.05$; *** $p<0.01$。

　　H1 描述了在孵创业企业技术跨界搜索和众筹创新绩效之间的正向关系，如模型 8 所示，技术跨界搜索积极影响众筹创新绩效（$\beta = 0.237$，$p < 0.01$），所以 H1 通过了假设。本章按照 Baron 和 Kenny（1986）的方法进行中介效应检验。首先，我们检验自变量和中介变量的关系；其次，检验中介变量对因变量的影响；最后，我们将自变量、中介变量和因变量一起放在一个模型中进行回归检验。如果在孵创业企业技术跨界搜索、众筹互动宽度和众筹创新绩效的关系或者技术跨界搜索、众筹互动深度和众筹创新绩效的关系显著，表示至少存在一个中介变量。而且，当存在中介变量比不存在中介变量时的技术跨界搜索与众筹创新绩效的回归系数小时，表示存在部分中介效应，如果加入中介变量后，在孵创业企业技术跨界搜索与众筹创新绩效的回归系数变得不显著，表示存在完全中介效应。模型 2 显示了在孵创业企业技术跨界搜索与众筹互动宽度之间的显著的积极作用（$\beta = 0.108$，$p < 0.05$）；模型 5 显示了在孵创业企业技术跨界搜索与众筹互动深度之间的显著的积极作用（$\beta = 0.229$，$p < 0.01$），所以 H2a 和 H2b 的假设检验通过。在模型 9 中，我们检验了在孵创业企业众筹互动宽度对创新绩效（$\beta = 0.089$，$p < 0.1$）以及众筹互动深度对创新绩效（$\beta = 0.171$，$p < 0.01$）的系数均显著。所以假设 H3a 和 H3b 也通过了假设，而且通过对比系数可以得到，在回归方程中加入中介变量后，自变量在孵创业企业技术跨界搜索与众筹创新绩效的回归系数变小了，所以众筹互动宽度和众筹互动深度分别在技术跨界搜索与众筹创新绩效的关系中起到了部分中介作用。假设 H4a 和 H4b 通过了检验。

　　模型 3、6、10 和 11 检验了知识共享在模型中的有中介的调节作用。参考 Miller 等（2005）提出的有中介的调节效应的检验方法，模型中的变量都进行了去中心化的处理。我们使用逐步回归的方法检验众筹互动宽度和深度是否会在知识共享的调节作用中起到中介作用。首先，我们检测了众筹互动深度这个路径上的有中介的调节效应。我们首先检测了众筹互动宽度路径上的调节效应。第一步，检验知识共享对总效应的调节作用，如公式（7 - 3 - 1）所示。

$$CIP = \beta_{10} + \beta_{11}TBS + \beta_{12}KS + \beta_{13}TBS \times KS + \varepsilon_1 \qquad (7 - 3 - 1)$$

第二步，检验知识共享对众筹互动宽度的前半个路径的调节效应，如公式（7-3-2）所示。

$$CIB = \beta_{20} + \beta_{21}TBS + \beta_{22}KS + \beta_{23}TBS \times KS + \varepsilon_2 \qquad (7-3-2)$$

第三步，检验知识共享对众筹互动宽度的后半个路径的调节效应，以及剩下的总效应的显著性，如公式（7-3-3）所示。

$$CIP = \beta_{30} + \beta_{31}TBS + \beta_{32}KS + \beta_{33}TBS \times KS + \beta_{34}CIB + \beta_{35}CIB \times KS + \varepsilon_3 \qquad (7-3-3)$$

$TBS \times KS$ 和 $CIB \times KS$ 分别代表了在孵创业企业技术跨界搜索和知识共享的交互项以及众筹互动宽度和知识共享的交互项。β_{13} 代表知识共享对总效应的调节作用，β_{13} 不等于 0 表示知识共享对总效应的调节作用存在。β_{33} 代表加入中介变量后剩下的知识共享对总效应的调节效应。如果 $\beta_{13} < \beta_{33}$，意味着调节变量知识共享在技术跨界搜索和众筹创新绩效之间存在中介变量。相应地，如果 $\beta_{23} \neq 0$ 和 $\beta_{34} \neq 0$，则知识共享调节众筹互动宽度的前半个路径；如果 $\beta_{21} \neq 0$ 和 $\beta_{35} \neq 0$，则知识共享调节众筹互动宽度的后半个路径。知识共享对众筹互动深度路径的调节效应的检验也是按照这个方法。

从模型 10 中可以看出，在孵创业企业技术跨界搜索与知识共享的交互项的系数显著，而在模型 3 中，技术跨界搜索与知识共享的交互项的系数不显著，所以，在众筹互动宽度这条路径上，不存在有中介的调节效应。H5a 和 H5b 没有得到验证。模型 6 显示了技术跨界搜索和知识共享的交互项对众筹互动深度有显著的积极作用（$\beta = 0.118$，$p < 0.1$）。在模型 10 中，技术跨界搜索和技术跨界搜索与知识共享的交互项的系数均显著（$\beta = 0.186$，$p < 0.01$；$\beta = 0.139$，$p < 0.1$）。在模型 11 中，众筹互动深度和众筹互动深度与知识共享的交互项的系数均显著（$\beta = 0.112$，$p < 0.01$；$\beta = 0.078$，$p < 0.05$）。所以，知识共享在众筹互动深度的前半个路径和后半个路径上均有调节效应。假设 H5c 和 H5d 得到了验证。图 7-2 和图 7-3 分别描述了知识共享对众筹互动深度的前半路径和后半路

径的调节效应的强度。低水平的调节变量和高水平的调节变量分别是均值减去和加上一个标准差得到的。从图 7 – 2 和图 7 – 3 可以看出，知识共享的水平越高，有中介的调节效应越明显。

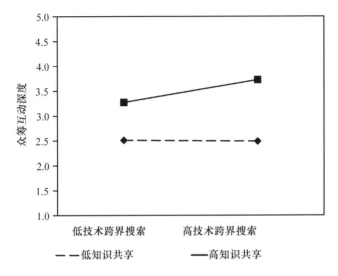

图 7 – 2　知识共享对众筹互动深度前半路径的调节作用

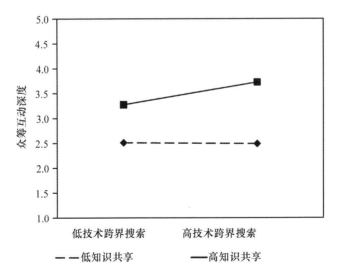

图 7 – 3　知识共享对众筹互动深度后半路径的调节作用

第四节 本章小结

由于大部分众筹项目都与产品和服务相关，所以众筹项目不仅仅是为了筹集目标资金，同时也是为了进一步做到产品创新（Belleflamme 等，2010；Stanko 和 Henard，2016）。众筹的创新绩效越来越重要。本章通过实证检验，探索了影响众筹创新绩效的机制。

首先，我们基于中国三大众筹平台的问卷调查数据，建立了结构方程模型。实证结果表明，在孵创业企业技术跨界搜索对众筹创新绩效有显著的正向作用。本章的结论与 Stanko 和 Henard（2016）及 Laursen 和 Salter（2006）提出的外部的创意和资源有利于提高创新绩效的观点是一致的。从外部搜索众筹项目所需要的资源能够使众筹获得新的信息，可以帮助众筹项目更快地达到市场，更有效地节约成本。

其次，本章受到生产者和消费者之间价值共创的启发，在此基础上，探索了在孵创业企业众筹互动在技术跨界搜索与众筹创新绩效之间的作用机制。结果表明，在孵创业企业众筹互动宽度和众筹互动深度均在技术跨界搜索与众筹创新绩效之间起到部分中介作用。Cui 和 Wu（2016）提出互动在营销领域中的重要的中介作用。在众筹的背景下，在孵创业企业和投资人的互动对于众筹绩效仍然非常重要。可以说，众筹项目的成功不仅仅依赖于项目发起人的创意和努力，投资人的参与也是至关重要的。在孵创业企业不仅可以从投资人的互动参与中产生新的创意和想法，同时，这个过程也使得发起人更加了解众筹项目的实现过程。通过增加互动的渠道和频率，众筹团队可以进而增强他们的创新能力。

最后，为了探究知识共享在主效应和中介效应中的作用，我们引入知识共享作为中介变量。根据 Wu（2016）、Kuo 等（2014）、Reychav 和 Weisberg（2010）等学者的观点，知识共享与创新绩效密切相关。这也与本章得到的结论一致，知识共享有效调节了主效应和众筹互动深度路径上的中介效应。一方面，在孵创业企业众筹团队内的知识共享的水平越高，众筹互动的深度越有效，进而会促进众筹创新绩效；另一方面，知识共享水平的高低对众筹互动宽度这一路径没有调节作用。这可能是因为在孵创业企业技术跨界搜索已经为众筹项目获取广泛的外界知识提供了很大的资源，但是这些资源如果不能被有效地整合吸收，就很难服务于众筹项目创新绩效的提高，而众筹发起人和投资人之间的互动的宽度很难达到这个效果，所以知识共享只调节了众筹互动深度上的路径。

一　研究启示

本章的结果对在孵创业企业众筹团队提高众筹绩效有三点启示。第一，获得足够的外部资源和学习相关的技术对于众筹项目非常重要。一方面，在孵创业企业技术跨界搜索可以打破本地搜索的局限性并且获得互补性的外部知识和资源来弥补众筹项目技术方面知识的不足；另一方面，在孵创业企业技术跨界搜索也可以避免当地搜索容易出现的相似性陷阱，有利于众筹项目的创新。第二，发起人应当重视投资人的作用，不应当仅把他们当作一种资金来源，应当充分发挥他们在产品创新、服务改进上的积极作用。发起人可以为投资人提供更多的渠道，比如评论、分享等，以促进双方的沟通交流。第三，在孵创业企业知识共享对创新绩效也有显著的作用，团队内的知识共享的水平越高，知识在团队内传递和吸收的效率越高，所以众筹发起人应当在团队内部努力营造一个高水平的知识共享氛围。综上所述，只有努力营造一个高水平的知识共享氛围，积极开展众筹发起人和投资人之间的互动，才能更好地将外部的技术和资源转化为众筹项目的创新能力。

本章对现有文献研究的贡献表现在以下三个方面。首先，一些学者比如 Belleflamme 等（2014）解释了影响众筹项目成功的很多因素，但是大部分的研究都是针对众筹的创新绩效（Mollick，2014；Boeuf 等，2014）。近几年来，越来越多的学者开始强调企业创新（Stanko 和 Henard，2016；Mollick，2016），但是很少有文献研究众筹环境下的创新绩效的影响因素。其次，通过引入众筹互动的两个维度，本章阐释了在孵创业企业技术跨界搜索对众筹创新绩效的间接作用。最后，通过分析在不同知识共享水平下的众筹互动的作用机制，本章得出知识共享对众筹互动深度这一中介效应的影响。

二　局限和研究展望

本章通过建立一个被调节的中介模型，研究了众筹背景下的在孵创业企业技术跨界搜索对创新绩效的影响。虽然本章的研究结论为在孵创业企业众筹的发起人提出了建议，也为进一步深化现有研究做出了贡献，但是仍有一些不足。对于科技型的众筹项目，融资绩效和创新绩效一样重要，本章仅关注了众筹项目的创新绩效。此外，虽然高的创新绩效意味着众筹产品或服务有较好的市场和创新结果，但这并不代表众筹项目的成功。未来的研究应该探索众筹的融资绩效以及其影响众筹创新绩效的潜在因素。

第 八 章

动态环境中的内、外部网络和
在孵企业绩效研究

新成立的中小型企业是非常脆弱的，而且可能面临与债务相关的问题和管理认知有限等问题（Parida 等，2016；Rubin 等，2015）。因此，许多这些"新生儿"必须获得行政支持以克服典型的关键障碍（Bøllingtoft 和 Ulhøi，2005；Rubin 等，2015），并制定政策措施以确保其生存和发展。在支持这些企业发展的众多方法中，企业孵化器越来越多地受到了关注（Bergek 和 Norrman，2008；Soetanto 和 Jack，2013）。通过孵化器和创业研究的不断发展，企业孵化器与创业之间建立了密切的关系。美国国家企业孵化协会（National Business Incubation Association，NBIA，网址为 www. nbia. org）将孵化器定义为"旨在通过一系列业务资源和服务加速创业企业成长和成功的经济发展工具"。孵化器和科技园被认为是支持创新和以技术为导向的企业发展的重要政策工具（Mian 等，2016）。换句话说，孵化器为在孵企业提供创业支持（Mian 等，2016；Soetanto 和 Jack，2018）。从实践角度来看，孵化器的总体目标是发展业务，激发创业精神（Bøllingtoft 和 Ulhøi，2005），并解决创业过程中的困难（Akçomak，2011）。此外，孵化器的孵化机制有助于促进和加速创业和技术创新（Aernoudt，2004；Akçomak，2011；Mian 等，2016），孵化器在高科技创业和技术创新中发挥关键作用（Akçomak，2011；McAdam 和 McAdam，2008）。同时，这些企业孵化器促进了创业企业的网络和知识交流（Sá 和 Lee，2012），因此创业型企业可以以较低的交易成本和较少的障碍来开展技术创新（Soetanto 和 Jack，2016）。

目前，企业孵化器的发展仍处于整合期（Diez-Vial 和 Montoro-Sanchez，2017）。企业孵化器不仅越来越关注网络和网络能力的发展（胡海青等，2018），而且致力于开发强大的商业网络和社交网络，以智力资源和物质资源的形式为在孵企业带来价值（Cooper 等，2012；McAdam 和 McAdam，2006）。从创业研究的角度来看，新企业依靠网络作为获取大量资源的主要途径，网络是逃避创业限制的关键（Aldrich 和 Kim，2012）。此外，学者们一致认为网络对企业孵化器中的新兴高科技公司发挥着重要作用（Sá 和 Lee，2012），并且越来越关注网络对于在孵企业的生存和发展的重要性（Bruneel 等，2012；Hayter，2013；Rasmussen 等，2015；Rubin 等，2015）。孵化器网络嵌入当地的社会和经济环境中，并作为获取信息和资源的桥梁，补充新生企业的现有资产（Newbert 等，2013；Rasmussen 等，2015；Semrau 和 Werner，2014）。此外，孵化器网络不仅是围绕孵化过程建立的创新网络（Schwartz 和 Hornych，2010），而且是创新的开放系统（Giudici 等，2018）和创业整合的综合平台。总之，孵化器网络是孵化器背景下的一种创业网络。

事实上，网络对企业绩效的重要性已引起学术界的关注，相关研究也在不断深入。此外，该主题已被认为是经济地理学领域的一个关键问题（Boschma，2005）。在研究的早期阶段，经济地理学领域的学者将邻近性作为分析影响企业绩效因素的重要依据，并将邻近性分为五个维度：认知邻近性、组织邻近性、社会邻近性、制度邻近性和地理邻近性（Boschma，2005）。经济地理学强调地理位置和空间集聚效应。该研究领域认为，地理上的接近促进了组织之间频繁的面对面交流，促进了隐性知识的传播（Antonelli，2000）。此外，地理邻近性最有可能通过加强其他方面的接近来促进企业的互动学习和创新（Boschma，2005），从而提高企业的创新绩效。随着研究的深入，学者们认为地理邻近性在知识交流模型中的作用被过分强调，而网络的影响被低估了（Boschma 和 TerWal，2007；TerWal 和 Boschma，2011）。因此，对网络的研究逐渐引起了经济地理学领域学者的关注，大多数研究发现企业的网络关系数量与企业绩效之间存在正相关关系（Boschma 和 Frenken，2010；Ozman，2009）。Broekel 和 Boschma（2016）认为，当企业与相关技术企业和类似技术企业联系时，企业的创新绩效会得到提升。与此同时，与不同地理层面的组织建立关系可以对创新绩效产生积极影响。因此，本章的研究旨在解决以下研究问题：在孵化器环境中，网络对企业绩效有怎样的影响？

我们使用 Collins 和 Clark（2003）以及 Soetanto 和 Jack（2013）的分类将孵化器网络划分为内部网络和外部网络。Collins 和 Clark（2003）使用高层管理团队作为网络节点，并将网络划分为外部网络和内部网络。外部网络包括九类参与者（例如，供应商、客户和金融机构等），内部网络包括四类参与者（例如，开发、销售和运营等）。Soetanto 和 Jack（2013）提到了企业孵化器的内部网络和外部网络，但没有分析这两种网络对在孵企业的影响。为填补这一研究空白，我们从内部网络和外部网络两个角度分析了孵化器网络对企业绩效的影响。

尽管现有的研究证明了孵化器网络的重要性，但它只分析了一种类型的网络（内部网络或外部网络），并没有对它们进行定义或明确区分它们。一方面，一些学者强调在孵企业之间建立网络的作用（例如，Bøllingtoft，2012；Hughes 等，2007；Nijssen 和 VanderBorgh，2017），正式的内部网络服务帮助在孵企业促进沟通和知识交流（王国红等，2015）。在孵企业之间的这些密切关系可以为新的在孵企业提供更多机会与商业伙伴合作以获得动力并实现早期发展（Nijssen 和 VanderBorgh，2017）。另一方面，其他学者强调与外部实体构建网络、合作和知识共享的重要性（例如，West 和 Bogers，2014），并强调外部知识来源和外部网络的价值，以促进企业的创新和增长（例如，Sungur，2015；Tello 和 Yang，2012）。

具体而言，当组织拥有更多外部网络时，它们更有可能采用外部网络的最新生产技术并开发新产品或服务（Lee 等，2015）。然而，尽管经过了数十年的研究，这种孵化器网络中的合作所具有的重要性和作用仍然不清晰（Nijssen 和 VanderBorgh，2017）。此外，虽然高度邻近性被认为是网络成员连接的先决条件，但 Boschma 和 Frenken（2010）认为网络关系对企业创新的影响是模糊的。网络成员之间的过度接近可能会对交互式学习和创新产生不利影响（卢艳秋和叶英平，2017），因此并不一定能转化为更高的创新绩效，我们称之为"邻近悖论"（Boschma 和 Frenken，2010）。那么，孵化器背景中的网络对企业绩效有何影响？基于这些考虑，本章的研究在孵化器环境中测试内部网络和外部网络与企业成长绩效之间的关联。

我们发现创业学习在网络和企业绩效之间的桥梁作用受到广泛关注（Fang 等，2010）。事实上，了解创业学习和创业知识的水平对于解释新企业的生存和发展非常重要（Aldrich 和 Yang，2014；姜骞和唐震，2018）。基于网络的创业学习越来越被视为创业者的重要学习平台（Kempster 和 Cope，2010）。在某种程度上，网络能否改善企业绩效取决于创业者的创业学习能力（Slotte-Kock 和 Coviello，2010），这是通过网络获得重要知识和技能的关键创业能力（Rasmussen 等，2014，2015）。这些知识和技能被认为对公司业绩有积极影响（吴文清等，2019）。例如，Fang 等（2010）认为在孵企业在组织间的网络中利用在孵企业—孵化器社会资本对组织间学习产生积极影响，从而进一步提升了在孵企业的绩效。李纲等（2017）发现创业者可以依靠网络获取技术和市场知识，从而加强创业企业的产品或服务的创新。然而，很少有学者在孵化器环境中讨论过创业学习在企业内部网络和外部网络与企业成长绩效之间的中介作用。

此外，孵化器中的企业不可避免地受到环境动态性的影响。以前的研究主要集中在环境动态性对探索式学习和利用式学习与企业绩效之间的调节作用（Kim 和 Atuahene-Gima，2010；Li 等，2010）。同时，一些研究探讨了环境动态性对企业绩效的影响。例如，一些研究人员认为环境动态性不利于企业的新产品开发和价值创造，这阻碍了企业的成长（Cruz-González 等，2015；Wang 和 Bao，2017）。相反，一些研究得出结论认为，高的环境动态性可以促使企业在压力下改善创新绩效（Li 和 Liu，2014；Mouri 等，2012；Suarez 和 Lanzolla，2007）。换句话说，环境动态性对企业绩效的影响仍然存在争议。

总之，虽然学者们分别强调了内部网络和外部网络在企业绩效中的重要作用，但很少有研究讨论这些网络对企业成长绩效的共同影响。现有研究的另一个不足之处在于，它们只从网络结构的角度分析网络的作用，但忽略了网络的具体贡献和功能（Hayter，2013）。此外，我们对孵化器网络背后的机制知之甚少（Sá 和 Lee，2012），还有待进一步确定内部网络和外部网络如何共同影响企业绩效。与此同时，虽然研究分析了创业学习在网络和企业绩效之间的中介作用，但它们没有从内部网络和外部网络的角度去分析。最后，虽然以往的研究已经分析了环境动态性对创业学习和企业绩效的调节作用，但其在内部网络和外部网络与企业成长绩效中的调节作用尚未得到验证，并且在这种调节作用上仍存在一些争议。本章的研究通过探讨企业孵化器的内部网络和外部网络如何影响动态环境中在孵企业的成长绩效，以及分析创业学习的中介作用，来弥补文献中的这些差距。

这项研究主要有三方面的理论贡献。首先，虽然以前的文献分别讨论了企业孵化器内部网络和外部网络对企业绩效的影响，但我们整合了内部网络和外部网络，以探讨它们对企业成长绩效的影响，并讨论不同类型网络的具体作用和价值。其次，我们从创业学习及其中介作用的角度探讨孵化器网络对企业成长绩效影响的路径，发现企业孵化器的内部网络和外部网络对探索式学习和利用式学习的影响不同。这为进一步了解内部网络和外部网络对企业成长绩效的影响机制提供了新的视角。最后，我们发现环境动态性越高，企业孵化器外部网络对企业成长绩效的影响越大，这为孵化器对在孵企业具有积极作用的观点提供了新的证据。总的来说，本章的研究扩展了现有的研究，不仅弥补了现有的研究差距，而且为后续研究奠定了基础。

第一节　文献综述与假设

一　企业孵化器的内部网络和在孵企业的成长绩效

内部网络作为整个孵化器网络的核心，发挥着培育功能（Hughes 等，2007；Lee 和 Osteryoung，2004），孵化器网络内部合作对于新创企业尤其重要（Bøllingtoft，2012）。内部网络通常将共生或互补作为指导原则（Bøllingtoft 和 Ulhøi，2005），并在建立和扩大孵化器网络本身的过程中创造价值。基于联合生产理论，企业孵化器及其在孵企业通过提供和消费"支持服务"形成了一种相互依存的联合生产模式，这种模式有利于孵化器网络的合作和资源共享（王国红等，2015）。这为孵化器网络带来了共同生产的好处，最终使在孵企业受益并促进其发展。此外，与其他在孵企业建立高质量的关系，如高度信任和熟悉，不仅可以提高互动的质量和数量，还可以提高企业寻求知识的意愿和能力（Soetanto 和 Jack，

2013）。在孵企业之间的相互作用不仅可以增加它们对技术和市场的了解（Rubin 等，2015），而且还可以增加相互交流的机会，并有助于技术共享和知识转移（Scillitoe 和 Chakrabarti，2010）。因此，在孵企业可以从中受益并促进其他在孵企业的成长和进步。在某种程度上，在孵企业之间的相互作用为附属方提供了宝贵的反馈（Aerts 等，2007）。一方面，交互可以指导孵化器管理有序且合理地映射和扩展内部网络的节点。此外，还可以最佳地配置整个孵化器网络和每个节点的资源（Grimaldi 和 Grandi，2005）。另一方面，在孵企业之间的有效互动可以实现网络内资源和知识流的"有针对性"传递，从而提高孵化器的孵化成功率（张力和刘新梅，2012）。

然而，一些学者也关注到内部网络与企业绩效之间的门槛效应（Carbonara，2004）。具体而言，随着企业孵化器内部网络的发展，内部网络在一定的阈值点对企业的增长绩效产生负面影响。网络的聚集可能导致过多的嵌入问题，导致公司惯性和狭隘的视角；而且，企业被锁定在特定的网络。这导致企业无法从网络外获取信息和知识（Uzzi，1997），削弱了企业发展新关系和开拓新市场的能力，从而降低了创新绩效。此外，高密度网络连接使信息同质化，从而产生循环信息流和冗余的知识。在孵企业之间的相似性或微小差异可能导致信息和资源缺乏多样性，这可能会限制在孵企业的创造力和创新（Hoffmann，2007）。总之，企业孵化器的内部网络可以通过全面的资源整合和密切的信息沟通来提高孵化器的增长绩效。然而，当网络嵌入水平超过正向影响的阈值时，在孵企业就会被锁定在网络中，从而隔离了网络外部的新信息和机会，降低在孵企业的增长绩效。换句话说，企业孵化器的内部网络与增长绩效具有倒"U"形关系。因此，我们提出以下假设：

H1：企业孵化器的内部网络与在孵企业的成长绩效之间的关系是（a）正相关，（b）呈倒"U"形曲线。

二 企业孵化器的外部网络和在孵企业的成长绩效

外部网络是指孵化器与各种外部组织（如客户、供应商、竞争对手、研究机构和政府组织等）之间的合作（Sungur，2015）。这些网络被用于获取和整合创新所需的知识和不同的技能（Ren 等，2013）。大多数学者支持孵化器的外部网络与企业绩效之间的积极关系。

基于资源基础观，由各种外部组织组成的网络可以为在孵企业提供必要的资源和能力，这些资源和能力可以提高在孵企业的创新绩效（Eveleens 等，2017；Soetanto 和 Jack，2018）。而且，孵化器作为资源网络的纽带，在孵企业可以通过外部网络资源找到并有效地连接附加值，从而促进自身发展（Tello 和 Yang，2012）。例如，一些学者认为从与大学的关系中获得的资源是创新、增长和竞争优势的主要来源，这可以提高在孵企业的生存概率（Lee 等，2015；Ratinho 和 Henriques，2010）。此外，社会资本理论指出，社会资本有助于增加在孵企业的影响力、资源、信息和知识，而这些优势可以提高在孵企业的绩效（Eveleens 等，2017）。Giaretta（2013）认为，具有强大嵌入关系的孵化器可以创造值得信赖的环境，促进在孵企业与外部组织之间的有效合作。特别是在孵化的早期阶段，强关系可以为在孵企业提供难以找到的资源（Martinez 和 Aldrich，2011；Rasmussen 等，2015）。此外，Sungur（2015）揭示了企业孵化器外部网络提供的服务对在孵企业的生存产生了积极的影响，与这些相关参与者建立网络关系的在孵企业具有更高的生存概率。Soetanto 和 Jack（2016）也强调，拥有强大、多样化的外部网络关系的孵化器可以增加在孵企业的发展机会和生产能力，从而增加其潜在增长。

然而，由于组织和管理复杂性的增加，过度多样化的外部资源可能会不利于企业的创新绩效（Bader 和 Enkel，2014；Duysters 和 Lokshin，2011；Foss 等，2011）。根据邻近性悖论，由于锁定问题，网络成员之间的过度接近可能会对创新绩效产生负面影响（孙国强和石海瑞，2011）。换句话说，太少或太多的接近可能对企业的交互学习和创新有害。交易成本理论指出，当网络成员的多样性过高时，组织可能面临更大的管理挑战，管理和协调成本会增加，这将阻碍创新并最终损害企业绩效（Duysters 和 Lokshin，2011）。如果企业涉及广泛的网络关系，则可能出现网络关系的边际成本超过其边际收入的现象。当网络成员的多样性因成员目标不同而增加时，内部冲突的可能性也会增加，这将导致企业的网络结构效率低下（Parida 等，2016）。通常，由于缺乏必要的资源和程序，小企业越来越难以有效地获取、吸收、转化和利用各种知识和资源（Casanueva 等，2013）。

基于上述分析，提出了以下假设：

H2：企业孵化器的外部网络与在孵企业的成长绩效之间的关系是（a）正相关，（b）呈倒"U"形曲线。

三 创业学习的中介效应

我们根据 March's（1991）的分类将创业学习分为探索式学习和利用式学习。一方面，利用式学习是关注现有知识的精炼和再循环的增值学习（Kane 和 Alavi，2007）。它帮助企业获得短期竞争优势，提高平均绩效，降低绩效差异，从而影响企业的产品创新（Li 和 Yeh，2017）和企业的发展。从创新绩效的角度来看，利用式学习描述的是一种侧重于获取现有知识以理解已知的价值和成就的学习活动（杨隽萍等，2013）。它提供了对当前技术和市场的更深入理解，并提高了企业创新的可能性（Li，2013）。从销售业绩的角度来看，利用式学习是指基于现有的知识，强调充分利用现有资源、技术和信息（Keen 和 Wu，2011；March，1991），同时实现现有产品或服务的改进。

另一方面，探索式学习是指寻求新知识，发展或取代组织记忆中的现有内容（Kane 和 Alavi，2007；Li 和 Huang，2013）。这可以帮助企业更有效地获得新的外部资源，是新企业成长的重要手段。首先，企业更倾向于通过探索式学习抓住市场机会并开发新业务（Li 等，2013），增强公司的知识多样性，从而增加新产品的开发实验和创新机会（Li，2013）。其次，探索式学习使企业能够在不可预测的市场环境中保持新的发展状态，这有助于企业提高其创新能力并实现卓越的长期绩效（Sainio 等，2012）。最后，企业可以通过探索式学习获得广泛的、新的、多样化的和非冗余的知识，因为该学习方式允许更适合新产品的开发实验和灵活性（Atuahene-Gima 和 Murray，2007；Li 等，2010）。此外，企业可以在新产品方面获得比竞争对手更大的优势（Chu 等，2011）。

同时，企业孵化器的内部网络和外部网络在创业学习中发挥了积极作用。在孵企业之间的合作鼓励企业获得市场知识（Rubin 等，2015），这加强了它们的关系。加强关系不仅有助于促进情感联系、提高相互熟悉度，还可以增强信任，从而更好地促进创业者之间隐性知识的转移和分享以及共享经验；这也有助于发展新思想，促进相互学习（Zhang 和

Hamilton，2010）。此外，社会资本理论认为，与其他创业者建立的联系为企业提供了资源和信息渠道（Kwon 和 Adler，2014）。这可以进一步促进企业通过利用式学习去利用现有的和已知的知识，并通过探索式学习探索未知的和不熟悉的知识（Niebles 等，2008）。

而且，在孵企业可以通过企业孵化器联系外部机构，以获取必要的资源，如信息、知识和技术（Hayter，2013；Woollard，2008），并为创业学习建立有效的渠道和平台（Kempster 和 Cope，2010）。通常，外部网络使在孵企业能够获得更多的学习机会，可以通过与外部组织的相互沟通和共享获得更多的外部知识（Sullivan 和 Marvel，2011）。这增强了它们学习和应用知识的能力，并有效地促进了创业学习（杨隽萍等，2013）。此外，不同的外部网络利益相关者拥有不同的知识资源，这可能会从不同方面影响创业学习。例如，大学和研究机构是新知识和技术的重要来源（Etzkowitz 和 Zhou，2006），它们更愿意提供当前最前沿的科学知识，这更有利于促进探索式学习。而政府则倾向于提供信息及通信平台和服务（Etzkowitz 和 Zhou，2006），这更有利于利用式学习。

据我们所知，在孵企业的创新不是孤立的，其他组织也会影响这一过程（Mustak，2014）。在日益网络化的环境中，在孵企业可以利用企业孵化器的网络获取有价值的知识并获得有价值的技能，并与有效的行为模式建立合作关系。此外，扩大企业的知识基础以突破自身的资源瓶颈最终促进服务创新成功率（DeClercq 等，2012；Kunttu 等，2015）和新产品的成功（Atuahene-Gima 和 Murray，2007；Li 等，2010），进而积极影响企业的成长绩效。总之，企业孵化器的内部网络和外部网络允许在孵企业致力于利用式学习和探索式学习，从而在不同地点整合和重新部署现有的和新的知识（Atuahene-Gima 和 Murray，2007；Li 等，2010）。同时，创业学习可以使企业从学习和知识共享过程中获得协同效益。这可以通过规范学习促进内部管理能力，并可以帮助新的在孵企业生存和发展（Oyelaran-Oyeyinka 和 Lal，2006）。因此，我们提出以下假设：

H3a：创业学习中介了企业孵化器内部网络对在孵企业成长绩效的积极影响。

H3b：创业学习中介了企业孵化器外部网络对在孵企业成长绩效的积极影响。

四 企业孵化器的内部网络和外部网络与创业学习

企业孵化器的内部网络是一个以情感和信任为特征的强连接网络（Coleman，2000；Ebbers，2014；Uzzi，1997）。这种强关系有助于网络成员熟悉组织的现有知识，这些知识可以很容易地相互转移、交换和共享（Jiang，2005）。同时，合作伙伴之间的深层次信息交流和有效的信息传递可以促进网络成员之间的深度合作和沟通，有利于特定领域知识的开发和利用，从而促进企业的利用式学习（Soetanto，2017）。相比之下，企业之间强有力的关系所产生的信任也可以增强它们在企业之间交流和学习的意愿，促进知识的转移和信息的共享；它还可以帮助企业增进相互了解，达成共识，有效减少冲突和误解（Mom 等，2007）。

此外，网络惯性是一种被广泛接受的行为规范，涉及与网络合作伙伴的重复交互形成的规范共识，它们共同指导网络成员的联合模式和行为（Barajas 和 Huergo，2010）。企业孵化器的内部网络比外部网络更容易经历网络惯性，这种网络惯性不仅可以降低协作过程中的协调成本并确保这种合作的顺利进行（Barajas 和 Huergo，2010），而且有利于提高合作伙伴之间的信任度，达成默契和共识。这可以改进或升级原始产品的设计和技术，并完成利用式学习过程。

然而，企业孵化器的外部网络由正式网络主导，其特点是弱关系连接（董振林和邹国庆，2016）。一方面，外部网络通常是基于业务联系和利益联系的正式创业网络，这些网络由初创公司和供应商、中介机构和政府部门等之间的关系形成（Lajevardi 和 Faez，2015）。由于他们的背景不同，正式的网络参与者联系较弱（Lajevardi 和 Faez，2015）。另一方面，初创公司和外部组织的利益主要受签订合同的限制。由于中国的市场行为保护机制还不健全，制度环境不太成熟（Yang 等，2011），合同的可行性和约束力往往有限（Gilsing 和 Nooteboom，2005）。网络参与者之间的关系通常以不稳定和弱连接为特征（Gilsing 和 Nooteboom，2005）。它们基于外部网络的弱连接，为探索式学习创造了有利条件和基础（Soetanto，2017）。首先，弱关系在提炼机会和为探索机会提供更广泛基础方面发挥着特别重要的作用（Rasmussen 等，2015）。弱关系可以更容易地迫使企业在现有传统知识中寻找新知识，并且可以有效地促进探索式学习。例如，Lajevardi 和 Faez（2015）认为正式的网络可以使创业者从多个来源获取信息，更有效地利用和转换正式网络中包含的知识，以满足探索式学习的需要。其次，弱关系倾向于创建新的网络关系并增加网络成员的多样性（Soetanto，2017），因此，他们不受固定角色的限制，更有可能通过探索式学习获取多样化信息和异质的知识（Jack，2005；Parker，2008；Rhee，2004）。创业者可以通过与不同的网络参与者沟通获得新的想法和见解（Lajevardi 和 Faez，2015；Soetanto，2017）。最重要的是，弱关系可以提供现有圈子之外的信息和资源，这有利于探索式学习（Elfring 和 Hulsink，2003；Soetanto，2017）。例如，与孵化器外的供应商和客户建立业务关系可以为初创企业提供创新的信息和行业相关细节，这对于探索式学习至关重要（Chung 等，2015；Sheng 等，2011；Su 等，2009）。最后，弱关系增加了获得非冗余信息的可能性，增加了获得突破性创新所需的创造性灵感和新信息的可能性（Rhee，2004），这对探索式学习产生了积极影响。基于上述讨论，我们提出以下假设：

H4a：企业孵化器的内部网络对利用式学习的影响大于外部网络。

H4b：企业孵化器的外部网络对探索式学习的影响大于内部网络。

五　环境动态性的调节作用

环境动态性是指技术和市场变化的速度，以及环境的不可预测性或波动性（Hung 和 Chou，2013；Wang 和 Bao，2017）。这种不确定性主要包括技术变化和进步引起的技术波动，以及消费者需求变化引起的市场竞争动态（Lumpkin 和 Dess，2001）。总体而言，环境动态性可以激发新概念，拓宽企业愿景，是新技术和新市场的机会之窗。此外，它可以减少组织惯性（Koberg 等，2003），并允许进一步探索创新。而且，快速的技术变革促进了合作创新环境的形成，可以迫使孵化器网络中的参与者围绕技术进行更深入的交流（Lichtenthaler，2010）。这鼓励企业通过丰富多样的外部学习资源不断更新知识库（Lichtenthaler，2010），并灵活地适应动荡的环境以保持竞争优势。

具体而言，环境动态性对促进企业孵化器内部网络中企业之间的关系起着积极作用。尤其是，环境动态性有助于企业提高其战略灵活性（Cingöz 和 Akdoğan，2013），并鼓励企业之间的合作以应对外部环境变化

（Wang 和 Bao，2017）。企业可以通过对环境动态性的感知和认知来创新和作出有利于企业的决策（Li 和 Liu，2014）。此外，处于高度动态环境中的企业可以探索新技术、产品和市场，迫使拥有高度多样化合作伙伴的公司抓住动态环境所创造的机会（Mouri 等，2012）。由于网络参与者的多样性增加了它们对潜在市场、创新、资金来源和潜在投资者的广泛信息的获取（Martinez 和 Aldrich，2011），网络知识也可以通过使用网络的多样性来组织和重建促进新技术发展的信息（Lavie 等，2007）并有效地提高绩效。

同时，企业孵化器的外部网络中的环境动态性使初创企业获得政府、供应商、客户和其他外部网络成员先前的承诺，以共享信息、获取稀缺的关键资源，并通过互补能力提高环境适应性和竞争力。而且，企业与各种组织紧密相连，这些关系与市场的快速变化和动态环境中的技术变革相结合。这不仅为共享学习、技术转让和资源交换提供了机会，而且还促进了对研发能力的投资并提高了企业绩效（Chung，2011；Voudouris 等，2012）。总之，环境动态性的增加可能会加强孵化器内部网络和外部网络与企业成长绩效之间的积极关系。因此，我们提出以下假设：

H5a：环境动态性对企业孵化器的内部网络和在孵企业的成长绩效之间的关系具有积极的调节作用。

H5a：环境动态性对企业孵化器的外部网络和在孵企业的成长绩效之间的关系具有积极的调节作用。

第二节　研究方法

一　研究设计

本章的研究使用多元回归分析来检验创业网络、创业学习和企业成长绩效之间的关系。图 8-1 说明了理论模型。

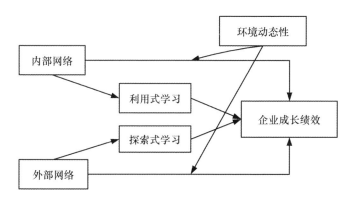

图 8 - 1　本章研究的研究模型

二　数据收集和样本

本实证研究使用问卷调查法来收集数据并检验研究假设。首先，我们根据孵化器的持续时间（至少 3 年）和研究数据的可用性，获得了中国天津市所有企业孵化器的详细目录，包括其具体地址和电话号码。我们确认该研究对象涉及 14 个天津企业孵化器中的 324 家企业。根据 Bruneel 等（2012）的孵化器分类，我们研究中选择的孵化器属于第三代孵化器，其特点是获取外部资源、知识和合法性，并为在孵企业提供技术、专业指导和金融网络。以天津企业孵化器为研究对象有两个原因：第一，天津是中国的四个直辖市之一，在经济发展和孵化器建设方面具有代表性；第二，天津孵化器的类型和行业覆盖范围更加多样化。

然后，根据现有的英文版量表，我们将所有题项从英文翻译成中文，再将其翻译成英文，以确保其适合中文情境和得到适当的使用。同时，我们邀请天津市孵化器研究领域的专家和孵化器管理人员对问卷内容进行审阅，并反复修改量表题项的具体表达。在问卷的初步设计完成后，我们在正式调查之前选择了 10 名创业者进行预测试。在预测试中，我们需要确保受访者能够正确理解每个题项；我们使用他们的反馈来进一步纠正个别题项的设计，并确定最终的正式问卷。该问卷所有调查问题都是用七级李克特量表进行量化，范围从 1（"非常不同意"）到 7（"非常同意"），每个题项的算术平均值构成每个构念的取值。

接着，我们对研究调查人员进行了专业培训，以便他们了解本章的研究目标并培养相应的调研能力。随后，我们面对面向创业者发放了调查问卷，以方便调查人员解决受访者遇到的难题。该调查持续了近三个月（2017 年 3 月 25 日至 2017 年 6 月 25 日）。我们收集了 282 份问卷，回收率为 87.04%。

最后，我们按照"如果答案不完整，问卷无效"和"如果两份问卷的相似度超过 70%，那么问卷无效"的标准筛选问卷（Chen 等，2015）。排除无效问卷后，我们获得了 205 份有效问卷，有效率为 72.70%。由于有效问卷的数量达到研究指标的 5 倍以上，本章的研究符合问卷数量的门槛要求（Bentler 和 Chou，1987）。本章研究的最终样本由 205 家企业组成。企业的平均员工人数为 16 人，公司规模较小。此外，企业的平均年龄仅为 4.39 岁，建立时间较短。受访企业的特征如表 8 - 1 所示。

表 8 - 1　　　　　　　　　受访企业的特征

类别		数量（个）	比例（%）
企业员工数量	少于 30 人	181	88.29
	31—60 人	18	8.78
	多于 61 人	6	2.93
企业年龄	少于 5 年	148	72.20
	6—10 年	49	23.90
	多于 11 年	8	3.90
行业类型	信息技术	44	21.46
	信息与通信	27	13.17
	软件与半导体	37	18.05
	化学与化学工程	35	17.07
	生物与医学	21	10.24
	其他	41	20.00
总数		205	100

三　测量

表 8 - 2 列出了所有构念的测量题项。本章的研究中分析的变量主要包括创业网络、创业学习和企业成长绩效。变量的测量将在以下小节中进行解释。

表 8 - 2 　　　　　　　　　　　**测量题项与信度和效度指标**

变量	题项	因子载荷	α 系数	平均方差提取值	复合效度
内部网络	我们公司与所在孵化器的在孵企业接触	0.758	0.815	0.646	0.880
	我们公司与所在孵化器的在孵企业接触次数较多	0.828			
	我们公司与所在孵化器的在孵企业接触时间较长	0.813			
	我们公司与所在孵化器的在孵企业保持较亲密的关系	0.815			
外部网络	对于下面的这些机构（科研机构、高校、会计事务所、律师事务所、政府管理部门、行业协会、金融机构、风险投资机构、知识产权部门、咨询机构、其他孵化器）				
	我所在孵化器与其中的多种机构建立了联系	0.883			
	我所在孵化器与这些机构接触的次数较多	0.863	0.865	0.713	0.908
	我所在孵化器与这些机构接触的时间较长	0.879			
	我所在孵化器与这些机构接触保持亲密关系	0.746			

续表

变量	题项	因子载荷	α系数	平均方差提取值	复合效度
利用式学习	我们更倾向于在目前从事的领域搜寻市场/产品信息	0.764	0.782	0.536	0.852
	我们更重视搜寻公司当前进入或熟悉领域的信息，积累有效解决或改进当前市场/产品问题的方法	0.738			
	我们更倾向于调查当前的客户和竞争对手，帮助我们了解公司当前的项目和市场情况	0.748			
	我们强调使用与我们现有产品经验相关的知识	0.712			
	我们更倾向于搜寻产品开发中的一般方法和解决方案	0.695			
探索式学习	我们更倾向于不断寻求新领域的市场/产品信息	0.747	0.757	0.509	0.838
	我们更重视寻求有待实验的新领域的信息，寻求使企业进入风险不确定的新领域的产品/市场的方法	0.725			
	我们更倾向于对全新的知识的学习和掌握	0.633			
	我们倾向于搜集对未来市场没有明确把握的信息确保产品开发进行	0.761			
	我们收集了超越目前市场和技术经验的新信息和想法	0.694			

续表

变量	题项	因子载荷	α系数	平均方差提取值	复合效度
企业成长绩效	与竞争对手相比，我们公司新产品或服务增长速度较快	0.739	0.794	0.552	0.860
	与竞争对手相比，我们公司销售额增长显著	0.726			
	与竞争对手相比，我们公司市场份额增长显著	0.660			
	与竞争对手相比，我们公司的利润增长显著	0.801			
	与竞争对手相比，我们公司知名度提升较快	0.780			
环境动态性	我们企业的市场和客户的需求变化快	0.817	0.830	0.597	0.880
	我们企业所在行业中的产品或服务的类型变化快	0.803			
	我们企业相关的技术发展变化快	0.776			
	我们企业相关的整个行业发展变化快	0.799			
	我们企业合作伙伴的行为变化快	0.657			

（一）因变量

衡量企业成长绩效主要涉及采用主观绩效。本章的研究采用主观方法来衡量绩效，主要有三个原因。首先，在孵企业的财务信息缺乏准确性。在发展中经济体中，由于缺乏公开信息，衡量新小企业的绩效是一个难题（Wright 等，2008）。特别是，我国中小企业的会计准则和披露规范尚不完善，难以获取这些企业客观或准确的绩效数据（Gong 等，2009）。本章的研究样本中选择的孵化器中主要为新的中小企业。其次，在孵企业的财务信息缺乏可靠性，在孵企业通常是新技术企业或高科技企业，处于市场发展的早期阶段（Wright 等，2008），这些在孵企业只有很少的收入甚至是亏损，并且不愿意提供它们的财务指标（Li 和 Chen，

2009）。因此，财务业绩指标可能不是企业业绩的可靠指标。最后，公司绩效的客观测量和主观测量通常是正相关的（Wall 等，2004）。一些研究人员在实证研究中广泛使用了公司绩效的主观测量结果（Collings 等，2010；Demirbag 等，2014；Glaister 等，2018）。总之，基于先前学者提出的测量维度（Gong 等，2009；Parker，2008），我们从五个方面衡量公司业绩，包括：新产品或服务的增长率、销售增长、市场份额增长、利润增长和企业声誉。

（二）自变量

根据 Collins 和 Clark（2003）以及 Soetanto 和 Jack（2013）的研究，我们测量了内部网络和外部网络的强度。Collins 和 Clark（2003）通过高管完成调查问卷来衡量高层管理团队的内部网络和外部网络的强度。在孵化器的背景下，本章的研究使用相同的题项来衡量企业孵化器的内部网络和外部网络的强度，由创业者填写问卷。内部网络的测量包括建立联系的在孵企业的数量、接触的频率、关系的持续时间以及在孵企业和其他在孵企业之间的亲密程度。外部网络的测量包括建立联系的外部组织的数量、联系的频率、关系的持续时间，以及在孵企业和企业孵化器的外部组织（如研究机构、金融机构和政府部门）之间的亲密程度。

（三）中介变量

为了衡量探索式学习和利用式学习，我们遵循了 Atuahene-Gima（2003）的量表。探索式学习通过五个方面来衡量。我们关注的是企业是否探索了市场的新领域或产品信息，企业是否寻求方法将企业带入风险不确定的新领域，企业是否学习和掌握新知识，企业是否搜索未来市场中不明确的信息以确保产品开发，以及企业是否收集了超越当前技术和经验的新信息（Atuahene-Gima，2003）。利用式学习的测量主要集中在企业是否更倾向于在当前领域中搜索市场或产品信息，企业是否通过搜索熟悉领域的信息来更多地关注解决当前的市场或产品问题，企业是否了解公司目前的项目和市场情况，企业是否强调使用与现有产品相关的知识和经验，以及企业是否更倾向于寻找一般的产品开发方法（Atuahene-Gima，2003）。

（四）调节变量

基于 Jaworski 和 Kohli（1993）以及 Luca 和 Atuahene-Gima（2007）

的研究，我们使用了五个题项来衡量环境动态性，包括市场和客户需求的变化、行业中的产品或服务类型的变化、技术开发的变化、整个行业的发展变化和合作伙伴的行为变化。

（五）控制变量

考虑到企业的年龄和规模影响在孵企业的成长（CorreaRodríguez 等，2003），并且为了保证研究结果的可靠性，本章的研究将企业规模和企业年龄指定为控制变量。此外，这项研究控制了行业类型，因为行业类型也对企业绩效产生了重大影响（Zahra，2008）。

四　信度和效度

我们使用结构方程模型中的验证性因子分析报告了测量的拟合指数（$\chi^2 = 324.093$，df = 279，p 值 = 0.033，IFI = 0.988，TFI = 0.983，CFI = 0.988，GFI = 0.918，NFI = 0.920，RMSEA = 0.025）。并且，我们检测了量表的信度和效度。当平均方差提取值大于 0.50，则量表的收敛效度较高。本章的研究中所有构念的平均方差提取值范围为 0.509—0.713，高于建议的最小值 0.50，表明该量表满足收敛效度要求（Hair 等，2010）。另外，表 8 - 3 中的对角元素是每个构念的平均方差提取值的平方根，其明显大于非对角元素。这符合判别效度的标准（Fornell 和 Larcker，1981）。此外，本章的研究表明，每个构念的测量题项与其基本构念高度相关，但与其他构念的相关性较弱，这也证明了足够的判别效度（Chin，2010）。基于以上分析，我们得出结论，该量表具有良好的收敛效度和判别效度。

通常，Cronbach 的 α 系数大于 0.70，表明每个构念的测量结果都表现出良好的一致性。如表 8 - 2 所示，所有因子的值都高于 0.70。而且，所有构念的复合信度取值范围为 0.838 到 0.908，高于最小标准 0.70。因此，本章的研究中使用的测量具有良好的内部一致性。总之，我们得出结论，整体问卷的信度和效度符合进一步研究的要求。

五　共同方法偏差

本章的研究中的自变量和因变量来自同一来源并通过自我报告获得，这增加了共同方法偏差的风险（Podsakoff 和 Organ，1986）。为了降低共同方法偏差的风险，我们在研究设计、数据收集和数据检验方面进行了相应的工作。首先，我们筛选了潜在的受访者，以确保他们掌握与研究课题相关的知识（Glaister 等，2018）。其次，我们告诉所有受访者他们填写问卷是匿名的，并且所有数据仅用于研究（Glaister 等，2018）。再次，当我们放置自变量和因变量时，我们构建它们之间的距离（Podsakoff 等，2003）。最后，我们使用 Harman 的单因素检验来测试共同方法偏差的可能性。如果存在显著的共同方法偏差，则可能导致单因素占变量的大部分变化（Podsakoff 和 Organ，1986）。通过 Harman 的单因素检验，结果表明没有这样的单一因素，表明共同方法偏差不是本章的研究中普遍存在的问题。

第三节 数据处理和分析

我们通过对 Pearson 相关分析来测试变量之间的相关性。表 8 - 3 列出了变量的描述性统计和相关系数。表 8 - 3 显示变量之间存在显著的相关性，可以通过多元回归分析进一步确定它们之间的因果关系。同时，变量之间的相关系数均小于 0.70，这可以在一定程度上阻止多重共线性问题。

表 8 - 3 　　　　　　　　　　描述性统计和 Pearson 相关矩阵

	均值	方差	1	2	3	4	5	6	7	8	9
1. 企业规模	16.21	15.277	N/A								
2. 企业年龄	4.39	2.801	0.529 **	N/A							
3. 行业类别	3.41	1.793	-0.131	-0.048	N/A						
4. 内部网络	5.300	0.9143	-0.038	-0.089	0.025	**0.806**					

续表

	均值	方差	1	2	3	4	5	6	7	8	9
5. 外部网络	5.278	0.7934	-0.171*	-0.170*	0.043	0.466**	**0.843**				
6. 利用式学习	5.150	0.8035	-0.166*	-0.247**	0.039	0.384**	0.379**	**0.735**			
7. 探索式学习	5.073	0.7738	0.003	-0.063	-0.046	0.377**	0.291**	0.516**	**0.714**		
8. 环境动态性	5.132	0.7789	0.036	-0.025	0.044	0.288**	0.370**	0.373**	0.413**	**0.775**	
9. 企业成长绩效	5.081	0.7740	0.161*	-0.086	-0.085	0.255**	0.335**	0.387**	0.475**	0.410**	**0.742**

注：样本数为205，* 相关性在0.05水平（双尾）显著；** 相关性在0.01水平（双尾）显著；N／A是指该题项不适合此项分析；加粗的对角线元素是平均方差提取值的平方根。

　　本节结合多元回归分析来检验每个假设。多重共线性结果表明，所有变量的方差膨胀因子均远低于临界值10（Kutner等，2004）。因此，可以忽略这些变量之间的多重共线性问题。表8－4显示了创业网络、创业学习和企业成长绩效之间的关系。

　　首先，模型3用于测试内部网络对企业成长绩效的影响。回归结果显示，内部网络显著和正向影响企业成长绩效（$\beta = 0.210$，$p < 0.001$），支持H1a。模型5的结果表明，外部网络显著且积极地影响企业成长绩效（$\beta = 0.350$，$p < 0.001$），支持H2a。同时，我们使用企业成长绩效作为因变量来测试内部网络和外部网络与企业成长绩效之间的倒"U"形关系。然后我们计算了内部网络和外部网络的平方项。我们将内部网络及其平方项添加到模型4中的回归方程中，并将外部网络及其平方项添加到模型6中的回归方程中。回归结果表明外部网络的平方与企业成长绩效呈显著正相关（$\beta = 0.067$，$p < 0.01$）。这表明不支持外部网络和企业成长绩效之间的倒"U"形关系；因此，不支持H2b。内部网络和企业成长绩效之间也不存在倒"U"形关系（$\beta = 0.045$，$p = 0.255$），H1b未得到支持。

表 8 - 4 多元回归分析的结果

	利用式学习	探索式学习	企业成长绩效				
	模型 1	模型 2	模型 3	模型 4	模型 5	模型 6	模型 7
企业规模	- 0.001	0.003	0.014 **	0.014 ***	0.016 ***	0.016 ***	0.014 ***
企业年龄	- 0.049 *	- 0.011	- 0.058 **	- 0.061 **	- 0.054 *	- 0.052 *	- 0.043 *
行业类别	0.005	- 0.024	- 0.028	- 0.027	- 0.030	- 0.033	- 0.021
内部网络	0.232 ***	0.258 ***	0.210 ***	0.235 ***			
外部网络	0.225 **	0.150 *			0.350 ***	0.353 ***	
内部网络的平方				0.045			
外部网络的平方						0.067 **	
利用式学习							0.206 **
探索式学习							0.352 ***
R^2	0.232	0.165	0.131	0.136	0.194	0.221	0.311
调整的 R^2	0.213	0.144	0.113	0.115	0.178	0.201	0.293
F 值	12.048 ***	7.858 ***	7.514 ***	6.280 ***	12.006 ***	11.284 ***	17.947 ***

注：样本数为 205；* $p < 0.05$；** $p < 0.01$；*** $p < 0.001$。

其次，模型 1 和模型 2 分别将利用式学习和探索式学习作为因变量，将内部网络和外部网络作为自变量。结果表明，内部网络显著且积极地影响利用式学习（$\beta = 0.232$，$p < 0.001$）和探索式学习（$\beta = 0.258$，$p < 0.001$）。此外，外部网络显著且积极地影响利用式学习（$\beta = 0.225$，$p < 0.01$）和探索式学习（$\beta = 0.150$，$p < 0.05$）。同时，模型 7 使用企业成长绩效作为因变量，并将利用式学习和探索式学习添加到回归方程中。结果显示，利用式学习（$\beta = 0.206$，$p < 0.01$）和探索式学习（$\beta = 0.352$，$p < 0.001$）均对企业成长绩效有积极影响。此外，我们使用 PROCESS 插件来测试中介效应（Hayes，2013），分析了创业网络和企业成长绩效之间的关系是否由创业学习中介。结果表明，利用式学习（间接效应 $= 0.110$，95% 的置信区间 $= 0.053 - 0.182$）和探索式学习（间接效应 $= 0.136$，95% 的置信区间 $= 0.074 - 0.209$）对内部网络和企业成长

绩效都有中介作用。此外，结果表明外部网络和企业成长绩效之间的关系是通过利用式学习（间接效应＝0.106，95%的置信区间＝0.048－0.181）和探索式学习（间接效应＝0.113，95%的置信区间＝0.043－0.201）中介的，H3a和H3b得到支持。

　　然后，在模型2中，通过比较孵化器的内部网络和外部网络与探索式学习之间的系数值，我们得出结论，内部网络和探索式学习之间存在比外部网络和探索式学习之间更大的系数值。具体而言，内部网络对在孵企业的探索式学习产生了更大的影响，因此，H4a得到了支持。如模型1所示，孵化器的内部和外部网络与利用式学习之间的系数值的比较使我们得出结论，内部网络和利用式学习之间的系数值大于外部网络和利用式学习之间的系数值。换句话说，内部网络对在孵企业的利用式学习有更大的影响，因此，H4b没有通过我们的检验。

表8－5　　　　　　　　　　　分层回归分析的结果

	企业成长绩效			
	模型 8	模型 9	模型 10	模型 11
企业规模	0.013 **	0.013 **	0.014 ***	0.015 ***
企业年龄	− 0.055 **	− 0.055 **	− 0.052 **	− 0.049 *
行业类别	− 0.035	− 0.035	− 0.035	− 0.035
内部网络	0.123 *	0.123 *		
外部网络			0.233 ***	0.280 ***
环境动态性	0.356 ***	0.356 ***	0.308 ***	0.270 ***
内部网络 * 环境动态性		0.008		
外部网络 * 环境动态性				0.115 *
R^2	0.248	0.248	0.276	0.293
调整的 R^2	0.229	0.225	0.257	0.272
F 值	13.095 ***	10.864 ***	15.140 ***	13.700 ***

　　注：样本数为205；* $p < 0.05$；** $p < 0.01$；*** $p < 0.001$。

　　最后，表8－5显示了环境动态性对创业网络和企业成长绩效的调节作用。我们在创建每个交互项之前对变量进行去中心化（Cohenetal,

2003）；也就是说，我们将内部网络、外部网络和环境动态性进行去中心化。我们为内部网络和环境动态性建立了交互项，并建立了外部网络和环境动态性的交互项。企业成长绩效被建立为因变量；然后我们将内部网络和环境动态性添加到模型 8 中，并将外部网络和环境动态性添加到模型 10。基于模型 8，我们在模型 9 中添加了内部网络和环境动态性的交互项；基于模型 10，我们在模型 11 中添加了外部网络和环境动态性的交互项。回归结果表明，外部网络和环境动态性的交互项具有显著的系数值（$\beta = 0.115$，$p < 0.05$）。这表明环境动态性对外部网络与企业成长绩效之间的关系具有积极的调节作用；因此，支持 H5b。然而，内部网络和环境动态性的交互项没有显著的系数值（$\beta = 0.008$，$p = 0.873$）；因此，不支持 H5a。

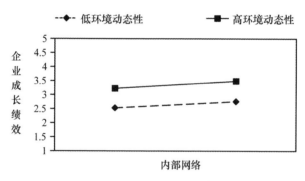

（a）内部网络x环境动态性

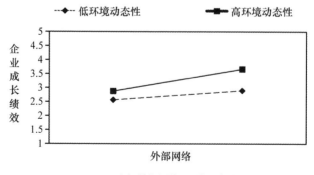

（b）外部网络x环境动态性

图 8 - 2 创业网络，环境动态性和企业成长绩效之间的相互作用

根据 Aiken 和 West（1991），图 8 - 2 直观地呈现了环境动态性的调节效应。如图 8 - 2（a）所示，无论环境动态是高还是低，企业成长绩效都会提高，尽管在统计上并不显著。同时，如图 8 - 2（b）所示，当环境动态性较高时，外部网络改善其企业成长绩效；当环境动态性较低时，外部网络对企业成长绩效没有明显影响。

第四节　研究结果讨论

总体而言，我们的实证分析表明，孵化器的内部网络和外部网络对企业成长绩效产生了重大影响。此外，创业学习在创业网络和企业成长绩效之间起着中介作用。接下来，我们从四个方面详细讨论实证结果。

首先，这项研究表明，创业网络对企业成长绩效有积极影响。企业孵化器的内部网络对企业成长绩效产生了显著而积极的影响，这进一步支持了之前的研究（Bøllingtoft，2012；Hughes 等，2007；Nijssen 和 VanderBorgh，2017）。此外，外部网络对企业成长绩效产生积极影响，这与之前的研究结论一致（Sungur，2015；Tello 和 Yang，2012）。同时，基于 Soetanto 和 Jack（2013），我们发现企业孵化器的内部网络和外部网络与企业成长绩效之间不存在倒 "U" 形关系；换句话说，在孵企业之间、在孵企业和第三方组织之间的协作对企业成长绩效的促进作用呈现上升趋势。这一结果与先前的研究不一致（例如，Duysters 和 Lokshin，2011；Parida 等，2016），这可能因为该研究的受试者仍处于孵化的早期阶段，并且没有在孵化器网络中遇到过度嵌入的问题。因此，在孵企业与其他在孵企业或其他外部组织合作，可以通过孵化器的创业指导和支持，不断提高技术和知识，积累经验，从而促进自身的发展和成长。

其次，创业学习对创业网络以及在孵企业的成长绩效具有中介作用。在一定程度上，这一结论揭示了创业网络对企业成长绩效的间接影响。一方面，我们在测试创业学习的中介作用的过程中发现，内部网络和外部网络都对创业学习有显著和积极的影响。这两种结果都与先前的研究一致（例如，Kempster 和 Cope，2010；Niebles 等，2008；Zhang 和 Hamilton，2010）。另一方面，我们发现探索式学习和利用式学习对企业的成长绩效产生了显著和积极的影响，进一步支持了之前的研究（例如，Kim

和 Atuahene-Gima，2010；Lee 等，2013；Real 等，2014）。因此，无论企业孵化器的内部网络还是外部网络都能为创业企业提供资源和支持，基于网络的创业学习已经成为初创企业改善其成长绩效的重要平台（Kempster 和 Cope，2010）。事实上，新企业非常重视创业学习，这与中国政府对探索式创新的支持是分不开的（Li 等，2011）。在这种情况下，初创企业需要加强探索式学习以迎合政府的偏好，然后获得政府政策支持（Li 等，2014）。此外，随着技术和市场需求的快速变化，新企业需要改进利用式学习，以更有效地利用现有资源（Li 等，2014）。而且，初创企业往往是新进入者，缺乏足够的社会资本（Li 等，2011）。特别是对于像中国这样的新兴经济体的初创企业，使用创业学习来提高企业绩效非常重要（Li 等，2014）。总之，企业孵化器的内部网络和外部网络对企业绩效产生积极影响，尽管在一定程度上这取决于创业学习（Slotte-Kock 和 Coviello，2010）。

再次，我们比较内部网络和外部网络对创业学习的影响，发现内部网络对探索式学习和利用式学习有更大的积极影响，这在以前的研究中没有讨论过。据我们所知，内部网络更有可能经历网络惯性（Barajas 和 Huergo，2010），这增加了企业对合作伙伴的依赖，降低了寻求新合作伙伴的意愿，抑制了企业的创新思维，在一定程度上削弱了它们的探索式学习。同时，先前的研究是基于弱关系的特征，因为弱关系更容易获得多样化的信息和异质知识（Parker，2008）。根据之前的研究，创造性的灵感和获取突破性创新的新信息也更容易（Rhee，2004）；换句话说，外部网络有利于探索式学习。然而，这项研究结果得出不同的结论，内部网络对探索式学习的影响要大于外部网络。这可能是因为企业孵化器的内部网络拥有各种孵化资源来为在孵企业提供服务，例如人才、技术和信息。此外，企业孵化器实现了高度集中的资源，可以促进在孵企业之间更高程度的合作，从而可以利用现有资源进行利用式学习以开拓新市场，并通过探索式学习发现新技术。结果可能是中国孵化器的特点造成的。一方面，中国的孵化器过度依赖政府，这阻碍了它们的独立性，甚至影响了它们的市场导向和外部行为（Akçomak，2011）。另一方面，中国的孵化器具有避免风险的文化倾向。规避风险的文化不仅会抑制新企业的形成，还会影响金融机构对孵化器的投资决策（Akçomak，2011）。

这在一定程度上限制了企业自身的发展和外部网络的建设。为了克服这些弱点，中国的孵化器应该专注于建立网络能力，利用外部支持资源来促进创业学习和成长绩效。

最后，我们测试环境动态性的调节作用，发现其可以加强外部网络和企业成长绩效之间的积极关系。出现这种情况可能有两个原因。首先，虽然高的环境动态性不利于预测和掌握发展趋势（例如，Hung 和 Chou，2013；Wang 和 Bao，2017），但企业可以先一步改进技术创新，采取更多风险应对措施，并采取其他方法获取信息。其次，企业面临着高度的环境动态性，这可能会迫使企业产生快速的组织反应并通过创新来适应（Suarez 和 Lanzolla，2007）。相比之下，环境动态性对内部网络和企业成长绩效的调节作用未得到支持。这可能是由于在孵企业之间的密切关系及其相对稳定的关系，这些关系受环境动态性的影响较小，对企业的成长没有显著影响。我们初步得出结论，这一结果来自内部网络、环境动态性和其他未知因素的综合影响。

第五节　本章小结

孵化器网络的相关研究在科学研究和实践中发挥着关键作用。在这些领域中，探索影响企业成长绩效和孵化成功率的因素尤为重要，因为此类研究对初创企业、孵化器管理者和政策制定者具有重要的实际意义。很少有研究讨论内部网络和外部网络对企业成长绩效的综合影响，我们对孵化器网络背后的机制知之甚少（Sá 和 Lee，2012）。而且，很少有研究人员从内部网络和外部网络的角度分析创业学习在创业网络和企业绩效中的中介作用；此外，关于环境动态性的调节作用仍存在一些争议。基于上述研究空白和实际需要，我们对中国天津市孵化器中的在孵企业进行了研究，并通过实证研究探讨了创业网络、创业学习与企业成长绩效之间的关系。随后，我们分析了环境动态性的调节作用。

一　研究启示

首先，我们整合了内部网络和外部网络，并根据 Soetanto 和 Jack（2013）的研究探讨了它们对企业成长绩效的影响。以前的研究主要集中于在孵企业之间的内部网络互动（Nijssen 和 VanderBorgh，2017）或在孵企业与外部组织之间的关系互动（Sungur，2015；Tello 和 Yang，2012）。虽然这些研究描述了企业孵化器的功能，但每项研究仅分析了一种类型的网络。此外，Soetanto 和 Jack（2013）构建了一个框架，从内部网络和外部网络角度理解企业孵化器的网络特征，但没有分析它们对企业绩效的影响；而我们整合了内部网络和外部网络并探索其对企业成长绩效的影响，扩展了 Löfsten（2010）、Soetanto 和 Jack（2013）的研究。

其次，我们探讨了孵化器网络对企业成长绩效影响的路径，将创业学习作为中介变量，从而为这种影响机制提供了新的视角。虽然创业学习作为网络和企业绩效之间的桥梁作用受到广泛关注（Fang 等，2010），但以往的研究很少从内部网络和外部网络角度分析这种中介作用。因此，我们基于创业学习的中介作用分析了其影响路径。本章的研究表明，创业学习在孵化器网络和企业成长绩效中起着中介作用，而且内部网络对探索式学习和利用式学习的影响比外部网络更强。在一定程度上，本章的研究为理解孵化器网络对企业成长绩效影响的"黑匣子"机制提供了新的视角。

最后，我们发现更高的环境动态性会对企业孵化器的外部网络和企业成长绩效之间的正向关系产生更积极的影响；这为孵化器对在孵企业的积极影响提供了新的证据。考虑到环境动态性在内部网络、外部网络和企业成长绩效中的调节作用尚未得到验证，而且在环境动态性的调节作用方面仍存在一些争议。例如，一些研究认为环境动态性降低了企业绩效（Cruz-González 等，2015；Wang 和 Bao，2017），但其他研究得出了相反的结论（Li 和 Liu，2014；Mouri 等，2012；Suarez 和 Lanzolla，2007）。因此，我们进行了相应的研究，回应这一研究争议。本章的研究结论表明，环境动态性可以增强外部网络与企业成长绩效之间的积极关系，为在孵企业使用外部网络提高动态环境中的成长绩效提供新的支持。总之，这些研究结果推动了关于企业孵化器的内部网络和外部网络如何在动态环境中通过创业学习影响在孵企业成长绩效的学术研究。

二 管理实践启示

本章的结论对企业孵化器、孵化器管理者、在孵企业和政策制定者具有重要意义。首先，企业孵化器应该加强构建内部网络和外部网络，并充分关注网络的优势（Löfsten，2010；Soetanto 和 Jack，2013）。他们应该扮演"开放系统中介"的角色（Dutt 等，2016；Giudici 等，2018）。然后可以实现服务差异化，在利用内部资源和外部资源的同时提高孵化器的价值（Vanderstraeten 和 Matthyssens，2012）。此外，国家政策支持的企业孵化器应通过考虑在孵企业的实际需求，最大限度地提高其协作和服务支持的有效性。一方面，企业孵化器应该为在孵企业提供灵活的网络支持和网络机会，以确保在孵企业连接到最合适的网络（Soetanto 和 Jack，2013），并且应该通过整合各种资源来加速在孵企业的创新速度。另一方面，企业孵化器应该鼓励网络内的合作，以支持在孵企业独立搜索分散的网络资源和追求新的商业机会（Giudici 等，2018）。同时，根据相关的优惠政策，在孵企业应通过企业孵化器积极联系外部机构，这将使在孵企业更有可能采用现代技术来提高创新能力（Lee 等，2015）。此外，在孵企业应以成功孵化为目标，并结合自身的发展需求，充分利用企业孵化器（Broström，2012）和外部第三方组织提供的各方面支持。在孵企业应加强与同行业其他企业的合作，有效促进企业的成长和发展。

其次，在孵企业应该更加关注创业学习，提高自身的发展水平和效率。企业不应仅仅依赖于一种学习模式，而应在资源允许的情况下同时考虑探索式学习和利用式学习，因为只强调一种学习会降低竞争优势（Levinthal 和 March，1993）。而且，尽管大多数企业拥有针对不同市场的不同技术，但它们必然会经历相同的关键阶段，例如技术开发、生产和销售。因此，初创企业应该专注于与其他在孵企业分享宝贵的创业经验，提供相互道德支持（Pettersen 等，2015），并寻求分散在不同在孵企业中的知识、资源和技能的新组合（Teece，2012）。例如，在孵企业可以在其他在孵企业中分享它们的审计技能和减税经验（Pettersen 等，2015）。基本上，新生的在孵企业需要通过学习获得一系列不同的能力，以便将原始想法转化为价值创造（Rasmussen 等，2015，2011）。总之，企业应充分利用两种学习类型的优势，结合自身的风险承担能力和可获得的资源，进一步提高组织能力，保持竞争优势（Blazevic 和 Lievens，2004）。

再次，在孵企业应该专注于内部网络和外部网络的差异以及创业网络和创业学习的匹配。此外，内部网络和外部网络对创业学习的影响是不同的。内部网络在一定程度上对探索式学习和利用式学习产生了强烈的影响，这表明在孵企业应该更专注于建立内部网络关系。作为孵化器培育功能的核心（Bøllingtoft，2012；Hughes 等，2007），内部网络不仅可以作为经验交流的催化剂，还可以在在孵企业之间传递有价值的信息和知识，尤其是隐性知识（Soetanto 和 Jack，2013）。因此，在孵企业应利用不同的网络优势加强内部协调和对外交流，促进创业学习，获取独特资源，促进孵化器的成长。

最后，在动态环境中，在孵企业不仅要高度重视异构信息和资源的获取，还需要对其创业团队和网络的构建具有前瞻性（Aldrich 和 Yang，2014），以便更好地应对各种变化。环境不断变化，这种变化的趋势是不可预测的；此外，企业难以准确预测市场发展趋势并掌握客户需求（Hung 和 Chou，2013；Kovach 等，2015）。但是，面临高的环境动态性的企业应该通过不断提高学习和创新能力，积极应对这些环境变化。这些能力的升级和更新不仅需要遵循现有的轨迹，还应该创造新的轨迹（Ahuja 和 Katila，2004；Rasmussen 等，2011）。同时，企业应该接受动态环境创造的诸多不利条件，不断调整行为，快速响应需求，扭转任何不利因素，最终在压力下积极影响企业绩效。因此，在动态环境中，在孵企业应尽可能地提高组织应对能力和创新能力，以促进企业的成长。

三 局限和研究展望

首先，本章的研究仅使用静态横断面研究，主要从静态角度分析创业网络、创业学习和企业成长绩效之间的关系。然而，创业网络和创业学习往往涉及许多复杂的过程和变化，不同的因素在不同的阶段产生影响。因此，未来的研究应该从动态的角度考虑纵向研究方法。企业应该结合企业生命周期因素来控制难以观察的内生性和异质性，不仅要探索内外部网络的协同作用与探索式学习和利用式学习的动态演化和机制，还要探讨它们对企业成长绩效的动态影响。

其次，由于缺乏对变量的客观评估，这项研究可能会导致认知错误。本章的研究主要通过问卷收集创业者的数据，并使用主观判断项来测量变量。虽然可以确保测量的信度和效度，但由于缺乏客观性，它可能在一定程度上导致认知错误。此外，自我报告问卷可能会导致研究结果受到共同方法偏差的影响（Shirokova 等，2016）。本章的研究通过调整变量的顺序减少了受访者对研究目的的猜测，从而有助于在一定程度上控制共同方法偏差的影响。但是，为了进一步降低共同方法偏差的影响，未来的研究应该考虑各种方法（例如，结构化或半结构化访谈），以便在不同的时间向受访者收集数据。此外，未来的研究应考虑引入客观的测量题项。例如，为了衡量企业的成长绩效，应该考虑通过孵化器管理平台或其他第三方平台获得更为客观的成长绩效信息。

第九章

创业导向、环境动态性与孵化器网络的作用机制研究

企业孵化器是一个有效的组织，可以促进并加快新的、脆弱的初创企业的成功。企业孵化器不仅帮助在孵企业以更低的成本获得技术、专业和财务支持（Bruneel 等，2012），而且还通过支持网络环境帮助在孵企业克服"新进入者缺陷"（Phan 等，2005；邢蕊和王国红，2015）。因此，探索网络的作用已成为近几十年来企业孵化器领域的一个重要研究课题（Eveleens 等，2017；Sungur，2015）。人们普遍认为，建立孵化器网络关系对于在孵企业至关重要。一方面，孵化器网络可以满足孵化器的多样化需求，带来丰富的资源流、更低的交易成本和联盟合作伙伴的高质量等诸多好处（胡海青等，2018）。另一方面，孵化器网络帮助在孵企业加速成长（杨隽萍等，2013）。一般而言，孵化器网络对于新企业尤为突出，因为这些企业在各种网络中的嵌入性可以加速信息的获取（Rothaermel 和 Deeds，2006），这是在孵企业成长的重要推动力（Zhang 等，2016）。

虽然现有研究已经解释了孵化器网络可以为孵化器的成功做出贡献的重要因素，但很少从在孵企业的属性去进行探索。在重要的在孵企业（即新创企业）属性中，我们认为创业导向对于孵化器网络与在孵企业绩效之间的关系至关重要。创业导向是一个长期的发展方向，它以创新为核心的风格，反映了企业的主动性和冒险倾向（易朝辉，2012）。创业导向使企业能够创造性地整合资源，增强企业利用新产品和服务利用市场机会的能力，从而帮助企业获得行业领先地位（Van Doorn 等，2013）。现

有文献提供了组织网络与创业导向之间关系的暗示（Torkkeli 等，2011；Zhao 等，2011）。当企业处于新兴市场时，它可以通过与供应商、合作伙伴和客户建立联系来促进创业导向（Boso 等，2013）。而且，企业和其他网络成员可以通过开放式沟通、资源交换和长期合作来增强创业导向。

此外，为了全面分析孵化器内、外部网络对创业导向的影响，我们考虑环境动态性的调节作用。现有的研究表明，网络对绩效的有效影响取决于环境动态性（Pratono 和 Mahmood，2015；陈熹等，2015）。虽然已经研究了环境动态性在创业导向—绩效关系中的调节作用，但我们又研究了网络与创业导向关系中的这种调节作用，以全面了解链式关系。

总之，我们构建了一个综合的研究框架，集成了这些研究：企业孵化器的内部和外部网络，创业导向和企业成长绩效。通过实证分析，我们探讨了孵化器内部网络和外部网络对创业导向和企业成长绩效的影响。此外，我们还研究了创业导向在孵化器网络与企业成长绩效之间关系中的中介作用。此外，为了全面分析孵化器内、外部网络对创业导向的影响，我们考虑环境动态性对它们的调节作用。

这项研究对现有文献做出了三项主要贡献。首先，以往的研究分别分析了内部网络或外部网络对企业绩效的影响，但本章的研究整合了内部网络和外部网络，以探讨孵化器网络对企业成长绩效的影响。其次，虽然创业导向与绩效之间的关系已被广泛研究，但仍然没有令人信服或一致的结论（Anderson 等，2015）。为了阐明创业导向和企业成长绩效之间的关系，我们分析了孵化器网络对创业导向和企业成长绩效的影响。因此，本章的研究扩展了创业导向—企业绩效关系的经典模型，并为在孵企业提供了改善成长绩效的新视角。最后，先前的研究侧重于环境动态性对创业导向和企业成长的调节作用，本章的研究扩展和分析了环境动态性对孵化器网络和创业导向的调节作用，填补了现有的研究空白，为分析孵化器网络对创业导向的影响提供了一些依据。

本章的结构如下。在第一节中，基于对现有研究的文献综述，我们提出了研究假设。在第二节方法和结果部分，我们以天津市的在孵企业为研究对象，通过问卷调查收集数据，用实证研究验证假设。最后，基于对第三节中实证结果的分析和第四节的讨论，我们在第五节中介绍了研究贡献，对孵化器管理者、在孵企业和政策制定者的实际影响，研究的缺点以及未来的研究前景。

第一节　文献综述与假设发展

一　企业孵化器的内外部网络和企业成长绩效

（一）企业孵化器的内部网络和企业成长绩效

根据对网络关系的研究，在孵企业之间的密切联系有助于促进共同语言和指导方针的形成。此外，密切沟通可以增加在孵企业之间的信任，促使它们在创业过程中获取信息和资源（Renzulli 和 Aldrich，2005），并最终可以对在孵企业的成长产生积极影响。具体而言，密切互动有利于高质量信息和复杂知识的传递，使在孵企业能够更好地了解其他网络成员的能力和合作意愿。此外，良好的网络关系有利于形成历史积累，可以促进在孵企业之间的相互承诺（王国红等，2015）。在孵企业可以加强彼此之间的合作，提高自身利益和竞争优势，通过联盟网络实现共同发展（Miller 等，2007）。

基于资源基础观的观点，建立内部网络可以为在孵企业的发展提供资源支持。资源和信息是企业生存和发展的基本要素。然而，由于在孵企业的声誉尚未建立，通常面临很大的不确定性和资源获取的巨大困难。关系网络可以增强互信，成为在孵企业克服约束的重要资源渠道（张力和刘新梅，2012）。例如，基于孵化器网络，孵化器提供的知识服务和在孵企业之间的知识共享是宝贵的资源（Zhao 等，2017）。此外，孵化器与其他孵化器和创新实体建立联系，为在孵企业提供创新资源。在孵企业可以利用网络中的创新资源来促进自身的发展（Gulati 和 Sytch，2007；Zedtwitz，2003）。

（二）企业孵化器的外部网络和企业成长绩效

在孵企业通常是与外部世界积极联系的新企业。在在孵企业的创建和发展过程中，资源和技术难免存在一些缺点，但外部网络可以弥补这些缺点（Rejeb-Khachlouf 等，2011），并帮助企业克服"新进入者缺陷"。社交网络领域的大量研究证实，企业与外部组织（如政府机构、大学、研究机构、中介组织和行业协会等）之间的互动有助于企业获得大量高质量的信息和资源（Lavie，2007；Yan 和 Li，2010）。企业可以通过互动获得异构技术和知识，然后提升其创新绩效（Lavie，2007；Yan 和 Li，2010）。

在孵企业与外部机构之间的关系对于企业自身成长有着重要影响。首先，在孵企业和研究机构之间的密切关系可以为在孵企业提供新的科学知识、尖端技术和高级人力资本（例如，专家、教授和顶级科学家）（Whittington 等，2009）。研究机构可为新产品和新技术的开发提供新方向（卢艳秋和叶英平，2017）。此外，密切的联系可以帮助在孵企业了解行业的发展趋势和竞争对手的行为特征，以便它们能够提前采取行动开发新产品和技术。其次，与中介机构（例如技术服务、会计和金融服务以及法律服务企业）的联系可以帮助在孵企业扩大其外部知识搜索的范围并降低搜索成本（Yan 和 Li，2010）。最后，与政府部门建立良好的关系可以建立声誉资源，提高在孵企业的合法性，这对它们的成长绩效和未来发展具有重要意义（Baum 和 Silverman，2004）。总之，与外部组织的频繁接触有助于逐步增加信任，促使这些外部组织投入更多的时间和精力为在孵企业提供支持。在此过程中，在孵企业可以获得更多高质量的信息和资源，这有助于降低业务成本和提高孵化器的绩效。基于此讨论，我们提出以下假设：

H1a：企业孵化器的内部网络对企业成长绩效有积极影响。

H1b：企业孵化器的外部网络对企业成长绩效有积极影响。

二　创业导向的中介效应

创业导向指的是战略制定过程，为企业的决策和行动提供基础（Lumpkin 和 Dess，1996；Wiklund 和 Shepherd，2003）。根据一般学术共识，创业导向通常由三个维度组成：创新性、主动性和冒险性（Wales 等，2013）。创业导向反映了在面对新机遇时如何选择竞争策略（Wales，2016）。然而，创业导向是一种资源消耗的战略方向，如果没有足够的资源来支持创业导向，其对绩效的影响可能会受到阻碍（Su 等，2011）。因此，通过网络访问更多资源对于推广创业导向尤为重要（Martins，2016）。

（一）孵化器网络和创业导向

基于整个网络的视角，创业导向可以被视为一种战略态势，可以激励在孵企业积极参与扫描环境和寻找机会（Li 等，2011）。同时，网络对于发现机会、获取资源和获取合法性非常重要（Martins，2016），网络成员在已建立的网络中开展创业活动（Kreiser，2011），进一步影响它们参与风险活动的倾向（Martins，2016）。例如，Parida 等（2010）发现企业的整体网络与小企业的创业导向有着积极的联系，Martins（2016）在对西班牙121 家制造业中小企业的实证研究证实了组织网络对创业导向发展的积极影响。

关于孵化器网络，内部网络成员之间的互动有助于分享知识和经验，并创造可能导致创新和认识新机会的环境。而且，在孵企业之间的网络活动可以成为在孵企业获得更高程度动机的驱动力（Parida 等，2010）。通过与不同外部网络成员的关系，在孵企业可以获得宝贵的专业知识和补充内部缺陷的能力（Adler 和 Kwon，2002）。在孵企业可以通过外部网络发展许多好的想法并增加创业机会，这有助于在孵企业面对竞争、促进创新、积极主动和适度承担风险（Martins，2016；Ripollés 和 Blesa，2005）。总之，企业孵化器的内部和外部网络在创业导向中起着积极的作用。

（二）创业导向和企业成长绩效

创业导向帮助企业调整结构并平衡组织资源。而且，创业导向有效地帮助企业培养和获得持久的竞争优势，从而实现增长（Wilund 和 Shepherd，2011）。根据资源基础观，创业企业不仅重视企业内部资源的使用，还积极从外部获取各种资源，以获取更多的利润和发展（Ferreira 等，2011；Keh 等，2007）。同时，创业导向可以提高企业的适应能力和渗透环境的能力，帮助它们识别重要的商业机会，促进其核心竞争优势的形成，从而对企业的成长产生积极影响（Brettel 和 Rottenberger，2013；Messersmith 和 Wales，2013）。

创业导向的不同维度对企业绩效有着重要影响（易朝辉，2012）。首先，创新是指一种文化、氛围和导向（Covin 和 Slevin，1991），它反映了在孵企业采用和支持创造过程的倾向（Zhai 等，2018）。创新有助于在孵企业改进现有产品或创造新产品以满足客户需求，从而增强在孵企业的竞争优势并促进其发展（冯军政等，2015）。换句话说，这种创新的氛围和定位可以带来高绩效。例如，根据芬兰中小企业的数据，Soininen 等（2012）发现创业导向在中小企业的成长和盈利能力方面发挥了积极作

用。其次，积极主动是指在孵企业采取积极行动并实施领先战略以获得
竞争优势的趋势（Zhai 等，2018）。积极性表明在孵企业在竞争对手之前
获得信息（Lumpkin 和 Dess，1996）并优先考虑建立品牌优势。为了完全
建立品牌优势，在孵企业必须向市场提供新产品或服务，以控制分销渠
道和市场准入，从而获得持续的竞争优势。例如，Clausen 和 Korneliussen
（2012）使用案例研究来分析主动性在企业快速成长中的重要作用。最
后，风险承担是指在孵企业愿意作出承诺并采取大胆行动支持可能失败
的决策（Lumpkin 和 Dess，1996），并反映在孵企业在新市场中承担风险
的意愿（Patton 等，2009）。风险承担有助于形成容忍和冒险的组织氛围，
以加速新技术的获取，并最终提高孵化器创新的效率。

总之，我们认为内部网络和外部网络都在创业导向中发挥了积极作
用。同时，创业导向促进了企业成长绩效。因此，我们认为创业导向中
介了孵化器的内部网络和外部网络与企业成长绩效之间的关系。因此，
根据本小节的讨论，我们提出以下假设：

H2a：创业导向中介企业孵化器的内部网络对企业成长绩效的积极
影响。

H2b：创业导向中介企业孵化器的外部网络对企业成长绩效的积极
影响。

三 环境动态性的调节作用

环境动态性代表了环境变化的范围和速度，强调了它们的不稳定性
和不可预测性。在动态环境中，由于技术波动加速和消费者需求变化，
市场竞争更加激烈（胡海青等，2017）。技术变革和激烈竞争的压力加速
了企业网络的发展（Lee 和 Cavusgil，2006）。此外，快速变化要求企业具
备资源整合能力和快速应变能力，动态环境对企业的创新性、主动性和
冒险性提出更严格的要求。

环境动态性可能积极地调节企业孵化器内部网络与创业导向之间的
关系。首先，通常很难独立判断单个在孵企业发展的未来价值，但内部
网络可以为在孵企业提供大量关键战略信息。此外，动态环境性促使在
孵企业专注于外部的建议，并鼓励行业的最新发展（Heyden 等，2013）。
其次，内部网络的高强度有助于在孵企业产生共同的规范，并为创新和

承担风险的能力提供支持。由于动态环境影响在孵企业预测未来和作出决策的能力（Lumpkin 和 Dess，2001），在孵企业可以通过建立牢固的关系来快速和创造性地使用它们的网络资源。最后，环境动态性促使在孵企业充分利用低转化成本并提高其敏感性。随着技术产品的加速更新和行业危机的加剧，在孵企业更愿意寻求外部的建议（Adomako 等，2016），对产品进行开发创新，甚至在竞争对手之前采取行动。总之，动态环境驱使在孵企业加强与其他网络成员的沟通与合作，增强在孵企业的创业导向以应对快速变化。

同样地，企业孵化器的外部网络与创业导向之间的关系也可能被环境动态性积极地调节。首先，消费者行为和竞争者行为在动态环境中不断变化，这意味着出现了非常规机会（Helfat 等，2007）。在孵企业需要通过与外部网络合作伙伴的互动来获取资源，并通过提高创新能力来应对变化。其次，外部网络通常具有异构资源，可以有效降低选择合作伙伴的筛选成本。当面对不稳定和不可预测的环境时，在孵企业通常与选定的合作伙伴合作，以便在竞争对手面前抓住机会并提高竞争力。最后，环境动态性鼓励在孵企业整合从外部网络获得的各种资源，以追求风险补偿和提高承担风险的能力。换句话说，当面对高的环境动态性时，在孵企业通常通过企业孵化器的外部网络创造性地整合资源，以提供对创新、主动性和冒险的支持。

总之，在动态环境的影响下，企业孵化器的内部网络和外部网络可以推动创新合作。在孵企业可以通过强大的网络关系接收其合作伙伴的高质量先前承诺，并吸收它们的知识和市场经验（Phillips 等，2013）。强大的网络关系有助于在孵企业共同开发新产品和推广新技术，降低在孵企业的决策风险（Wu，2011）。换句话说，动态环境可以有效地调节企业孵化器的内、外部网络和创业导向之间的关系。

H3a：环境动态性对企业孵化器的内部网络和创业导向具有积极的调节作用。

H3b：环境动态性对企业孵化器的外部网络和创业导向具有积极的调节作用。

第二节　研究方法

一　数据收集与样本

为了检验研究假设,我们以中国天津的企业孵化器为样本。天津是中国四个直辖市之一,它在经济发展和孵化器建设方面具有一定的代表性。天津的孵化器种类和行业覆盖范围多种多样。因此,我们采用天津的企业孵化器作为研究对象,并进行了实证分析,以探讨孵化器网络、创业导向和企业成长绩效之间的关系。

本章的数据收集和处理过程主要包括以下四个方面。首先,我们确定了研究样本和被调查企业的数量。我们获得了天津企业孵化器及其在孵企业的目录,主要包括名称、电话号码、地址和电子邮件地址。通过使用电话或电子邮件与每个在孵企业进行沟通,我们确定了在孵企业是否愿意参与研究。我们获得了324个在孵企业作为研究对象。

其次,我们设计并修改了调查问卷。根据详细的文献综述,我们与孵化器研究领域的专家和孵化器管理者进行了深入的访谈和咨询。经过反复修改,我们设计并建立了一份初步调查问卷。我们从研究对象中随机抽取了10家企业,在正式调查前进行试点实验。在此过程中,我们与受试者进行沟通,以确保准确理解每个项目。同时,根据受试者的反馈,我们进一步修改并确定最终的问卷。调查问卷由两部分组成:构念题项和人口统计特征。这些题项以七级李克特量表进行测量,范围从1(非常不同意)到7(非常同意)。每个构念用4—9个题项测量,算术平均值用于表示构念的取值

再次,我们在正式调查之前对调研人员进行了培训,以确保他们了解调查的目的和重点,并具备相应的执行能力。我们进行了3个月的研究(2017年3月25日到6月25日)。面对面向创业者发放问卷并由其填写问卷。在此过程中,我们回收了282份问卷,回收率为87.04%。

最后,我们筛选了有效的问卷并确定了最终的分析样本。我们按照两个标准筛选出问卷:第一,如果答案不完整,问卷无效;第二,如果两份问卷的相似度高于70%,则问卷无效(Chen等,2015)。我们最终通过筛选确定了205份有效问卷;问卷的有效率为72.7%。有效问卷的数

量是研究指标的 5 倍多，从而达到了问卷数量的最低阈值（Bentler 和 Chou，1987）。

二 变量测量

表 9 - 1 列出了每种构念的测量题项。本章的研究的构念包括内部网络、外部网络、创业导向、环境动态性和企业成长绩效。本小节解释了这些构念的测量。

（一）因变量

企业成长绩效的测量基于先前学者提出的测量维度（Parker，2008），并涉及采用主观绩效（Delmar 和 Shane，2004）。我们使用五个方面来衡量企业成长绩效：新产品或服务的增长率、销售增长、市场份额增长、利润增长和企业声誉。

（二）自变量

根据 Collins 和 Clark（2003）的量表，我们测量了内部网络和外部网络。我们使用了建立联系的在孵企业数量、接触的频率、关系的持续时间以及在孵企业和其他在孵企业之间的亲密程度来衡量内部网络。外部网络的测量包括建立联系的外部组织的数量、联系的频率、关系的持续时间以及在孵企业和外部组织之间的亲密程度。

（三）中介变量

创业导向的测量基于 Covin 和 Slevin（1989）提出的量表，该量表已在中国企业研究的背景下得到广泛应用和验证。其中一些题项与在孵企业的特征相结合，用三个方面来衡量创业导向，即创新性、主动性和冒险性。这九个题项包括：企业善于发现机遇，在各种情况下采取主动，主动回应其他组织的反应，企业强调探索和实验的机会，尝试新的操作方法，本企业是第一个向市场提供新产品和服务的，积极改进和创新的企业，企业鼓励员工承担新想法的预期风险，等等。

（四）调节变量

根据 Luca 和 Atuahene-Gima（2007），我们使用以下五个方面的变化情况来衡量环境动态性：市场和客户的需求，行业中的产品或服务类型，技术开发，整个行业的发展，合作伙伴的行为。

（五）控制变量

由于企业的年龄和规模影响了在孵企业的增长（Correa Rodríguez 等，2003），我们将企业规模和企业年龄视为控制变量，以确保研究的可靠性。而且，我们对创业者的性别、学历和职位也进行了控制。

三　信度和效度

表 9 – 1 呈现了所有构念的测量题项、Cronbach 的 α 系数、平均方差提取值和复合效度。首先，所有构念的 Cronbach 的 α 系数和复合效度值均高于最低标准 0.70（Hair 等，2010）。这表明该量表满足可靠内部一致性的要求。其次，我们使用验证性因子分析报告所有题项的因子载荷都均大于 0.50，表明题项与其所测量的构念之间的关系更接近，这是收敛有效性的标志（Fornell 和 Larcker，1981）。而且，本章的研究中所有构念的平均方差提取值均超过了 0.50。这意味着该量表符合收敛有效性的要求（Fornell 和 Larcker，1981）。最后，表 9 – 2 中的对角元素是每个构念的平均方差提取值的平方根，它们明显大于非对角元素。这符合判别有效性的标准。而且，本章的研究表明每个构念的题项与其基础构念高度相关，但与其他构念的相关性较弱，这表明该量表具有良好的判别效度（Chin，2010）。因此，我们得出结论，该量表具有良好的信度、收敛效度和判别效度。

表 9 - 1　　变量测量题项与信度和效度指标

变量	题项	因子载荷	α 系数	平均方差提取值	复合效度
内部网络	我们公司与所在孵化器的在孵企业接触	0.752	0.826	0.659	0.885
	我们公司与所在孵化器的在孵企业接触次数较多	0.852			
	我们公司与所在孵化器的在孵企业接触时间较长	0.837			
	我们公司与所在孵化器的在孵企业保持较亲密的关系	0.802			
	对于下面的这些机构（科研机构、高校、会计事务所、律师事务所、政府管理部门、行业协会、金融机构、风险投资机构、知识产权部门、咨询机构、其他孵化器）				
外部网络	我所在孵化器与其中的多种机构建立了联系	0.842	0.859	0.706	0.906
	我所在孵化器与这些机构接触的次数较多	0.839			
	我所在孵化器与这些机构接触的时间较长	0.893			
	我所在孵化器与这些机构接触保持亲密关系	0.783			

续表

变量	题项	因子载荷	α系数	平均方差提取值	复合效度
创业导向	我们擅长识别机会	0.757	0.896	0.548	0.916
	我们总是在每一种情况下都采取主动行动（例如，面对竞争对手、与其他人合作时）	0.815			
	我们主动采取行动应对其他组织的响应	0.699			
	在我们的业务中，鼓励员工承担新想法的预期风险	0.701			
	我们的业务强调探索和实验新的想法	0.750			
	我们的企业经常尝试新的想法	0.755			
	我们的业务在操作方法上具有创造性	0.746			
	我们的业务在任率先向市场提供新产品和服务	0.671			
	在我们的业务中，我们积极进行改进和创新	0.756			
环境动态性	我们企业的市场和客户的需求变化快	0.730	0.805	0.567	0.867
	我们企业所在行业中的产品或服务的类型变化快	0.781			
	我们企业相关的技术发展变化快	0.800			
	我们企业相关的整个行业发展变化快	0.796			
	我们企业合作伙伴的行为变化快	0.645			

续表

变量	题项	因子载荷	α 系数	平均方差提取值	复合效度
企业成长绩效	与竞争对手相比，我们公司新产品或服务增长速度较快	0.722	0.817	0.581	0.873
	与竞争对手相比，我们公司销售额增长显著	0.774			
	与竞争对手相比，我们公司市场份额增长显著	0.705			
	与竞争对手相比，我们公司的利润增长显著	0.784			
	与竞争对手相比，我们公司知名度提升较快	0.819			

第三节 数据处理与分析

本章的研究使用多元回归分析来检验创业网络，创业导向和企业成长绩效之间的关系。图 9 - 1 说明了理论模型。

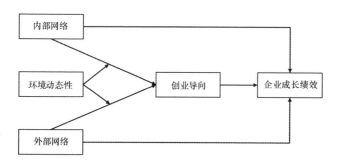

图 9 - 1 本章研究的研究模型

表 9 - 2 显示了变量的描述性统计和 Pearson 相关矩阵。表 9 - 2 显示变量之间的相关系数均小于 0. 70；因此，本章的研究中使用的变量非常正常，研究的构念之间存在显著的相关性。因此，我们可以使用多元回归分析进一步确定变量之间的因果关系。

表 9 - 2 描述性统计和 Pearson 相关矩阵

	Mean	S. D.	1	2	3	4	5	6	7	8	9	10
1. 性别	1.378	.485	N/A									
2. 教育水平	3.088	.588	.056	N/A								
3. 职位	2.932	1.105	-.071	.168 *	N/A							
4. 企业规模	15.985	15.305	-.094	.116	.274 **	N/A						
5. 企业年龄	4.361	2.795	.048	.139 *	.349 **	.539 **	N/A					

	Mean	S. D.	1	2	3	4	5	6	7	8	9	10
6. 内部网络	5.101	.872	.037	.038	−.065	.012	−.127	**0.812**				
7. 外部网络	5.277	.793	−.029	.069	.009	−.169*	−.168*	.483**	**0.840**			
8. 创业导向	5.323	.723	−.056	−.038	.024	.062	−.082	.415**	.352**	**0.740**		
9. 环境动态性	5.132	.779	−.010	−.058	.012	.045	−.025	.341**	.371**	.588**	**0.753**	
10. 企业成长绩效	5.081	.765	.052	.060	−.033	.167*	−.095	.446**	.340**	.630**	.425**	**0.762**

注：样本数为205，*相关性在0.05水平（双尾）显著；**相关性在0.01水平（双尾）显著；N/A指的是此项不适用分析；加粗的对角线元素是平均方差提取值的平方根。

我们使用多元回归分析测试了每个假设。结果表明，所有变量的方差膨胀因子值均小于1.590，远低于临界值10。因此，这些变量之间的多重共线性问题可以忽略不计；该结果适用于多元回归分析。表9−3显示了孵化器网络、创业导向和企业成长绩效之间的关系。

首先，模型1用于测试内部和外部网络对企业成长绩效的影响。回归结果显示，内部网络（β = 0.271，p < 0.001）和外部网络（β = 0.206，p < 0.01）显著且积极地影响企业成长绩效，因此H1a和H1b得到验证。

接着，模型2将内部网络和外部网络作为自变量，并将创业导向作为因变量。结果表明，内部网络（β = 0.253，p < 0.001）和外部网络（β = 0.198，p < 0.01）对创业导向有积极而显著的影响。同时，模型3用于测试创业导向对企业成长绩效的影响。该结果表明创业导向对企业成长绩效具有显著和积极的作用（β = 0.649，p < 0.001）。此外，我们使用PROCESS插件测试了创业导向的中介效应（Hayes 2013）。结果表明，创业导向在内部网络与企业成长绩效之间的关系中起中介作用（间

接效应 = 0. 192，95% 的置信区间 = 0. 121 – 0. 288)。此外，结果表明外部网络和企业成长绩效之间的关系由创业导向介导（间接效应 = 0. 197，95% 的置信区间 = 0. 081 – 0. 334)，因此，H2a 和 H2b 被验证。

表 9 – 3　　　　　　　　　　　多元回归分析的结果

	企业成长绩效	创业导向					
	模型 1	模型 2	模型 3	模型 4	模型 5	模型 6	模型 7
性别	.130	– .047	.166 $^+$	– .068	– .067	– .040	– .027
教育水平	.032	– .086	.105	– .025	– .025	– .025	– .027
职位	– .024	.029	– .042	.030	.017	.016	.016
企业规模	.016 ***	.006 $^+$	.012 ***	.003	.004	.006 $^+$	.006 $^+$
企业年龄	– .050 *	– .022	– .045 *	– .023	– .019	– .028	– .027
内部网络	.271 ***	.253 ***		.198 ***	.190 ***		
外部网络	.206 **	.198 **				.147 *	.177 **
创业导向			.649 ***				
环境动态性				.464 ***	.490 ***	.481 ***	456 ***
内部网络 * 环境动态性					.079 *		
外部网络 * 环境动态性							.076 $^+$
R^2	0. 287	0. 224	0. 454	0. 407	0. 420	0. 379	0. 388
调整的 R^2	0. 261	0. 196	0. 438	0. 386	0. 396	0. 359	0. 363
F 值	11. 186 ***	8. 038 ***	27. 201 ***	19. 110 ***	17. 576 ***	17. 000 ***	15. 367 ***

注：样本数为 205；$^+$ $p < 0.10$；* $p < 0.05$；** $p < 0.01$；*** $p < 0.001$。

最后，我们测试了环境动态性对孵化器网络和创业导向的调节作用。我们在创建每个交互项之前对变量进行标准化；也就是说，我们标准化了内部网络和外部网络以及环境动态性。我们分别为内部网络和外部网络与环境动态性建立了交互项。创业导向被确定为因变量；然后，我们将内部网络和环境动态性添加到模型 4 中，并将外部网络和环境动态性添加到模型 6。基于模型 4，我们在模型 5 中添加了内部网络和环境动态性的交互项；基于模型 6，我们在模型 7 中添加了外部网络和环境动态性的交互项。回归结果表明，内部网络和环境动态的交互项具有显著的系数值（β = 0.079，p <0.05）。该结果表明，环境动态性对内部网络与创业导向之间的关系具有显著的正向调节作用；因此，H3a 被验证。此外，外部网络和环境动态性的乘积项具有显著的系数值（β = 0.076，p < 0.1）；因此，H3b 得到验证。

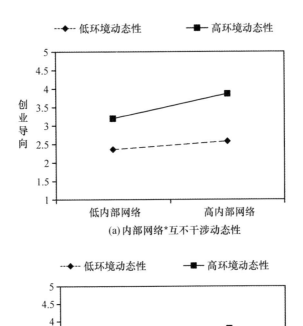

(a)内部网络*互不干涉动态性

(b) 外部网络*环境动态性

图 9 - 2　创业网络、环境动态性和创业导向
之间的相互作用

图 9 - 2 以图形方式描绘了调节作用，直观地显示了环境动态性的调节效果。我们的绘图程序遵循 Toothaker 等（1994）的工作，并使用了非标准化系数。基于图 9 - 2，无论是内部网络还是外部网络，都会促进企业的创业导向。换句话说，当环境动态性高时，内部网络和外部网络都改善了公司的创业导向；当环境动态较低时，内部外部和外部网络对创业导向的正向影响较小。

第四节 研究结果讨论

我们发现创业导向在孵化器网络和企业成长绩效中起着中介作用，环境动态性对孵化器网络和创业导向之间的关系具有积极的调节作用。本节基于三个方面详细讨论了结果。

首先，本章的研究表明企业孵化器的内部网络和外部网络对企业成长绩效有积极影响。孵化器的内部网络对企业成长绩效有积极影响，这与之前的研究一致（Bøllingtoft，2012；Nijssen 和 van der Borgh，2017）。此外，孵化器的外部网络对企业成长绩效产生了积极影响，支持以前的研究（Sungur，2015）。在前人研究的基础上，我们整合了企业孵化器的内部网络和外部网络，主要探讨了企业孵化器的内部网络和外部网络强度对企业成长绩效的影响。研究结果表明，在孵企业可以从其他在孵企业与网络关系中的外部组织获取丰富的资源（如知识，技术和经验），从而有效地保证它们的成长。

其次，研究发现创业导向对孵化器网络和企业成长绩效具有中介作用。以前的研究主要集中在整个网络对创业导向的积极影响（Martins，2016）。该研究从更详细和具体的角度支持以前的工作，即企业孵化器的内部网络和外部网络。该研究证明创业导向对企业成长绩效具有显著的积极作用，这与先前的研究结论一致（Casillas 和 Moreno，2010；Covin 等，2006；Soininen 等，2012）。此外，创业导向对内部网络和外部网络以及企业成长绩效之间的关系具有中介作用，表明孵化器网络对企业成长绩效的影响可以是直接的也可以是间接的。

最后，这项研究表明，环境动态性对企业孵化器的内、外部网络和创业导向之间的关系具有积极的调节作用。对于孵化器网络而言，动态环境的不稳定性和不可预测性可以促使在孵企业加强他们之间以及与外部网络合作伙伴之间的沟通与合作。动态环境通过促进资源共享和知识学习，推动在孵企业提高产品创新能力和技术创新能力。同时，基于与其他合作伙伴的沟通，在孵企业可以获得更多的行业信息和市场信息。这些信息有助于在孵企业提高他们寻找机会的敏感度，并在竞争对手之前利用机会，从而提高竞争力。此外，环境动态性可以鼓励企业增强风险意识和承担风险的能力，以应对环境的变化和复杂性。

第五节　本章小结

在孵化器研究领域，探索企业成长绩效的影响因素已成为近年来的热门话题。虽然有些研究发现孵化器网络对企业成长绩效有重要影响，但具体影响路径和机制尚不清楚。很少有研究在孵化器背景下探讨创业导向对企业成长绩效的影响，几乎没有研究明确指出环境动态性是否在孵化器的内部网络和外部网络以及创业导向中发挥调节作用。因此，企业孵化器的内部网络和外部网络是直接影响还是间接影响企业成长绩效，这应该进一步讨论。为填补上述研究与实践的空白，我们以天津市企业孵化器内的企业为样本，进行了问卷调查和实证分析。接下来，我们探讨了企业孵化器的内、外部网络，创业导向和企业成长绩效之间的关系，并分析了环境动态性的调节作用。本结论部分解释了我们研究的理论意义和实际意义，以及局限性和未来的研究前景。

一　理论启示

本章的研究为现有研究提供了三个重要的理论贡献。首先，本章的研究整合了内部网络和外部网络，并探讨了它们在孵化器环境中对企业成长绩效的影响。以前的研究分析了孵化器内部网络或外部网络对企业成长绩效的影响。然而，我们基于 Soetanto 和 Jack（2013）的研究框架整合了企业孵化器的内部网络和外部网络，并探索了孵化器网络的重要作用，扩展了 Löfsten（2010）和 Soetanto 及 Jack（2013）的研究。

其次，在现有的创业导向与企业成长绩效之间的关系研究中，没有一致的结论，这可能是因为所选择的研究样本或研究情境不同。因此，本章的研究主要分析了孵化器环境下创业导向与企业成长绩效的关系，探讨了孵化器网络对创业导向和企业成长绩效的影响。同时，我们分析了创业导向的中介作用，在一定程度上弥补了现有的研究空白。结论证实，在孵企业可以通过优化孵化器网络关系，从创新性、主动性和冒险性三个方面培养创业导向，从而提高企业成长绩效。在某种程度上，这项研究扩展了创业导向—企业绩效关系的经典模型，并从孵化器网络的角度分析了创业导向影响企业成长绩效的前因变量。

最后，以往的研究主要集中在环境动态性对创业导向和企业成长绩效之间关系的调节作用，但几乎没有研究环境动态性对孵化器网络和创业导向之间关系的调节作用。本章的研究填补了这些研究空白。同时，本章的研究为分析孵化器网络对创业导向影响的潜在机制提供了一些支持。

二 管理实践启示

本章的研究结论对孵化器、孵化器管理者和政策制定者具有重要的实际意义。首先，孵化器管理者应该关注内部网络和外部网络的构建（Löfsten，2010；Soetanto 和 Jack，2013），并利用网络嵌入性来影响在孵企业的技术转移绩效（Lin 等，2009）。具体而言，孵化器应建立多元化的孵化器网络系统，为在孵企业提供定制服务，充分利用孵化器网络资源。为了准确识别当前的市场形势和未来的发展趋势，孵化器管理者需要与外部组织建立积极的联系，并关注市场需求和竞争对手参与强度的变化。同时，孵化器管理者应加大对科技创新的投入，帮助在孵企业分担技术创新风险，提高创新意愿。

其次，要实现有效增长，在孵企业应注重加强创业导向。创新可以帮助在孵企业快速积极地应对市场变化（Wiklund 和 Shepherd，2011），增加它们的创新动力。例如，在孵企业可以营造轻松的创新氛围并积极参与创新体系建设。积极主动有助于在孵企业在竞争对手之前建立竞争优势；因此，在孵企业应注意与其他网络成员的信息和知识交流，并提高他们对市场需求和竞争者动态的敏感性。此外，在孵企业应敢于承担风险，并在高风险项目和领域投入大量资源，以提高创新绩效和企业成长绩效。

再次，在孵企业应充分考虑动态环境对创业导向实施过程的影响。在孵企业应不断提高适应外部环境的能力，积极发现和利用机会。特别是在竞争日益激烈的环境中，企业需要拓宽知识的广度和深度，以实现更成功的创新（Shan 等，2018）。根据不断变化的外部环境，在孵企业不仅要快速调整企业的战略和行为，还要努力降低失败的风险。总之，在孵企业应积极响应动态环境，建立强大的关系网络，制定灵活的策略。

最后，政策制定者应制定相应政策促进在孵企业的成长和发展，引导在孵企业调整自己的创业导向。换句话说，政策制定者应充分利用公共政策的重要作用，鼓励企业孵化器支持企业的创新活动（Tsai 等，2009）。政策制定者应通过相应的政策和法规保护在孵企业的创新风险，降低在孵企业创新失败的成本，使它们敢于在仔细考虑的基础上承担风险和创新。此外，政策制定者应与在孵企业进行良好沟通，提供相应的政策支持，制订长期发展计划，并指导在孵企业加强技术创新和冒险意识。

三 局限和研究展望

本章的研究具有以下两方面的不足和相应的研究机会。首先，本章的研究使用横截面数据，因此难以避免构念之间发生反向因果关系的可能性。例如，企业成长可以被解释为受到创业导向的影响，但一些学者指出，企业成长也可能是创业导向的前提。由于企业成长可能为企业带来更多资源，它们利用这些资源继续投资于未来的创业活动，从而影响创业导向。虽然潜在的因果关系假设未得到验证，但仍应予以重视。考虑到网络是动态的，变量之间可能存在反向因果关系。因此，未来的研究应采用纵向研究方法，并使用时间序列数据进行实证检验和分析，从而得出更准确的结论和更有针对性的建议。

其次，本章的研究主要运用创业者的主观感受来衡量企业的成长绩效。虽然目前的研究普遍接受企业成长的主观测量，但答案中反映的主观感受可能缺乏客观性并导致偏差。为了提高研究的信度和效度，未来的研究可以在测试创业导向—绩效关系时使用客观指标来衡量企业绩效（Madsen，2007；Martins 和 Rialp，2013）并结合客观数据

（例如，财务指标和二手数据）和问卷调查结果获得更可靠、更全面的数据。此外，未来的研究可以进行定性研究，如案例研究，或结合定性和定量研究。

参考文献

一 中文文献

陈熹、范雅楠、云乐鑫：《创业网络、环境不确定性与创业企业成长关系研究》，《科学学与科学技术管理》2015 年第 36 期。

崔静静、程郁：《孵化器税收优惠政策对创新服务的激励效应》，《科学学研究》2016 年第 1 期。

董振林、邹国庆：《企业外部关系网络与产品创新绩效关系研究》，《华东经济管理》2016 年第 30 期。

范钧、郭立强、聂津君：《网络能力、组织隐性知识获取与突破性创新绩效》，《科研管理》2014 年第 1 期。

方刚：《网络能力结构及对企业创新绩效作用机制研究》，《科学学研究》2011 年第 3 期。

冯军政、刘洋、金露：《企业社会网络对突破性创新的影响研究——创业导向的中介作用》，《研究与发展管理》2015 年第 27 期。

高展军、郝艳：《网络连接与关系信任的互动对突变创新的影响——知识整合的中介效应研究》，《情报杂志》2012 年第 4 期。

顾新、郭耀煌：《社会资本及其在知识链中的作用》，《科研管理》2003 年第 5 期。

胡海青、李浩：《孵化器领导力与孵化网络绩效实证研究》，《管理评论》2016 年第 3 期。

胡海青、王兆群、张颖颖、张琅：《创业网络、效果推理与新创企业融资绩效关系的实证研究——基于环境动态性调节分析》，《管理评论》2017 年第 29 期。

胡海青、张宝建、张道宏：《企业孵化网络成因解析：脉络梳理与研究展望》，《研究与发展管理》2013 年第 1 期。

胡海青、张颖颖、王兆群、张琅：《网络多元性对在孵企业孵化绩效作用机制研究——孵化器支持情境的调节作用》，《科技进步与对策》2018 年第 35 期。

姜骞、唐震：《搜索战略、动态学习与创新孵化绩效——定制化服务的调节效应》，《软科学》2018 年第 32 期。

李纲、陈静静、杨雪：《网络能力、知识获取与企业服务创新绩效的关系研究——网络规模的调节作用》，《管理评论》2017 年第 29 期。

李浩、胡海青：《孵化网络治理机制对网络绩效的影响：环境动态性的调节作用》，《管理评论》2016 年第 6 期。

李培楠、赵兰香、万劲波：《创新要素对产业创新绩效的影响：基于中国制造业和高技术产业数据的实证分析》，《科学学研究》2014 年第 4 期。

李文博：《企业孵化器知识服务创新的关键影响因素——基于扎根理论的一项探索性研究》，《研究与发展管理》2012 年第 5 期。

李振华、谭庆美、赵黎明：《科技企业孵化器发展的竞争选择机制研究》，《科技管理研究》2009 年第 9 期。

林筠、刘伟：《企业社会资本对技术创新能力影响的实证研究》，《科研管理》2011 年第 2 期。

刘红丽、周佳华：《企业孵化器知识转移影响因素研究》，《科技进步与对策》2012 年第 8 期。

卢艳秋、叶英平：《产学研合作中网络惯例对创新绩效的影响》，《科研管理》2017 年第 38 期。

马鸿佳、董保宝、葛宝山：《高科技企业网络能力，信息获取与企业绩效关系实证研究》，《科学学研究》2010 年第 1 期。

宁烨、樊治平：《知识能力的构成要素：一个实证研究》，《管理评论》2010 年第 12 期。

侍文庚、蒋天颖：《社会资本、知识管理能力和核心能力关系研究》，《科研管理》2012 年第 4 期。

孙国强、石海瑞：《网络组织负效应的实证分析》，《科学学与科学技术管理》2011 年第 32 期。

唐朝永、陈万明、彭灿：《社会资本，失败学习与科研团队创新绩效》，《科学学研究》2014 年第 7 期。

唐丽艳、周建林、王国红：《社会资本，在孵企业吸收能力和创新孵化绩效的关系研究》，《科研管理》2014 年第 7 期。

王国红、周建林、邢蕊：《孵化器"内网络"情境下社会资本、联合价值创造行为与在孵企业成长的关系研究》，《中国管理科学》2015 年第 23 期。

王国红、周建林、邢蕊：《社会资本，联合价值创造与创新孵化绩效关系研究》，《预测》2015 年第 3 期。

王磊、张庆普、李沃源：《企业知识能力的可拓评价研究》，《图书情报工作》2011 年第 22 期。

王立生：《社会资本、吸收能力对知识获取和创新绩效的影响研究》，博士学位论文，浙江大学，2007 年。

魏江、徐蕾：《知识网络双重嵌入、知识整合与集群企业创新能力》，《管理科学学报》2014 年第 2 期。

温忠麟、张雷、侯杰泰等：《中介效应检验程序及其应用》，《心理学报》2004 年第 5 期。

翁建明：《科技企业孵化器投入水平与激励分析》，《科技科计创业》2008 年第 3 期。

吴俊杰、戴勇：《企业家社会资本、知识整合能力与技术创新绩效关系研究》，《科技进步与对策》2013 年第 11 期。

吴文清、石昆、黄宣：《科技企业孵化器网络嵌入、知识能力与孵化绩效》，《天津大学学报》（社会科学版）2019 年第 21 期。

邢蕊、王国红：《创业导向、创新意愿与在孵企业创新绩效——孵化环境的调节作用》，《研究与发展管理》2015 年第 27 期。

许冠南、周源、刘雪锋：《关系嵌入性对技术创新绩效作用机制案例研究》，《科学学研究》2011 年第 11 期。

闫春、蔡宁：《创新开放度对开放式创新绩效的作用机理》，《科研管理》2014 年第 3 期。

杨斌、王丽娜：《某区域科技孵化器波特竞争分析》，《经济研究导刊》

2012 年第 11 期。

杨隽萍、唐鲁滨、于晓宇：《创业网络、创业学习与新创企业成长》，《管理评论》2013 年第 25 期。

易朝辉：《网络嵌入、创业导向与新创企业绩效关系研究》，《科研管理》2013 年第 33 期。

詹勇飞、和金生：《基于知识整合的知识网络研究》，《研究与发展管理》2009 年第 3 期。

张宝建、胡海青、张道宏：《企业孵化器组织的网络化机理研究述评》，《科学学与科学技术管理》2011 年第 10 期。

张方华：《资源获取与技术创新绩效关系的实证研究》，《科学学研究》2006 年第 4 期。

张海红、吴文清：《孵化器内创业者知识超网络涌现研究》，《管理学报》2017 年第 5 期。

张力：《孵化互动、专用性人力资本和在孵企业成功毕业》，《南开管理评论》2012 年第 1 期。

张力、刘新梅：《在孵企业基于孵化器"内网络"的成长依赖》，《管理评论》2012 年第 24 期。

张书军、苏晓华：《资源本位论：演进与衍生》，《管理学报》2009 年第 11 期。

朱秀梅：《资源获取、创业导向与新创企业绩效关系研究》，《科学学研究》2008 年第 3 期。

二　英文文献

Aaboen，L.，2009. Explaining incubators using firm analogy. Technovation，29，657 – 670.

Aerts，K.，Matthyssens，P.，Vandenbempt，K.，2007. Critical role and screening practices of European business incubators. Technovation 27，254 – 267.

Albort-Morant，G. and Oghazi，P. 2016. How Useful Are Incubators for New Entrepreneurs. Journal of Business Research，69，2125 – 2129.

Albort-Morant，G. and Ribeiro-Soriano，D. 2015. A Bibliometric Analysis of

International Impact of Business Incubators. Journal of Business Research, 69, 1775 – 1779.

Andrews R. , 2010. Organizational social capital, structure and performance. Human Relations, 63 (5): 583 – 608.

Argote, L. , and Mironspektor, E. 2011. Organizational Learning: From Experience to Knowledge. Organization Science, 22 (5), 1123 – 1137.

Argote, L. , Mcevily, B. , and Reagans, R. 2003. Managing Knowledge in Organizations: An Integrative Framework and Review of Emerging Themes. Management Science, 49 (4), 571 – 582.

Ariza-Montes J. A. , Muniz N. M. , 2013. Virtual ecosystems in social business incubation. Journal of Electronic Commerce in Organizations JECO. , 11 (3): 27 – 45.

Arnaboldi, M. , and Azzone, G. 2004. Benchmarking University Activities: An Italian Case Study. Financial Accountability and Management, 20 (2), 205 – 220.

Askim, J. , Johnsen, Å. , and Christophersen, K. A. 2008. Factors behind Organizational Learning from Benchmarking: Experiences from Norwegian Municipal Benchmarking Networks. Social Science Electronic Publishing, 18 (2), 297 – 320.

Auluck, R. 2002. Benchmarking: a tool for facilitating organizational learning? Public Administration and Development, 22 (2), 109 – 122.

Avnimelech, G. , Schwartz, D. , and Bar-El, R. 2007. Entrepreneurial High-Tech Cluster Development: Israel's Experience with Venture Capital and Technological Incubators. European Planning Studies, 15, 1181 – 1198.

Babnik, K. and Sirca, N. T. 2014. Knowledge Creation, Transfer and Retention: The Case of Intergenerational Cooperation. International Journal of Innovation and Learning, 15, 349 – 364.

Becker B. , Gassmann O. , 2006. Gaining leverage effects from knowledge modes within corporate incubators. Rand D Management, 36 (1): 1 – 16.

Berends, H. , and Antonacopoulou, E. 2014. Time and organizational learning: A review and agenda for future research. International Journal of Management Reviews, 16 (4), 437 – 453.

Bergek, A., Norrman, C., 2008. Incubator best practise: A framework. Technovation 28, 20 – 28.

Bhaskaran, S. R. and Krishnan, V. 2009. Effort, Revenue, and Cost Sharing Mechanisms for Collaborative New Product Development. Management Science, 55, 1152 – 1169.

Bøllingtoft A., Ulhøi J. P., 2005. The networked business incubator—leveraging entrepreneurial agency? Journal of Business Venturing, 20 (2): 265 – 290.

Bøllingtoft, A., 2012. The bottom-up business incubator: Leverage to networking and cooperation practices in a self-generated, entrepreneurial-enabled environment. Technovation 32, 304 – 315.

Bonte, W. and Keilbach, M. 2005. Concubinage or Marriage? Informal and Formal Cooperations for Innovation. International Journal of Industrial Organization, 23, 279 – 302.

Boschma, R. A., Frenken, K., 2010. The spatial evolution of innovation networks. A proximity perspective, in: The Handbook of Evolutionary Economic Geography.

Bruneel, J., Ratinho, T., Clarysse, B., Groen, A., 2012. The evolution of Business incubators: Comparing demand and supply of business incubation services across different incubator generations. Technovation. 32 (2): 110 – 121.

Bunderson, J. S., and Boumgarden, P. 2010. Structure and Learning in Self-Managed Teams: Why "Bureaucratic" Teams Can Be Better Learners. Organization Science, 21 (3), 609 – 624.

Cachon, G. P. and Lariviere, M. 2005. Supply Chain Coordination with Revenue Sharing Contracts: Strengths and Limitations. Management Science, 51, 30 – 44.

Carbonara, N., 2004. Innovation processes within geographical clusters: A cognitive approach. Technovation 24, 17 – 28.

Carpenter, S., and Rudge, S. 2003. A self - help approach to knowledge management benchmarking. Journal of Knowledge Management, 7 (5), 82 – 95.

Chen, J. S. , and Garg, P. 2017. Dancing with the stars: Benefits of a star employee's temporary absence for organizational performance. Strategic Management Journal, 35 (7), 974 – 994.

Chen, Z. , and Zhou, Z. 2011. Formation mechanism of knowledge rigidity in firms. Journal of Knowledge Management, 15 (5), 820 – 835.

Chin, Wynne W. , 2010. How to Write Up and Report PLS Analyses, in: Vinzi, E. , Chin, W. W. , Henseler, J. , Wang, H. Eds. , Handbook of Partial Least Squares: Concepts, Methods and Applications in Marketing and Related Fields. Springer, Berlin, Heidelberg, 655 – 690.

Choi, K. , Park, N. K. , and Lee, J. 2015. The Hierarchy Myopia of Organizational Learning. Seoul Journal of Business, 21 (2), 71 – 104.

Chung, C. C. , Chao, L. C. , Lou, S. J. , and Vinh, N. Q. 2015. Benchmarking-based analytic network process model for strategic management. Journal of Information Hiding and Multimedia Signal Processing, 61. , 59 – 73.

Clausen, T. , Korneliussen, T. , 2012. The relationship between entrepreneurial orientation and speed to the market: The case of incubator firms in Norway. Technovation 32, 560 – 567.

Coleman J. , 1988. Social capital in the creation of human capital. American Journal of Sociology, (94): 95 – 120.

Cooper, C. E. , Hamel, S. A. and Connaughton, S. L. 2012. Motivations and Obstacles to Networking in a University Business Incubator. Journal of Technology Transfer, 37, 433 – 453.

Cowan R. , Jonard N, 2004. Network structure and the diffusion of knowledge. Journal of Economic Dynamics and Control, 28 (8): 1557 – 1575.

Croce, A. , Marti, J. , and Murtinu, S. 2013. The Impact of Venture Capital on The Productivity Growth of European Entrepreneurial Firms: "Screening" or "Value added" Effect? Journal of Business Venturing, 28, 489 – 510.

Cruz-González, J. , López-Sáez, P. , Navas-López, J. E. , Delgado-Verde,

M., 2015. Open search strategies and firm performance: The different moderating role of technological environmental dynamism. Technovation 35, 32 – 45.

Díez-Vial I., Montoro-Sánchez Á., 2016. How knowledge links with universities may foster innovation: the case of a science park. Technovation, 50: 41 – 52.

Diez-Vial, I., Montoro-Sanchez, A., 2017. Research evolution in science parks and incubators: foundations and new trends. Scientometrics, 110, 1243 – 1272.

Ding X. H., Huang R. H., 2010. Effects of knowledge spillover on inter-organizational resource sharing decision in collaborative knowledge creation. European Journal of Operational Research, 201 (3): 949 – 959.

Dovev L, 2006. The competitive advantage of interconnected firms: An extension of the resource-based view. Academy of Management Review, 31 (3): 638 – 658.

Dur, R. and Tichem, J. 2015. Altruism and Relational Incentives in the Workplace. Journal of Economics and Management Strategy, 24, 485 – 500.

Dutt N., Hawn O., Vidal E., et al., 2016. How open system intermediaries address institutional failures: The case of business incubators in emerging – market countries. Academy of Management Journal, 59 (3): 818 – 840.

Escribano A., Fosfuri A., Josep A. T., 2009. Managing external knowledge flows: The moderating role of absorptive capacity. Research Policy, 38 (1): 96 – 105.

Fang, C. H., Chang, S. T., and Chen, G. L. 2011. Organizational learning capacity and organizational innovation: The moderating role of knowledge inertia. African Journal of Business Management, 55., 1864 – 1870.

Fang, C., Lee, J., and Schilling, M. A. 2010. Balancing Exploration and Exploitation Through Structural Design: The Isolation of Subgroups and Organizational Learning. Organization Science, 21 (3), 625 – 642.

Ferreras-Méndez J. L., Newell S., Fernández-Mesa A., et al., 2015. Depth and breadth of external knowledge search and performance: The mediating role of absorptive capacity. Industrial Marketing Management, 47: 86 – 97.

Gaspar, F. C. 2009. The Stimulation of Entrepreneurship through Venture Capital and Business Incubation. International Journal of Entrepreneurship and Innovation Management, 9, 306 – 415.

Ge, Z., Hu, Q. and Xia, Y. 2014. Firms' Rand D Cooperation Behavior in a Supply Chain. Production and Operations Management, 23, 599 – 609.

Ghosh, D. and Shan, J. 2015. Supply Chain Analysis under Green Sensitive Consumer Demand and Cost Sharing Contract. International Journal of Production Economics, 164, 319 – 329.

Gold A. H., Arvind Malhotra A. H. S., 2001. Knowledge management: An organizational capabilities perspective. Journal of Management Information Systems, 2001, 18 (1): 185 – 214.

Goll I., Brown Johnson N., Rasheed A. A., 2007. Knowledge capability, strategic change, and firm performance: The moderating role of the environment. Management Decision, 45 (2): 161 – 179.

Goncharuk, A. G., Lazareva, N. O., and Alsharf, I. A. M. 2015. Benchmarking as a performance management method. Polish Journal of Management Studies, 11 (2), 27 – 36.

Guinot, J., Chiva, R. and Mallen, F. 2015. The Effects of Altruism and Relationship Conflict on Organizational Learning. International Journal of Conflict Management, 26, 85 – 112.

Gulati R., 1995. Social structure and alliance formation patterns: A longitudinal analysis. Administrative Science Quarterly, 40 (4): 619 – 652.

Gulati R., 1998. Alliances and networks. Strategic Management Journal, 19 (4): 293 – 317.

Gulati R., Sytch M., 2007. Dependence asymmetry and joint dependence in interorganizational relationships: Effects of embeddedness on a manufacturer's performance in procurement relationships. Administrative Science Quarterly, 52 (1): 32 – 69.

Hansen M. T., Chesbrough H. W., Nohria N., et al., 2000. Networked incubators. Harvard Business Review, 78 (5): 74 – 84.

Hao J. , Yan Y. , Gong L. , et al. , 2014. Knowledge map-based method for domain knowledge browsing. Decision Support Systems, 61: 106 – 114.

Haynes, K. T. , Josefy, M. and Hitt, M. A. 2015. Tipping Point: Managers' Self-Interest, Greed, and Altruism. Journal of leadership and organizational studies, 22, 265 – 279.

Helena Y. R. , Erkko A. , Harry J. S. , 2001. Social capital, knowledge acqui-sition, and knowledge exploitation in young technology-based firms. Strategic Management Journal, 72 (2): 587 – 613.

Hoffman J. J. , Hoelscher M. L. , Sherif K. , 2005. Social capital, knowledge management, and sustained superior performance. Journal of Knowledge Management, 9 (3): 93 – 100.

Hollenbeck, J. R. , and Jamieson, B. B. 2015. Human Capital, Social Cap-ital, and Social Network Analysis: Implications for Strategic Human Resource Management. Academy of Management Perspectives, 29 (3), 370 – 385.

Huber G. P. , 2001. Transfer of knowledge in knowledge management systems: Unexplored issues and suggested studies. European Journal of Information Systems, 10 (2): 72 – 79.

Huff, J. O. , Huff, A. S. , and Thomas, H. 1992. Strategic Renewal and the Interaction of Cumulative Stress and Inertia. Strategic Management Journal, 13 (S1), 55 – 75.

Hughes M. , Ireland R. D. , Morgan R. E. , 2007. Stimulating dynamic value: Social capital and business incubation as a pathway to competitive success. Long Range Planning, 40 (2): 154 – 177.

Hughes M. , Morgan R. E. , Ireland R. D. , et al. , 2014. Social capital and learning advantages: A problem of absorptive capacity. Strategic Entrepre-neurship Journal, 8 (3): 214 – 233.

Hung, K. P. , Chou, C. , 2013. The impact of open innovation on firm per-formance: The moderating effects of internal Rand D and environmental tur-bulence. Technovation 33, 368 – 380.

Joshi, R. , Banwet, D. K. , and Shankar, R. 2011. A Delphi-AHP-TOPSIS based benchmarking framework for performance improvement of a cold chain.

Expert Systems with Applications, 38 (8), 10170 – 10182.

Kleinbaum, A. M. , and Stuart, T. 2014. Network Responsiveness: The Social Structural Microfoundations of Dynamic Capabilities. Academy of Management Perspectives, 28 (4), 353 – 367.

Kleiner, B. M. 2010. Benchmarking for continuous performance improvement: Tactics for success. Environmental Quality Management, 33: 283 – 295.

Koc, M. , Aksoy, A. , and Ozturk, I. 2014. Entrepreneurial Behaviors: Are the People Restricted by Knowledge Inertia? International Review of Management and Marketing, 41: 42 – 48.

Koohborfardhaghighi, S. , Lee, D. B. , and Kim, J. 2016. How different connectivity patterns of individuals within an organization can speed up organizational learning. Multimedia Tools and Applications, 76 (17), 1 – 14.

Lambiotte R. , Krapivsky P. L. , Bhat U. , et al. , 2016. Structural transitions in densifying networks. Physical review letters, 117 (21): 218 – 301.

Lane P. J. , Lubatkin M. , 1998. Relative absorptive capacity and interorganizational learning. Strategic Management Journal, 19 (5): 461 – 477.

Laursen K. , Masciarelli F. , Prencipe A. , 2012. Regions matter: How localized social capital affects innovation and external knowledge acquisition. Organization Science, 23 (1): 177 – 193.

Lavado A. C. , Rodnguez G. C. , Medina C. C. , 2010. Social and organizational capital building the context for innovation. Industrial Marketing Management, 39 (4): 681 – 690.

Lazer, D. , and Friedman, A. 2007. The Network Structure of Exploration and Exploitation. Administrative Science Quarterly, 52 (4), 667 – 694.

Li S. T. , Tsai F. C. , 2010. Constructing tree-based knowledge structures from text corpus. Applied Intelligence, 33 (1): 67 – 78.

Li, Y. R. , Chen, Y. , 2009. Opportunity, embeddedness, endogenous resources, and performance of technology ventures in Taiwan's incubation centers. Technovation. 29 (1): 35 – 44.

Liao, S. H. 2002. Problem solving and knowledge inertia. Expert Systems with Applications, 22 (1), 21 – 31.

Liao, S. H. , Fei, W. C. , and Liu, C. T. 2008. Relationships between knowledge inertia, organizational learning and organization innovation. Technovation, 28 (4), 183 – 195.

Lin D. , Wood L. C. , Lu Q. , 2012. Improving business incubator service performance in China: The role of networking resources and capabilities. The Service Industries Journal, 32 (13): 2091 – 2114.

Lin N, 2001. Social Capital: A Theory of Social Structure and Action. London: Cambridge University Press.

Lin, J. L. , Fang, S. C. , Fang, S. R. , Tsai, F. S. , 2009. Network embeddedness and technology transfer performance in Rand D consortia in Taiwan. Technovation 29, 763 – 774.

Lin, M. , and Li, N. 2012. Scale-free network provides an optimal pattern for knowledge transfer. Physica A Statistical Mechanics and Its Applications, 389 (3), 473 – 480.

Liu J. , Wang J. , Zheng Q. , et al. , 2012. Topological analysis of knowledge maps. Knowledge-Based Systems, 36: 260 – 267.

Liu Y. , Li Q. , Tang X. , et al. , 2014. Superedge prediction: What opinions will be mined based on an opinion supernetwork model? Decision Support Systems, 64: 118 – 129.

Ma N. , Liu Y. , 2014. Superedge Rank algorithm and its application in identifying opinion leader of online public opinion supernetwork. Expert Systems with Applications, 41 (4): 1357 – 1368.

March, J. G. 1991. Exploration and exploitation in organizational learning. Organization Science, 21. , 71 – 87.

Markman, G. D. , Phan, P. H. , Balkin, D. B. and Gianodis, P. T. 2005. Entrepreneurship and University-Based Technology Transfer. Journal of Business Venturing, 20, 241 – 263.

Martín-de-Castro G, Delgado-Verde M, López-Sáez P, et al. , 2011. Towards "an intellectual capital-based view of the firm": origins and nature. Journal of Business Ethics, 98 (4): 649 – 662.

Martins, I. , Rialp, A. , 2013. Entrepreneurial orientation, environmental hostility and SME profitability: a contingency approach. Orientación Emprend. hostilidad del entorno y la Rentab. la Pyme una Propues. contingencias (September 2, 2011).

Maskell P., 2001. Towards a knowledge - based theory of the geographical cluster. Industrial and Corporate Change, 10 (4): 921 – 943.

Mason, W. A., Jones, A., and Goldstone, R. L. 2008. Propagation of innovations in networked groups. Journal of Experimental Psychology General, 13 (73), 422 – 433.

Mas-Verdú, F., Ribeiro-Soriano, D. and Roig-Tierno, N. 2015. Firm Survival: The Role of Incubators and Business Characteristics. Journal of Business Research, 68, 793 – 796.

McAdam, M., McAdam, R., 2008. High tech start-ups in University Science Park incubators: The relationship between the start-up's lifecycle progression and use of the incubator's resources. Technovation. 28 (5): 277 – 290.

McEvily B., Marcus A., 2005. Embedded ties and the acquisition of competitive capabilities. Strategic Management Journal, 26 (11): 1033 – 1055.

Mian S., Lamine W., Fayolle A., 2016. Technology Business Incubation: An overview of the state of knowledge. Technovation, 50: 1 – 12.

Mian, S. A. 1996. Assessing Value Added Contributions of University Technology Business Incubators to Tenant Firms. Research Policy, 25, 325 – 335.

Mian, S., Lamine, W. and Fayoll, A. 2016. Technology Business Incubation: An Overview of the State of Knowledge. Technovation, 50, 1 – 12.

Miller, K. D., Zhao, M., and Calantone, R. J. 2006. Adding Interpersonal Learning and Tacit Knowledge to March's Exploration-Exploitation Model. Academy of Management Journal, 49 (4), 709 – 722.

Min, H. H., Lee, K. C., and Lee, D. S. 2015. Network structure, organizational learning culture, and employee creativity in system integration companies: The mediating effects of exploitation and exploration. Computers in Human Behavior, 42, 167 – 175.

Mizruchi, M. S., 1989. Similarity of political behavior among large American corporations. American Journal of Sociology, 95 (2): 401 –424.

Morone P. , 2004, Taylor R. Small world dynamics and the process of knowl-
edge diffusion: the case of the metropolitan area of greater Santiago De Chile.
Journal of Artificial Societies and Social Simulation, 72.

Muchnik L. , Itzhack R, Solomon S, et al, 2007. Self-emergence of knowledge
trees: Extraction of the Wikipedia hierarchies. Physical Review E,
761: 016106.

Mueller, M. , Bogner, K. , Buchmann, T. , and Kudic, M. 2015. Simulating
knowledge diffusion in four structurally distinct networks-An agent-based sim-
ulation model. Hohenheim Discussion Papers in Business Economics and So-
cial Sciences, 5, 1 –22.

Mykhayliv D. , Zauner K. G. , 2013. Investment behavior and ownership struc-
tures in Ukraine: Soft budget constraints, government ownership and private
benefits of control. Journal of Comparative Economics, 41 (1): 265 –278.

Nareatha L. S. , 2004. The Entrepreneurial Ventures Social Interaction with the
Business Incubator Management and the Relationship's Impact on Firm Per-
formance. New Jersey: University of New Jersey.

Neves S. M. , da Silva C. E. S. , Salomon V. A. P. , et al. , 2014. Risk man-
agement in software projects through knowledge management techniques: ca-
ses in Brazilian incubated technology-based firms. International Journal of
Project Management, 32 (1): 125 –138.

Owens, B. P. , and Hekman, D. R. 2012. Modeling how to grow: An induc-
tive examination of humble leader behaviors, contingencies, and outcomes.
Academy of Management Journal, 55 (4), 787 –818.

Pertusa-Ortega, E. M. , Zaragoza-Sáez, P. , and Claver-Cortés, E. 2010. Can
formalization, complexity, and centralization influence knowledge perform-
ance? Journal of Business Research, 63 (3), 310 –320.

Ratinho, T. , Henriques, E. , 2010. The role of science parks and business in-
cubators in converging countries: Evidence from Portugal. Technovation 30,
278 –290.

Ren J. , Du J. , 2009. Financial System, Economic Management and Soft

Budget Constraints Information Science and Engineering ICISE. , 2009 1st International Conference on. IEEE：4877 – 4880.

Roig-Tierno N. , Alcázar J. , Ribeiro-Navarrete S. , 2015. Use of infrastructures to support innovative entrepreneurship and business growth. Journal of Business Research, 68（11）：2290 – 2294.

Roma, P. and Perrone, G. 2016. Cooperation among Competitors：A Comparison of Cost-Sharing, Mechanisms. International Journal of Production Economics, 180, 172 – 182.

Rothaermel, F. T. and Thursby, M. 2005. University-Incubator Firm Knowledge Flows：Assessing Their Impact on Incubator Firm Performance. Research Policy, 34, 305 – 320.

Rothschild, L. , Darr, A. , 2005. Technological incubators and the social construction of innovation networks：An Israeli case study. Technovation 25, 59 – 67.

Rubin, T. H. , Aas, T. H. , Stead, A. , 2015. Knowledge flow in Technological Business Incubators：Evidence from Australia and Israel. Technovation 41, 11 – 24.

Saadaoui, M. , and Mekkaoui, S. 2015. Organizational knowledge creation：Benchmarking of existing models. In BE-ci Ed. , The European Proceedings of Social and Behavioural Sciences, 23 – 34. UK：Future Academy.

Sáenz-Royo, C. , Gracia-Lázaro, C. , and Moreno, Y. 2015. The role of the organization structure in the diffusion of innovations. Plos One, 10 （5）, e0126076.

Sainio, L. -M. , Ritala, P. , Hurmelinna-Laukkanen, P. , 2012. Constituents of radical innovation—exploring the role of strategic orientations and market uncertainty. Technovation 32, 591 – 599.

Sang, S. J. 2016. Revenue Sharing Contract in a Multi-Echelon Supply Chain with Fuzzy Demand and Asymmetric Information. International Journal of Computational Intelligence Systems, 9, 1028 – 1040.

Sanz-Valle, R. , Naranjo-Valencia, J. C. , Jiménez-Jiménez, D. , and Perez-Caballero, L. 2011. Linking organizational learning with technical innovation and organizational culture. Toxicology in Vitro An International Journal Published in Association with Bibra, 15 (6), 997 – 1015.

Schilling, M. A., and Fang, C. 2014. When hubs forget, lie, and play favorites: Interpersonal network structure, information distortion, and organizational learning. Strategic Management Journal, 35 (7), 974 – 994.

Schwartz, M. 2013. A Control Group Study of Incubators' Impact to Promote Firm Survival. Journal of Technology Transfer, 38, 302 – 331.

Schwartz, M., Hornych, C., 2010. Cooperation patterns of incubator firms and the impact of incubator specialization: Empirical evidence from Germany. Technovation 30, 485 – 495.

Scillitoe, J. L., Chakrabarti, A. K., 2010. The role of incubator interactions in assisting new ventures. Technovation 30, 155 – 167.

Shalikar, S., and Nikou, S. 2011. A Review on the Impact of Knowledge Stagnation on Organization. In M. Bedekar and C. Bansal Eds., International Conference on Machine Learning and Computing, Singapore 5, 479 – 482.

Shalikar, S., Lahoutpour, N., Bt, A., and Rahman, A. 2011. The Study on the Impact of Knowledge Inertia on Organization. Australian Journal of Basic and Applied Sciences, 5 (10), 38 – 56.

Shan, W., Zhang, C., Wang, J., 2018. Internal Social Network, Absorptive Capacity and Innovation: Evidence from New Ventures in China. Sustainability. 10 (4): 1094.

Shang K., Yan W., Small M., 2016. Evolving networks-Using past structure to predict the future. Physica A: Statistical Mechanics and its Applications, 455: 120 – 135.

Shi Z., Lee G. M., Whinston A. B., 2015. Towards a Better Measure of Business Proximity: Topic Modeling for Industry Intelligence. Management Information Systems Quarterly MISQ., Forthcoming.

Sibly, R. M. and Curnow, R. N. 2011. Selfishness and Altruism Can Coexist When Help Is Subject to Diminishing Returns. Heredity, 107, 167 – 173.

Soetanto D. P., Jack S. L., 2011. Networks and networking activities of innovative firms in incubators an exploratory study. The International Journal of

Entrepreneurship and Innovation, 12（2）: 127 – 136.

Soetanto D. , Jack S. The impact of university-based incubation support on the innovation strategy of academic spin-offs. Technovation, 2016, 50: 25 – 40.

Soetanto, D. , Jack, S. , 2016. The impact of university-based incubation support on the innovation strategy of academic spin-offs. Technovation 50 – 51, 25 – 40.

Soininen, J. , Martikainen, M. , Puumalainen, K. , Kyläheiko, K. , 2012. Entrepreneurial orientation: Growth and profitability of finnish small-and medium-sized enterprises, in: International Journal of Production Economics, 614 – 621.

Somsuk, N. , Wonglimpiyarat, J. , and Laosirihongthong, T. 2012. Technology Business Incubators and Industrial Development: Resource-Based View. Industrial Management and Data Systems, 112, 245 – 267.

Steyn P. D. , Du Toit A. S. A. , 2013. Perceptions on the use of a corporate business incubator to enhance knowledge management at Eskom. South African Journal of Economic and Management Sciences, 10（1）: 33 – 50.

Stokan E. , Thompson L. , Mahu R. J. , 2015. Testing the differential effect of business incubators on firm growth. Economic Development Quarterly, 29（4）: 317 – 327.

Sun L. , Zhang P. , 2009. Visualization of researcher's knowledge structure based on knowledge network Industrial Engineering and Engineering Management, 2009. IEand EM09. 16th International Conference on. IEEE: 2067 – 2071.

Sun, P. , and Anderson, M. H. 2012. The combined influence of top and middle management leadership styles on absorptive capacity. Management Learning, 43（1）, 25 – 51.

Szulanski, G. , and Winter, S. 2002. Getting it right the second time. Harvard Business Review, 80（1）, 62 – 69.

Tang, M. F. , Lee, J. , Liu, K. , and Lu, Y. 2014. Assessing Government-Supported Technology-Based Business Incubators: Evidence from China. International Journal of Technology Management, 65, 24 – 48.

Tsai K. H. , 2009. Collaborative networks and product innovation performance: Toward a contingency perspective. Research Policy, 38 (5): 765 –778.

Uzzi B. , 1996. The sources and consequences of embeddedness for the economic performance of organizations: The network effect. American Sociology Review, 61 (4): 674 –698.

Vanderstraeten, J. , Matthyssens, P. , 2012. Service-based differentiation strategies for business incubators: Exploring external and internal alignment. Technovation 32, 656 –670.

Voudouris, I. , Lioukas, S. , Iatrelli, M. , Caloghirou, Y. , 2012. Effectiveness of technology investment: Impact of internal technological capability, networking and investment's strategic importance. Technovation 32, 400 –414.

Wang G. , Liu Y. , Li J. , et al. , 2015. Superedge coupling algorithm and its application in coupling mechanism analysis of online public opinion supernetwork. Expert Systems with Applications, 42 (5): 2808 –2823.

Wang J. P. , Guo Q. , Yang G. Y. , et al. , 2015. Improved knowledge diffusion model based on the collaboration hypernetwork. Physica A: Statistical Mechanics and its Applications, 428: pp. 250 –256.

Watts, D. , and Strogatz, S. 1998. Collectivedynamics of "small-world" networks. Nature, 39 (3), pp. 440 –442.

Williams, J. , Brown, C. , and Springer, A. 2012. Overcoming benchmarking reluctance: a literature review. Benchmarking An International Journal, 19 (2), pp. 255 –276.

Wilson, D. S. 2016. Does Altruism Exist? Culture, Genes, and the Welfare of Others. The Independent Review, pp. 20, 460 –466.

Wong A. , Tjosvold D. , Yu Z, 2005. Organizational partner-ships in China: Self-interest, goal interdependence, and opportunism. Journal of Applied Psychology, 90 (4): pp. 782 –791.

Wood J. , 2013. The Effects of Bailouts and Soft Budget Constraints on the Environment. Environmental and Resource Economics, 54 (1): pp. 127 – 137.

Wu, W. Q. , Xie, F. , and Zhao, L. M. 2011. Cooperation among Business Incubator, Venture Capital and Entrepreneur from the Principal-Agent's Perspective. IEEE International Conference on Industrial Engineering and Engineering Management, Part 3: pp. 2036 – 2040.

Xi Y. , Dang Y. , 2007. Method to analyze robustness of knowledge network based on weighted supernetwork model and its application. Systems Engineering-Theory and Practice, 27 (4): pp. 134 – 140.

Xie, X. , Fang, L. , Zeng, S. , and Huo, J. 2016. How does knowledge inertia affect firms product innovation? Journal of Business Research, 69 (5), pp. 1615 – 1620.

Xuan Z. , Xia H. , Du Y. , 2011. Adjustment of knowledge-connection structure affects the performance of knowledge transfer. Expert Systems with Applications, 38 (12): pp. 14935 – 14944.

Yang G. Y. , Hu Z. L. , Liu J. G. , 2015. Knowledge diffusion in the collaboration hypernetwork. Physica A: Statistical Mechanics and its Applications, 419: pp. 429 – 436.

Yi, S. , Knudsen, T. , and Becker, M. C. 2016. Inertia in Routines: A Hidden Source of Organizational Variation. Organization Science, pp. 27, 782 – 800.

Zahra S. A. , George G. , 2002. Absorptive capacity: A review, reconceptualization, and extension. Academy of Management Review, 27 (2): pp. 185 – 203.

Zhai, Y. M. , Sun, W. Q. , Tsai, S. B. , et al. , 2018. An empirical study on entrepreneurial orientation, absorptive capacity, and SMEs' innovation performance: A sustainable perspective. Sustain. 10 (2): p. 314.

Zhang, H. , Xi, Y. , and Lee, W. B. 2010. Exploration and Exploitation in Parallel Problem Solving: Effect of Imitation Strategy and Network Structure. International Journal of Knowledge and Systems Science, pp. 1, 55 – 67.

Zhang, H. H. , Wu, W. Q. and Zhao, L. M. 2016. A Study of Knowledge Supernetworks and Network Robustness in Different Business Incubator. Physica A, pp. 447, 545 – 560.

Zhang, J., Hamilton, E., 2010. Entrepreneurship Education for Owner-Managers: The Process of Trust Building for an Effective Learning Community. J. Small Bus. Entrep. pp. 23, 249 – 270, 307 – 308.

Zhu L., 2009. Soft budget constraint, debt financing and investment Information Management, Innovation Management and Industrial Engineering, 2009 International Conference on. IEEE, 1: pp. 324 – 327.